現代ドイツの労働協約

岩佐卓也 著

法律文化社

はじめに

　本書は，現代ドイツにおける労働協約の主要な動向について分析を行うものである。労働協約は，ドイツの労働条件決定システムにおける最も重要な要素であり，かつ，ドイツの労使関係を最も端的に表現するものである。

　本書が描こうとするのは——おそらく読者の予想に反して——ドイツの労働組合が労働協約を通じて充実した労働条件規制を維持し発展させてゆく輝かしい歴史ではない。むしろ，そうではなく，ドイツの労働組合と労働者が後退と屈伏を強いられ，そのなかで一矢を報いようとする，そうした困難の歴史である。筆者は，ドイツ労働協約の困難の歴史をここに紹介することが，日本にとって重要な意義をもつと考えている。

　これまでもドイツは外国労働問題研究のなかで頻繁に対象国として取り上げられてきた。日本とドイツの両国は，人口，経済規模，産業構造，国際的位置などにおいて多くの類似性を有しており，また日本の労働法制と労働法理論がドイツの強い影響を受けてきた経緯もある。それゆえ，外国研究の対象国が多様化する昨今の傾向のなかにあっても，日本にとってドイツは重要な研究対象であり続けるであろう。

　しかし，以上述べたことに加えて，筆者は，ドイツを取り上げる意義として，ドイツ独特の「理論的な凝縮」とでもいうべきものを挙げたい。

　かつて大河内一男は『独逸社会政策思想史』（1936年）を著すにあたって，ドイツを研究対象とすることの意義を次のように述べていた。いわく，「社会政策上の実践は，資本主義経済の母国イギリスにおいて，もっとも順調に，またもっとも高度に発展したが，そのための理論は，とりわけ社会改良思想は，かえって『理屈好きの』独逸においてもっとも輝かしい発展を遂げたと言っていい。しかも独逸は，その資本主義的発展の特殊な制約のために，社会改良の必要とその限界がもっとも短期間のうちに交錯して現れ，いわゆる社会改良主義思想なるものの運命を理解するためには，この上もない肥沃な土壌である」（同書「序」）。こうした認識に基づいて大河内はシュモラーからヴェーバーにい

たるドイツの社会政策思想を跡づけた。それは、19世紀中盤以降における社会問題の顕在化とそれに対応した社会政策の登場、そして社会政策の限界という当時多くの国で普遍的に現れた時代の課題を、それが最も理論的に煮詰められて展開されているドイツに焦点を据えて描き、それを通じて、社会政策をより深く捉える視座をえようとする試みであった。

筆者もまた、現代ドイツの労働協約の研究を進めるなかで、大河内と同様のことを考えた。すなわち、労働組合の規制力の後退という今日世界的な広がりをもつ現象は、おそらくはドイツにおいて、最も理論的に凝縮された形で認識され、議論されており、それゆえドイツは現代の労働問題を探求するうえでの「この上もない肥沃な土壌」である、ということである。そのように考える根拠を、本書において示したいと思う。

第1章は全体の総論である。そこではドイツの労働協約システムの概要を紹介するとともに、その今日的変化の起点にある「協約拘束範囲の縮小」問題について検討する。それを受けて第2章以降では労働協約システムの変化の主要な現象形態について分析する。第2章では金属・電機部門における労働条件規制の個別事業所化について、第3章では小売業部門におけるストライキの新しい特徴について、第4章と補論では旅館・飲食業部門や派遣労働における低賃金労働の拡大と労働協約、法的規制との連関について、それぞれ取り上げる。本書では、制度や統計の紹介にはできるだけ深入りせず、労働協約に関わる様々なアクターの認識や判断をできるだけ具体的に追跡することを心がけたい。そのようにして、「力」という言葉をできるだけ用いずに、「労働組合の力」を記述してみたいと思う。

目　次

はじめに

第1章　協約拘束範囲の縮小　▶変化の起点 …………………… 1
 1　はじめに ……………………………………………………………… 1
 2　労働協約システムの概要 ………………………………………… 6
  協約当事者と部門(6)　　労働協約の規制内容(10)　　労働協約の法的効力とデュアルシステム(13)　　協約改定交渉(15)
 3　協約拘束範囲の縮小とそれをめぐる紛争 ………………………17
  労働協約の範囲(17)　　協約脱退・協約不加入の具体的ケース(20)
 4　労働協約システムの構造変化 ……………………………………26
  労働協約の規制能力の減退(27)　　労使紛争の個別事業所化(30)　　横断的労働協約に対する「規律化」(32)　　労働協約はカルテルか？(35)
 5　小括および本書の構想 ……………………………………………38

第2章　協約規制の個別事業所化 ………………………………43
 ▶2004年プフォルツハイム協定とIGメタル
 1　はじめに ……………………………………………………………43
 2　プフォルツハイム協定の成立 ……………………………………46
  ゲザムトメタルの要求─賃金補償を伴わない労働時間延長(46)　　ゲザムトメタルと連邦政府の攻勢(49)　　対立する労使(50)　　労働時間・賃金と雇用をめぐる論争(51)　　妥結とプフォルツハイム協定の内容(53)
 3　プフォルツハイム協定からジーメンス社補完協約まで ……55
  プフォルツハイム協定に対する当初の評価(55)　　ジーメンス社補完協約(57)
 4　「コントロールされた分権化」の困難 …………………………62
  「ダムの決壊」(62)　　IGメタルの「コントロール」─制度と実際(65)　　「静かな反乱」(68)　　協約適用除外と労使関係(71)

  5　転轍の可能性 ……………………………………………………… 74
　　　協約適用除外の定着とその多様性・変化(74)　　使用者にとっ
　　　てのリスク(76)　　事業所レベルにおけるIGメタルの貫徹能力(78)
　　　IGメタルの交渉指針(80)　　具体的な交渉ケース(81)　　競争歪
　　　曲(88)
  6　小　　括 ………………………………………………………………… 89

第3章　協約交渉の対立先鋭化　▶2007/2008年小売業争議 ……… 95
  1　はじめに ………………………………………………………………… 95
  2　小売業の変容 ………………………………………………………… 100
　　　従業員と労使関係(100)　　排除競争(101)　　開店時間規制の緩
　　　和問題(103)
  3　2007/2008年小売業争議の開始 ………………………………… 105
　　　争議の経過(105)　　埋めがたい対立(108)　　ストライキの展開
　　　とスト破り(110)
  4　小売業争議の展開と妥結 …………………………………………… 114
　　　新しい争議戦術(114)　　レーヴェ暫定協約(117)　　妥結へ(119)
  5　小　　括 ……………………………………………………………… 122

第4章　協約賃金の低水準化　▶NGGと法定最低賃金 …………… 129
  1　はじめに ……………………………………………………………… 129
  2　旅館・飲食業における低賃金と協約政策 ……………………… 133
　　　協約構造と賃金(133)　　職場における権威的関係(135)　　NGG
　　　の困難(137)
  3　食肉産業における低賃金と協約政策 …………………………… 138
　　　「サービス提供の自由」(139)　　食肉産業における東欧請負労働
　　　者の流入(141)　　流入の影響──解雇と賃金引き下げ圧力(142)
  4　NGGの法定最低賃金導入論──「協約自治」の壁 …………… 144
　　　NGGによる全国一律法定最低賃金の要求(144)　　全国一律法定
　　　最低賃金と部門別最低賃金(148)　　ミュンテフェリング構想──
　　　「鎮痛剤」としての法定最低賃金(152)
  5　運動の展開と政治の変化 …………………………………………… 156
　　　最低賃金キャンペーンの開始(156)　　最低賃金規制批判と反批

判(158)　法定最低賃金と協約政策(162)　メルケル政権（第1次～第3次）における法定最低賃金問題(166)

  6　小　　括 ………………………………………………………… 182

補　論　派遣労働と労働協約 …………………………………… 189

  2002年派遣法改正と労働協約(189)　派遣労働者の実態(193)　「派遣労働の機能転換」と「排他的連帯」(194)　派遣労働の規制へ(196)　おわりに：2013年協約交渉の意味するもの(199)

引用・参考文献・記事・インタビュー　　203
あとがき　217

第1章
協約拘束範囲の縮小
▶変化の起点

1　はじめに

　労働者の具体的な労働条件が決定されるまでには，当然ながら様々な要素が作用している。しかしドイツにおいて，それらの中心に位置するものは労働協約である。多くの場合，個別の労働者と使用者との契約内容は労働協約を最低基準としており，また労働条件を規制する法律の多くは労働協約による規制を前提として設計されている。誰であれドイツにおける労働条件の問題を論じようと思えば，議論の多くを労働協約について費やさなければならないだろう。

　労働協約そのものはひとつの文書であり，そこには賃金，労働時間，休暇，解雇予告期間などの労働条件に関する諸規定が書かれている。そして労働協約には必ず，労働条件に関する規定とともに，その労働協約を締結した労働組合と使用者団体の代表者の署名が記されている。

　労働協約を締結する労働組合と使用者団体は「協約当事者」である。協約当事者は「金属・電機」，「小売業」など産業別・業種別に区分された部門（Branche）に対応して組織されている。ただし，少数ではあるが，使用者側については使用者団体ではなく個別の使用者も協約当事者になることができる。労働組合と使用者団体の間で締結される労働協約は，企業を横断して当該部門の労働条件を規制し，「横断的労働協約」（Flächentarifvertrag）と呼ばれる[1]。他方，労働組合と個別使用者の間で締結される労働協約は当該企業の労働条件のみを規制し，「企業協約」（Firmentarifvertrag）と呼ばれる。

　ドイツにおける労働協約の役割はきわめて大きい。主な労働協約の改定交渉の経過や結果は，全国的な重要性をもつニュースとして報道されている。協約賃金がその年に何パーセント引き上げられるのかといった問題は，労働協約の規制を直接受ける人々だけでなく，国民経済への影響の大きさから，政治家や

経済学者にとっても重要な関心事である。労働協約は法律と同等またはそれ以上に労働条件規制のルールとしての機能を果たしているといわれることが多いが，筆者もまたそのように感じる。

　日本では観念しにくいこうした労働協約の存在感の大きさは，たとえば「協約政策」(Tarifpolitik) という言葉にも現れているように思われる。労働協約は，国家から独立した協約当事者の意思決定に基づいているが（「協約自治」という），それが規制する内容は，協約「政策」として国家による政策と併置される。両者は競合することがあるため，「国家による社会政策・労働市場政策と協約政策の両者はいかなる分担関係にあるか」といったことがドイツではしばしば問題となってきた（たとえばBispink 2012）。その他にたとえば，「協約文化」(Tarifkultur) や「協約風景」(Tariflandschaft) といった言葉も，ドイツの社会生活のなかで労働協約がごくありふれたものになっていることを物語っている。

　労働協約システムの特徴と意義について，一番権威ある解説ともいえる連邦憲法裁判所判決の述べるところを引用しよう（Berg et al.：67f.）。いわく，「何が〔協約当事者〕双方のそれぞれの利益であり，何が両者に共通する利益であるのか，民主的な立法者よりも，交渉参加者の方がより良く知り，より良く交渉することができる」。「〔基本法＝憲法が労使団体に与えた任務とは〕，賃金その他の実質的労働条件を，国家による法制定から自由な空間において，自らの責任に基づいて……合理的に規制することにある」。「協約自治のねらいとするところは，労働契約の締結における労働者側の構造的な劣勢を集団的な交渉によって埋め合わせ，それによって近似的に均衡のとれた賃金・労働条件の交渉を可能にすることにある」云々。

　以上を要するに，「労働条件を規制する方法としては国家法よりも労働協約の方が優れている」ということがいわれている。国家よりもそれぞれの部門の具体的な事情をよくわかっている協約当事者の方が規制の制定者としてふさわしく，国家法では困難な詳細な規制も制定できる。また「自らの責任」によって定められた労働協約の規制内容は，国家法よりも労使当事者にとって守るべきルールとしての強い正当性を有している。国家法による労働条件規制の場合とは異なり，規制の制定・変更に労働者側が集団的かつ主体的に関与しており，

そしてそれが何よりも労働者の保護に寄与するのだ，と．

このように，その優れた特性が評価される労働協約システムであるが，しかし，ここでひとつの基本的な問題に留意しなければならない．それは，労働協約の規制が及ぶ範囲が限定されている，という問題である．国家法は通常領土の全域に対して規制を及ぼしており，したがって，たとえば労働時間法はドイツ国内の雇用関係全体を規制している．これに対して，労働協約は一定の限られた範囲の雇用関係に対してしか規制を及ぼすことができない．

ここで労働協約の規制範囲についての大まかな指標をみよう．まず各国の協約拘束率と組合組織率である．協約拘束率は，何パーセントの従業員の労働条件が労働協約によって規制されているかを表している．

「協約拘束」（Tarifbindung）とは，労働協約が雇用関係を規制する状態のことを指す．協約拘束が生じるのは，雇用関係にある使用者と従業員がともに協約当事者の構成員である場合である．この場合使用者は，従業員のなかの非組合員に対して労働協約の労働条件を適用しないことが法的には可能であるが，それは労働組合加入を促進することになるので，通常，協約に拘束される使用者は非組合員に対しても労働協約の労働条件を適用する．統計上，このような関係も協約拘束とみなされている．またドイツでは少ないが，一般的拘束力宣言（第3章，第4章で触れる）によって使用者団体に加盟していない使用者にも協約拘束が及ぶ．

図表1-1からは，国際的にみて，ドイツの協約拘束率が中位であることがわかる．周知のように日本の労働協約の規制する範囲は狭く，それと比較すればドイツの労働協約の規制範囲は広い．しかし，ヨーロッパ諸国のなかではむしろ狭い方に属する．

図表1-2はドイツの協約拘束率の推移をみたものである．[2)]2000年代を経て横断的労働協約の規制範囲が大きく縮小していることがわかる．また西地域に比べ東地域では無協約の範囲が広く企業協約の役割も大きい．

労働協約の規制する範囲が限定されており，かつその広さも変動しているという事実は，労働協約の成立が任意であることのコロラリーである．労働協約を締結するかどうかはあくまでも協約当事者の任意であり，協約当事者の結成とそれへの加入も個々の労働者，使用者の任意である．国家はそれらのことを

図表1-1 各国の協約拘束率（従業員ベース）と組合組織率

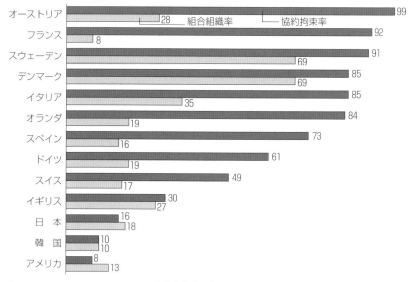

（ICTWSS Version 4 – April 2013 より筆者作成。各国データは2007～2011年）

強制することはできない。強制が加えられると，先に紹介した労働協約システムの特性――「任意に結成される団体同士が自主的に責任をもって規制を定めるからこそきめ細かな充実した規制が可能である」云々――は損なわれてしまう。つまり，労働協約に拘束される範囲が不完全であり不安定であることは，労働協約の本質に根ざす，宿命的なものである。

もっとも，協約拘束がほとんど網羅的であったような時代であれば，協約拘束範囲に関する問題は，潜在的な，または周辺的な問題に過ぎなかったといえよう[3]。しかし，すでにみたように今日のドイツはそうではない。協約拘束の範囲は明らかに縮小傾向にあり，その外側に協約拘束を受けない広い範囲が存在する事実を無視して労働協約システムを論じることはできなくなっている。

では，そのような変化はなぜ，どのように起こっているのか？　そしてそのことは労働協約システムにいかなる影響を及ぼすのか？　本章ではこれらのことを検討したい。この，協約拘束範囲の縮小という問題は，労働協約の本質に関わる問題であるとともに，今日の労働協約の様々な変化を論じる場合でも，

図表1-2　協約拘束率（従業員ベース）の推移

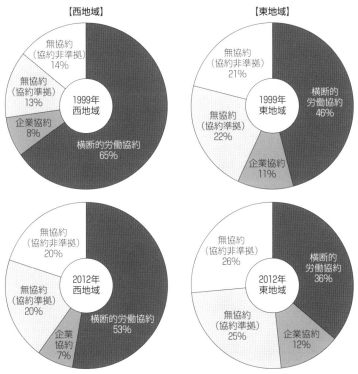

（WSI-Tarifarchiv 2014 より筆者作成。原データはIAB-Betriebspanel。「協約準拠」は「横断的労働協約に準拠」の意）

それらの起点としてまずは注目すべき問題であると思われる。それゆえ、この問題は本書の総論に位置するこの章において扱うことがふさわしい。

　以下では、本論に入る前に、労働協約システムの概要を説明する（2）。そのうえで、協約拘束範囲の縮小について具体的な紛争ケースを紹介し（3）、拘束範囲の縮小が労働協約システム全体に及ぼす影響について考察し（4）、そして本章の最後に第2章以降の位置づけを説明し、本書全体の導入としたい（5）。

2 労働協約システムの概要

1 協約当事者と部門

　前述のように労働協約は協約当事者によって締結され，協約当事者の一方は労働組合である。現在の主要な労働組合は8組合であり，これがナショナルセンターであるDGB（ドイツ労働組合同盟）を構成している。

●DGBに加盟する労働組合と組合員数（2012年時点，1万人以下は四捨五入）

- IGメタル（金属産業労働組合）：226万人
- ver.di（統一サービス業労働組合）：206万人
- IG BEC（鉱山・化学・エネルギー産業労働組合）：67万人
- IG BAU（建設・農業・環境産業労働組合）：30万人
- GEW（教育・科学労働組合）：27万人
- EVG（鉄道・交通労働組合）：21万人
- NGG（食品・飲食・旅館業労働組合）：21万人
- GdP（警察労働組合）：17万人

（Schroeder 2014：690f.）

　DGB加盟組合は，ブルーカラー，ホワイトカラー別，政治的・宗教的傾向別の分立を排し（統一組合原則），「1事業所，1組合」となるようそれぞれの管轄する部門内のすべての職種を包括して（産業別原則）組織されている。そのため1組合の規模が大きく数が少ない。よく「産業別労働組合」というが，EVGとGdP以外は複数の産業部門を管轄しているので，正しくは「複合産別労働組合」である。

　ただしDGBに加盟しない労働組合もある。これらは規模としては小さいが，DGB加盟組合との競合関係がしばしば問題となる。

　ひとつは，医者，鉄道機関士，パイロットなど特定の職種を単位として組織される職業別組合の存在である。これらはいずれも協約交渉についてはDGB加盟組合との共同関係にあった。しかし，2000年代以降，自身の利益が十分に反映されていないことを不満として，独自の組織として自立化し，その特権

的な交渉力を武器に独自の労働協約を相次いで締結している。日本では企業別組合の特殊性がもっぱら注目されることの反動で，産業別組合と職業別組合の差異が看過されることが少なくないが，両者の組織形態は大きく異なっており，ドイツにおける両組織の対立は激しい[4]。

これとは別にDGBに加盟しない労働組合として「キリスト教労働組合」があるが，これについては補論で触れたい。

労働組合に対するもう一方の協約当事者は，使用者団体および個別使用者である。DGBに対応する使用者団体の全国団体はBDA（ドイツ使用者団体全国協会）である。2013年現在，BDAには53の部門別使用者団体と13の地方別使用者団体が加盟している。こちらは労働組合に比べて細分化されている。以下にごく主要なものを挙げる。

● BDAに加盟する主な部門別使用者団体（2011～13年時点，従業員数1万人以下は四捨五入）

- ゲザムトメタル（金属産業使用者団体総連盟）：会員企業3652社，従業員数175万人。OT会員（後述）2913社，従業員数37万人。
- BAVC（化学使用者全国連盟）：会員企業1900社，従業員数55万人。
- HDB（ドイツ建設業中央本部）：会員企業2000社。
- AGV Banken（民間銀行使用者団体）：会員機関140，従業員数16万人。

(Schroeder2014：723ff.)

これらの労使の協約当事者が，産業別・業種別に区分された「部門」（Branche）を単位として労働協約を締結している。代表的な部門を示したのが図表1-3である。括弧内は締結した労働組合である。

図表1-3にはいくつかの注釈をつけなければならないが，それについては本章末の「付記」を参照していただきたい。ここでの目的は，部門の具体的な区分とそれぞれの規模を概観することにある。

まず，各部門の領域設定がまったくもって整然としていないことに気がつく。部門別の労働協約とはいっても，産業中分類のような基準に則って経済全体が各部門に分割されて，それぞれに労働協約が存在するような形にはなっていない。各部門の領域は，歴史的にパッチワークのように形成されてきた。その結

図表 1-3　主な横断的労働協約の部門と企業協約およびその従業員数

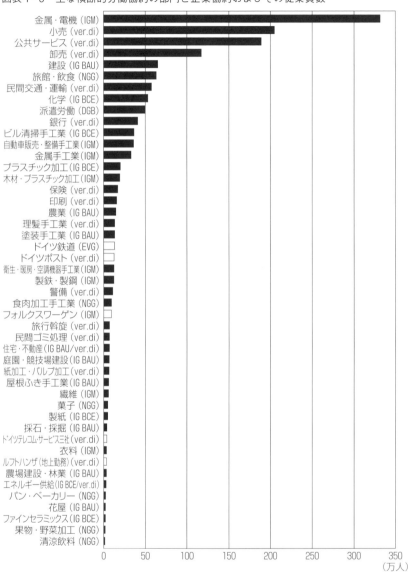

注：黒：横断的労働協約（2011 年 9 月時点）
　　白：企業協約（2011 年 11 月時点）
　　IGM は IG メタル，詳しくは章末の「付記」を参照

果，多くの産業・業種を包括する部門もある一方で，きわめて細分化された部門もある。

その中で圧倒的な従業員規模をもつ部門が金属・電機部門である。金属・電機部門は，機械製造，金属加工，自動車製造，造船，非鉄金属製造など製造業の多業種を含んでいる。ただし製鉄，製鋼は含まない。この部門を管轄する労使協約当事者がIGメタルとゲザムトメタル傘下の各地方の使用者団体（南西メタル，メタルNRW，VMBなど）である。金属・電機部門はその規模の大きさとIGメタルの組織力の相対的な高さ，そしてそこにBMW社，ダイムラークライス社，ジーメンス社などドイツ経済を牽引する大企業が多く含まれていることなどが相まって，同部門における労働協約の動向は最も注目され，他部門の労働協約にも影響力をもつ。金属・電機部門の協約交渉の結果が他部門の協約交渉に波及することを「護送船団方式」(Geleitzugverfahren) という[5]。

金属・電機部門の下に続く小売業部門や旅館・飲食業部門も多様な業種を含む部門である。それぞれ第3章, 第4章で紹介する。さらに下に降りてゆくと，ドイツ鉄道，ドイツポスト，フォルクスワーゲンといった大企業における10万人前後の従業員を対象とした企業協約が登場する。つまり，このグラフの下半分に登場する部門の従業員規模は，大企業一社の規模と同程度またはそれ以下である。

さらに，ここで挙げた多くの横断的労働協約は「地方」(Region, Gebiet) ごとに分割されている。たとえば金属・電機，小売業，旅館・飲食業の横断的労働協約は地方別に締結されている。この地方の区分は，多くの場合，行政州の区分と一致するが（たとえば「BW州」の地理的範囲が「BW地方」），一致しない地方もある。

「地方」の独自性や自立性の程度は部門によって異なっている[6]。金属・電機部門では，IGメタルは，経済状況が良く組合組織率も高く，それゆえ高い水準での協約締結が見込める地方の協約交渉を先行して妥結させ，それを「パイロット協約」として他の地方に移転させる（＝若干の修正を経ながらも同様の合意内容，たとえば賃上げ率を波及させる）戦術をとる。そしてIGメタルは実際にその戦術を貫徹させることができる。他方，小売業も地方別であり協約交渉は同時期に行われるが，しかし小売業の場合，ver.diは「パイロット」となる地方

を一方的に決めることはできず，逆に相対的にver.diが弱い地方を「パイロット」にしようとする使用者団体側とかけ引きが展開される。さらに旅館・飲食業部門では，各地方の横断的労働協約の期間がばらばらであり，交渉時期も交渉内容も調整されていない。

それぞれの部門×地方で締結される横断的労働協約は，次節で述べる規制内容に対応して，賃金等級ごとの具体的な賃金額を定めた「賃金協約」，賃金等級を定めた「賃金枠組協約」，労働時間などを定めた「一般協約」など，複数本存在するのが通常である。

2 労働協約の規制内容[7]

次に労働協約が規制する内容について，主なものをみる。

労働協約の代表的な規制対象は賃金である。最低賃金についての法的規制は存在しないため，賃金規制の権限はもっぱら協約当事者に委ねられている（2014年に制定された最低賃金法については第4章で紹介する）。

伝統的にホワイトカラーは月給制，ブルーカラーは日給制であり，支払いの名称も前者は「給与」（Gehalt, 英：salary），後者は狭義の「賃金」（Lohn, 英：wage）と区別されてきた。両者の総称は「報酬」（Entgelt, Vergütung, 英：payment）である。しかし，今日多くの労働協約において狭義の「賃金」は月給化し，またブルーカラーとホワイトカラーの報酬規定が統合されるなど，両者を区別する必要性は薄まっている。それらのことを踏まえて本書では両者の区別をせずにすべて広義に「賃金」と訳す。なお，賃金水準を部門間や時系列で比較するなどの場合には，月給額を協約が定める労働時間で除して時給額に換算する。

労働協約は複数の賃金等級ごとに賃金額を定めている。賃金等級は，多くの場合，仕事に必要な熟練と資格に基づいて大括りに設定されている（総合的職務評価）。たとえば，旅館・飲食業（NRW地方）の賃金等級は次のように9の等級に分かれている。実際の規定はもっと詳細であるが，ここでは簡略化して紹介する。

等級1：単純作業を行う労働者。例：補助係。
等級2：わずかな専門的知識・能力を要する仕事を行う労働者。例：客室係。
等級3：拡張された専門的知識・能力または長期の経験を要する仕事を行う労働者。例：宿泊客世話係。
等級4：仕事領域に対応する職業訓練を修了した労働者。例：コック補佐。
等級5：一般的な指示のもと固有の責任をもつ熟練労働者。例：秘書。
等級6：拡張された専門知識および高度な責任をもった熟練労働者。例：部署責任者。
等級7：包括的な専門知識と指導的課業をもった熟練労働者。例：単独で調理するコック。
等級8：包括的な専門知識と部署の責任をもった熟練労働者。例：受付主事。
等級9：指導的立場にある熟練労働者またはスペシャリスト。例：会計責任者，厨房シェフ。

　総合的職務評価ではなく，分析的職務評価（技能，負担，責任，労働環境の点数化）によって賃金等級を設定する労働協約も現れている。ただし，従業員間の利害が対立するため，職務評価方法の改編・移行はしばしば難航する。また，高齢者や長期勤続者に対して職務の変更にかかわらず賃金額を維持する規定が設けられる場合もある。

　協約賃金は部門によって水準が大きく異なる。**図表1-4**は労働協約に設定された賃金等級（時給換算）を賃金水準ごとのグループ別に分け，その分布を表したものである。この分布は，設定された賃金等級の数についてであり，実際にそれぞれの賃金等級に割り当てられている従業員数を反映していないが，部門ごとの協約賃金の格差を理解する手がかりにはなる。

　賃金については，以上の基本部分に加えて各種の手当がある。「クリスマス手当」（または「年特別支給金」）は日本のボーナスに相当する。額は勤続年数に連動することが多いが，月給の60～100％程度で，日本のボーナスに比べて年収全体に占める割合は低い。さらに有給休暇を取得した際に割増されて支給される「休暇手当」[8]や，超過労働（後述），夜間勤務，日曜・祝日勤務等の場合に割増される各種手当，重労働や過酷な環境のもとでの労働の場合に割増される各種手当がある。

　各事業所の売上や利潤，各個人の「業績」に連動した賃金支払方法はドイツでもみられる。これは協約賃金に対する上乗せとして設定される場合もあれば，

図表1-4　労働協約に設定された賃金等級の時給水準別構成比率（2012年12月時点）

業種	-8.49ユーロ	8.50-9.99ユーロ	10.00-19.99ユーロ	20.00-ユーロ
エネルギー供給(IG BCE/ver.di)				
金属・電機(IGM)				
建設(IG BAU)				
果物・野菜加工(NGG)				
印刷(ver.di)				
化学(IG BCE)				
清涼飲料(NGG)				
紙加工・パルプ加工(ver.di)				
菓子(NGG)				
銀行(ver.di)				
公共サービス(ver.di)				
製鉄・製鋼(IGM)				
民間ゴミ処理(ver.di)				
保険(ver.di)				
パン・ベーカリー(NGG)				
繊維(IGM)				
製紙(IG BCE)				
卸売(ver.di)				
自動車販売・整備(IGM)				
小売(ver.di)				
プラスチック加工(IG BCE)				
木材・プラスチック加工(IGM)				
採石・採掘(IG BAU)				
衣料(IGM)				
庭園・競技場建設(IG BAU)				
屋根ふき手工業(IG BAU)				
ファインセラミックス(IG BCE)				
塗装手工業(IG BAU)				
衛生・暖房・空調機器クラフト(IGM)				
金属手工業(IGM)				
派遣労働(DGB)				
民間交通・運輸(ver.di)				
農業(IG BAU)				
ホテル・飲食(NGG)				
食肉加工手工業(NGG)				
ビル清掃手工業(IG BAU)				
農場建設・林業(IG BAU)				
警備(ver.di)				
理髪手工業(ver.di)				
花屋(IG BAU)				
農業季節労働(IG BAU)				

（Bispinck/WSI-Tarifarchiv 2013：10 より筆者作成）

労働協約がその規制を定める場合もある。

　賃金とならぶ労働協約の重要な規制対象として労働時間がある。ドイツの労働時間が国際的にみて短いことはよく知られている。労働時間については労働時間法があり，同法は週原則48時間，最大60時間の上限を定めているが，各部門の労働協約はこれよりもさらに短い週労働時間の規定をおいている。金属・電機（西），印刷業（西），化学（全国）など，労働組合が伝統的に強い部門では週35時間，ドイツテレコム社では週34時間が定められている。その他，たとえば金属・電機（東）では週38時間，小売業では東西でそれぞれ週37.5，38.1時間となっている（2013年12月時点）。

　ただし，これらの週労働時間規制には通常，例外規定がともなっている。代表的なものは，週労働時間を上回る労働時間を認める「超過労働」の規定である。超過労働の上限や補償方法（割増賃金，代休の付与など）の規定は労働協約によって様々である。なお，超過労働の実施には従業員代表委員会（後述）の同意が必要である。

　その他，雇用に関わる多くの事項が労働協約の規制対象になっている。たとえば，連邦休暇法は年間20日の有給休暇を保障しているが，多くの労働協約はこれを上回る有給休暇を定めている（「年間30日」が多い）。解雇保護法は勤続年数に応じた解雇予告期間を設定しているが，多くの労働協約はこれをより長く設定する規定をおいている。パートタイム・有期雇用法は客観的理由のない有期雇用を最大2年間かつ3回の更新まで認めているが，多くの労働協約はこれをより制限する規定（たとえば「有期雇用はすべて客観的理由が必要であり，6カ月を超えてはならない」）をおいている，等々である。

3 労働協約の法的効力とデュアルシステム

　こうした労働協約の諸規定は，その特別な法的効力を通じて労働条件を規制する。

　労働協約がドイツで拡大を始めるのは20世紀初頭であった。しかし，労働協約についての特別法が存在しなかった当時，労使団体間で横断的労働協約が締結されたとしても，構成員である個別使用者はその水準を下回る労働条件を個別に労働者と契約することができた（Haucap et al. 2007：101）。労働協約が法

的にはたんなる「団体間の契約」である限り，このような個別労働契約の締結による労働協約の実質的空洞化を防ぐことはできなかった。これは生成期の労働協約システムにとってひとつの障害であり，当時の法学者たちを大いに悩ませた（西谷 1987：231ff.）。労働協約の規制が現実に実効性をもって貫徹されるためには，労働協約が定める労働条件の内容を労働者が直接使用者に請求できることが必要であった。

　このことは1918年の労働協約令によって初めて解決され，それを継承した現行の労働協約法（1949年制定）も労働協約の特別な法的効力を定めている。すなわち，労働協約法１条１項は「労働協約は協約当事者の権利と義務を規定し，雇用関係の内容，締結および終了ならびに事業所内および事業所組織法上の諸問題を処理する法規範を内容とする」と定め，同４条１項は「雇用関係の内容，締結および終了を規定する労働協約の法規範は，労働協約の対象領域に属する，協約に拘束される双方の間において，直律的かつ強行的に効力を有する」と定めている。

　強行的効力とは労働協約が定める労働条件基準を下回る部分を無効とする効力であり，直律的効力とは無効となった部分については労働協約の基準を充てる効力である。両者をあわせて規範的効力（または不可変的効力）という。これによって労働者は使用者の労働協約違反を直接裁判所に訴えることが可能となった。

　ただし，労働協約の規範的効力は労働条件の下限を規制するものであり，労働協約に比べて労働者にとって有利となる労働条件を個別労働契約によって定めることは可能である。労働協約法４条は「労働協約と異なる取り決めは，協約当事者によって許可されている場合，もしくは規制の変更が労働者に有利である場合にのみ許される」と定めている。これを有利原則という。

　また，ドイツには事業所組織法に基づく従業員代表委員会制度がある。企業横断的に個人加盟する労働組合と異なり，従業員代表委員会は，企業内の事業所（工場，本店，支店，営業所など）ごとに従業員によって選出される機関である。従業員代表委員会は，たとえば当該事業所の就労開始・終了時間などについての共同決定権を行使する（詳しくは藤内 2009）。

　従業員代表委員会は使用者との間で事業所協定を締結して，各事業所の条件

に応じた労働条件規制を定めることができる。企業横断的レベルの労働協約と各事業所レベルの事業所協定が並立する二重構造は「デュアルシステム」と呼ばれるが，両者の関係は若干複雑である。法制上は，事業所協定は賃金その他労働協約が規制する労働条件について対象とすることができない（事業所組織法77条3項）。したがって，個別労働契約とは異なり，事業所協定には有利原則は適用されない。しかし実態として多くの事業所協定が，上乗せの規制，すなわち労働協約の労働条件に対してより有利な規制を定めている（藤内 1995：49）。

ちなみに，従業員代表委員会が設置されている割合は，事業所ベースで西地区，東地区ともに9％，従業員ベースで西地区43％，東地区36％である（Schroeder 2014：729，2012年時点）。従業員代表委員会は労働組合とは別個の組織であるが，労働組合は従業員代表委員の選挙に際して候補者を推薦し当選させることで影響力を行使している[9]。

4 協約改定交渉

労働協約は定期的に改定される。

多くの労働協約には，「この労働協約は○年○月○日以降，○カ月の予告期間をもって解約可能である」といった規定がおかれている。この解約可能期日は，通常，賃金等級ごとの賃金額を定めた「賃金協約」の場合は発効から1～2年後に設定され，賃金等級を定めた「賃金枠組協約」や労働時間など賃金以外の労働条件を定めた「一般協約」の場合は3～4年後に設定されている。

このような規定がある場合，定められた期日以降も協約当事者の双方が現状維持を望めば，労働協約は引き続き有効である。しかし，協約当事者のどちらか（または双方）が現状変更を求める場合，たとえば，労働組合の側が賃上げを求める場合や，逆に使用者団体の側が休暇手当の削減を求める場合などは，変更を求める協約当事者は労働協約の解約を告知する。予告期間後，当該労働協約は失効し，改定交渉が行われる。

一方または双方の協約当事者は，新規の労働協約についての要求を提出する。要求を受けた側は通常これに反論し，そのようにして双方が，経済状況（当該の部門および経済全体の生産性上昇・収益状況，景気・物価の見通し，労働力需給状況等）

のデータや規範的な論理（労使間の分配の公平性，他部門との比較等）を駆使して，それぞれの主張の正当性をアピールする。

　具体的に交渉を行うのは両協約当事者の交渉担当者（通常は専従役員）である。交渉担当者は協約当事者の権限機関（労働組合の場合は当該協約に関係する組合員から選出される協約委員会）の指示に基づき交渉を進める。

　ところで，労働協約が失効すると平和義務が消滅するため，労働組合はストライキを合法的に行うことができる。戦後ドイツにおけるストライキの合法性範囲は制約的であるとよく指摘される。ストライキ権は基本法（憲法）上保障されておらず，判例は，労働協約の締結を目標とするストライキのみを合法と認める立場をとってきた。その立場から，政治スト，山猫スト，「協約交渉が決裂しない段階でのストライキ」などは違法とされてきた。連帯（同情）ストも2007年の連邦労働最高裁判決までは違法であった（Berg et al. 2013：719ff.）。

　ドイツ独特の「警告ストライキ」は，もともとはこうした法的制約を突破するための産物であった。戦後の労働組合は，短時間の「警告ストライキ」であれば協約交渉継続中のストライキであっても合法であるとの判例を引き出して，その合法性の枠を徐々に拡大してきた。それら一連の判決のなかにある，「ストライキ権を伴わない労働協約交渉は集団的な物乞い（kollektives Betteln）にすぎない」という一節は有名である。ただし1988年の連邦労働裁判所判決以後は，警告ストライキと本来のストライキとの間に法的な差異はなくなっている（ebd.：751，和田1995）。今日でも多くの労働組合の規約は「ストライキ」（「強要ストライキ」ともいう）と「警告ストライキ」との区別を設けているが，これは合法性問題とは関係ない（詳しくは第3章110頁参照）。

　協約交渉が膠着すると，こうしたストライキが行われる。ストライキは協約交渉を労働組合に有利に導くためだけでなく，交渉を拒否する使用者（団体）に交渉を応諾させるためにも行われる。団体交渉権は法的・制度的に保障されていないためである。なお第3章で触れるが，国際的にみて，日本を別とすれば，先進国中ドイツは比較的ストライキ頻度の低い国に属する。80年代までは使用者側もロックアウトを行使して対抗する場合があったが，今日では稀である。

　また，協約交渉において仲裁が行われることがあり，その場合，州の大臣な

どが仲裁人を務める。しかし，それらはすべて労働協約の規定に基づいた，つまり協約当事者が任意に設定したものであり，国家による強制的・義務的な仲裁制度はない。こうしたいくつかのプロセスを通して，両協約当事者が合意に至れば，新規の労働協約が締結される。

3 協約拘束範囲の縮小とそれをめぐる紛争

では，以上のことを踏まえたうえで，労働協約の拘束範囲の縮小問題について検討したい。

労働協約の規制が及ぶのは「協約拘束」の範囲に限られることはすでに述べたが，まず，このことを改めてやや詳細に解説しよう。労働協約が，どのような前提条件のもとに，どの範囲に規制を及ぼすのか，そして協約拘束範囲の縮小はどのようなパターンによって引き起こされるのか，といった問題を整理するためである。

◨ 労働協約の範囲

労働協約の範囲に関してはいくつかの概念がある（Berg et al. 2013：331ff.,343ff.,455ff.）。広い方から順に，協約管轄（Tarifzuständigkeit），協約対象領域（Geltungsbereich des Tarifvertrages），協約拘束（Tarifgebundenheit, Tarifbindung）である。図表1-5はその概念図である。

まず，労働組合と使用者団体は自主的な結社であり，それぞれ協約当事者として規制したいと希望する範囲（業種，地域，職種など）を規約上自由に定めることができる。この範囲を協約管轄という。協約管轄の範囲を広く定める（たとえば，極端にはドイツ全国の全部門を管轄にする）ことは自由であるが，しかし組織の実態以上に広く協約管轄を定めると，協約当事者として必要な「社会的実力」が備わっていないと裁判所に判断され，「協約能力」が否認される危険がある。この場合は締結した労働協約は無効になる。なお，DGBはDGB加盟組合間の協約管轄が重複しないように調整を行っている。

次に，労働組合と使用者団体が合意に至って労働協約が締結される場合，労働協約には，その労働協約が対象とする業種，地域（場合によっては職種，特定

図表 1-5　労働協約の範囲に関する概念図

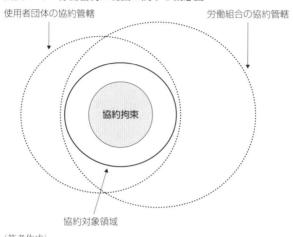

（筆者作成）

の企業など）が「協約対象領域」として明記される。これは労働協約が法的に有効となるための必要記載事項である。この協約対象領域は，両協約当事者の協約管轄（ふたつの点線の円が重複する部分）を超えない範囲で協約当事者が自由に定めることができる。横断的労働協約の「部門」（×「地方」）は，法制上の概念としては，この「協約対象範囲」に対応する。

　しかし労働協約の規制は，この協約対象領域内をすべてカバーするものではない。もう一段階「協約拘束」が問題となる。労働協約法3条1項は「協約当事者の構成員および協約当事者である使用者は協約に拘束される」と協約拘束の定義を定め，さらに，同法4条1項は「雇用関係の内容，締結および終了を規定する労働協約の法規範は，労働協約の対象領域に属する，協約に拘束される双方の間において，直律的かつ強行的に効力を有する」と定めている。つまり，労働協約の規範的効力が発生するためには，①労働協約が有効に成立し，②当該雇用関係が協約対象範囲に含まれているという2条件に加えて，さらに，③労働者と使用者がともに協約当事者の構成員である（または使用者自ら協約当事者である）という条件が必要である。

　ただし，前述したように，この場合使用者は，従業員のなかの非組合員に対しては労働協約の労働条件を適用しないことが法的には可能であるが，それは

労働組合加入を促進することになるので，通常，協約に拘束される使用者は非組合員に対しても労働協約の労働条件を適用する。統計上はこのような関係も協約拘束とみなされる。また，一般的拘束力宣言（第3章，第4章で触れる）がなされた場合は，個別使用者の使用者団体への加入，非加入にかかわらず，協約拘束の範囲が協約対象領域まで拡大する。

　注意を要するのは，使用者が使用者団体から脱退しても，ただちには協約拘束から解放されず，労働協約の有効期間中は引き続き拘束を受けることである（労働協約法3条3項）。これを「継続的拘束力」（仮訳，原語はNachbindung, Fortgeltung）という。

　およそ「規制」なるものにはそれが及ぶ範囲の確定が必要であるが，国家法の場合は，基本的に，「国家主権が及ぶ領土」に着目すれば十分である。これに対して労働協約の場合は，規制の設定権者＝協約当事者が部分社会を自主的に組織する団体であること（→協約管轄の問題），両協約当事者が労働協約の範囲を自由に設定できること（→協約対象領域の問題），さらにその労働協約の規制を受けるのは協約当事者の構成員間に限られること（→協約拘束の問題）という諸前提があるために，このような独特の段階構造になる。

　さて，以上の整理から，今日の協約拘束範囲の縮小現象が引き起こされるいくつかのパターンを導くことができる。

　まず，協約拘束範囲の縮小が使用者団体の行為によって引き起こされるパターンがある。具体的には，使用者団体が労働協約を解約したのち改定に同意しないパターンが考えられる。たとえば，2000年代に旅館・飲食業部門のいくつかの地方ではそうした事態が生じた（第4章参照）。また，2007年に各地方の自動車販売・整備手工業の手工業組合（イヌング）が，協約を解約し自らの協約管轄を放棄する規約変更を行った例がある。これらの手工業組合は自動車販売・整備手工業者を組織し，使用者団体としてIGメタルと横断的労働協約を締結してきた。

　しかし，より大きな役割を果たしていると考えられるのは，協約拘束範囲の縮小が個別使用者の行為によって引き起こされるパターンである。ひとつは，これまで協約拘束を受けていた個別使用者が使用者団体を脱会する「協約脱退」のパターンである。これは非難の意味合いを込めて「協約逃避」（Tarifflucht）

とも呼ばれる。もうひとつは、個別使用者がそもそも使用者団体に加盟しない「協約不加入」のパターンである。企業の新陳代謝を通じて、協約不加入企業の新規参入が進行すれば、協約拘束範囲はそれだけ縮小してゆくことになる。

2 協約脱退・協約不加入の具体的ケース

そこで次に、具体的な協約脱退の4ケースと協約不加入の1ケースをみることにしたい。いずれも大きく報道された著名なものである。ただし、ここでこれらのケースを選定したのは、協約脱退・協約不加入の背景、それが発生する部門、その態様や手法の多様性を具体的に示す観点からであって、これらのケースが協約脱退・不加入の平均像を表しているということではない。おそらく実際には、従業員の抵抗を大きくは引き起こさない「静かな」ケースの方が圧倒的に多いと推測され、そうであるとすれば、報道されるほど問題化したこと自体がむしろ以下のケースの特異性を示しているといえる。[13]管見では協約脱退・不加入の具体的ケースを俯瞰した研究はまだなく、筆者もなしえていない。[14]

●VAC（ヴァークムシュメルツ）社のケース

これは、協約脱退をきわめてストレートに実行しようとしたケースである。

VAC社は特殊素材を用いた部品メーカーであり、金属・電機部門の横断的労働協約に拘束されていた。ハナウにある工場には1500人の従業員が雇用されていた。しかし2008年8月、同社は横断的労働協約を脱退し、使用者団体の「OT会員」になったことを従業員に通告した。

OT会員とは、「協約に拘束されない」(ohne Tarifbindung) 使用者団体の会員資格のことである。OT会員は、通常の会員と同じく使用者団体から法律相談、経営相談その他情報提供を受け、会費を納入するが、ただし、労働協約の拘束は受けない。このような会員資格を設ける使用者団体のねらいは、横断的労働協約に不満をもつ使用者を会員として引き止め、また、これまで横断的労働協約に関わらなかった使用者を新たに会員として獲得することであった。しかし従業員の側からみれば、使用者がOT会員になることは使用者団体そのものから退会することと何ら変わりはなく、要するにそれは協約脱退のことであった。

協約脱退の理由としてVAC社は原材料が高騰していること、景気が悪化し

ていることなどを挙げた。そのような環境のもとで，次期の協約賃金の引き上げにVAC社は耐えることはできないと主張した。公式には否定されたが，同社を買収したアメリカの「ワン・エクイティ・パートナーズ」（JPモルガン・チェースの未公開株投資部門）の判断が背後にあるといわれた。

VAC社の協約脱退に対してIGメタルは強く反発した。同社においてIGメタルは約90％の高い組織率を誇っていた。横断的労働協約の拘束がなくなれば，従業員は賃金の引き下げや有給休暇の削減に無防備になってしまい，他社もこれに追随するだろうとIGメタルは訴えた。また，VAC社の協約脱退手続きが従業員への通告の2カ月前に秘密裏に行われていたことも従業員をますます激怒させた。IGメタルは同社において警告ストライキを断続的に行うとともに，さらに長期のストライキを打つため，組合員直接投票を実施し，92.2％の賛成を得た。スローガンは「イナゴを撲滅し，労働協約を維持する」である（「イナゴ」は「ハゲタカ」と同じく，暴利をむさぼる投資家のたとえ）。地元の政治家からのIGメタルへの支持も党派を超えて広がった。

VAC社は，IGメタルのストライキは違法であるとして，裁判所に提訴した。「協約脱退後も当該労働協約の終了時点までは継続的拘束力（本章19頁参照）が働き，その期間中は平和義務も継続する」という論理である。しかし，ハナウ地区労働裁判所とヘッセン州労働裁判所はいずれもストライキの合法性を認め，VAC社を敗訴させた。

敗訴を受けて方針転換を余儀なくされたVAC社は，横断的労働協約の復帰を約束した。しかし，人員削減計画を発表して従業員に「脅迫」を加えるなど，同社はなおも食い下がった。結果，同年11月，VAC社は横断的労働協約に復帰するが，同時に，「プフォルツハイム協定」に基づいて横断的労働協約の適用除外を行うこと——具体的には，2009年の賃金凍結，クリスマス手当・休暇手当の半減，労働時間規制の柔軟化など——が定められた。プフォルツハイム協定については第2章で詳述する。

●BayME（バイエルン金属電機企業連盟）のケース

OT会員への移行が個別的・散発的ではなく集団的・系統的になされる場合もある。それがこのケースである。

バイエルン地方の金属・電機部門では，使用者団体VBM（バイエルン金属電機産業連盟）が，IGメタルと長年横断的労働協約を締結していた。しかし，横断的労働協約に対する会員企業の不満を受けて，VBMは，団体内部に「OT会員」資格を設けるのではなく，より入念に，姉妹団体として協約拘束を受けない「OT団体」を設立することとした。IGメタルの役員は「労働協約がなくなれば平和義務（ストライキを行わない義務）もなくなる，そうなれば何が自らに起きるのか，使用者たちは理解していない」と警告した。

　だが2000年7月，VBMはOT団体のBayMEを設立した。そして2002年5月には，VBMは会員企業に向けてBayMEへの移籍を呼びかけた。呼びかけ文いわく，「協約ラウンドの展開状況に鑑みて協約団体に止まれなくなった企業は，短い解約期限（1週間）をもってVBMから脱退するのが得です。協約交渉が妥結する前であれば，協約拘束を終了することが可能です」。

　IGメタルは，VMBの呼びかけに応じてBayMeへ移籍し，協約脱退を行った使用者に対して，再び横断的労働協約に復帰させるよう，各事業所において闘争を組んだ。2002年7月の記事によると，同年にVBMを脱退しBayMEへ移籍した25の企業のうち8企業がIGメタルとの対話ののちに再びVBMに復帰したという（Süddeutsche Zeitung 2002.7.6）。

　他方，BayMEの結成と拡大はIGメタルとVBMの横断的労働協約交渉にも影響を与えた。BayMEについてのある調査研究は次のように指摘している。「OT団体〔BayME〕の成功から，協約団体〔VBM〕にとってきわめて大きな協約政策上の利用価値が生まれた。OT団体は……IGMとの協約交渉において圧力手段として投入できるからである。……IGメタルは労働協約が高い形成力をもつことに関心があるため，IGメタルにとって，企業が団体〔VBM〕から脱退することは，かつて以上に，『妥協的』になることを強いられる問題である。労働協約に同意できない企業は……簡単に団体〔VBM〕から立ち去る」(Haipeter/Schilling 2006：61)。つまり，協約脱退は，横断的労働協約の交渉において労働組合を追い込む「協約政策上の利用価値」を使用者団体にもたらした。このことについては次節で再び触れたい。

●ハンブルク市立病院のケース

　これは，公立病院の民営化に伴って協約脱退が行われたケースである。ドイツでは2000年代以降，公立の病院，ゴミ清掃施設，交通機関などの民営化が全国的に進行している。こうした民営化には協約脱退による労働条件の切り下げを伴っていることが多い。

　自治体財政の悪化や公的医療保険の「効率化」によって公立病院の民営化が推進されていることは日本と同様であるが，重要な違いもある。まず日本と比較した場合，ドイツは公立病院の比率が高い。正確な比較検討は筆者の能力を超えるが，たとえば病床数ベースでみたとき，日本の公立病院は1990年で30.3%，2010年で28.4%であるのに対し，ドイツでは1991年で61.4%，2008年で48.6%である[15]。またドイツでは，株式会社による病院経営が可能である点も日本とは異なっている。この2点から，日本と比べてドイツでは公立病院を買収して収益をあげる余地が大きく，かつ売却を求める圧力も強いということができる[16]。

　ハンブルク市立病院の民営化は，民営化された病院の規模としてヨーロッパで最大であり，それに際して発生した争議も注目を集めた。2005年1月ハンブルク市はハンブルク市立病院を有限会社化するとともに，その49.9%の所有権をドイツ最大の病院経営会社アスクレピオス社に売却し，その後2007年1月にさらに25%の所有権を売却した。2004年2月の住民投票では民営化反対が多数を得ていたが，財政難などを理由として民営化は強行された。

　病院従業員は，市職員らと同じく公共サービス部門の横断的労働協約の拘束下にあった。しかし，民営化にともなってアスクレピオス社は，病院を公共サービス部門労働協約から脱退させ，ハンブルクの大学病院などと共同で独自の使用者団体，KAH（ハンブルク病院使用者団体）を設立した。そして，賃金の10%引き下げ，賃金補償を伴わない（＝延長された時間分の賃金を引き上げない）労働時間延長（週38.5時間→42時間），クリスマス手当・休暇手当の削減，などを内容とする新規の労働協約を締結することをver.diに求めた。

　ここから始まる労使交渉は，接近と決裂を繰り返し，結果として2年越しに及ぶ長期にわたるものとなった。ver.diは「安いことは病んでいること」（Billig ist krank）のスローガンを掲げ，繰り返しストライキを行った。ver.diの組織

率は20〜30%から30〜40%へと上昇した。

　最終的に2007年6月，ver.diとKAHは公共サービス部門の横断的労働協約にほぼ準拠した労働協約を締結した。公共サービス部門横断協約に復帰することはせず，また同協約に規定されている2006年分の一時金を放棄することが定められたが，賃金と労働時間は維持された。

● ドイツテレコム社のケース

　これは，アウトソーシングを用いて協約脱退を行ったケースである。協約脱退の手法としてアウトソーシングが用いられる場合は多く，ドイツテレコム社のケースは，そのなかでもとくに規模の大きなケースである。ただし，以上に紹介してきた協約脱退とは異なり，この場合は企業協約からの脱退である。

　ドイツテレコム社は日本のNTTに相当し，民営化と同時に通信市場が自由化され，新規参入業者との競争促進が政策的に意図された。競争の結果，ドイツテレコム社のシェアは急速に後退した。たとえば，DSL（デジタル加入者線）におけるドイツテレコム社の顧客シェアは2005年の第1四半期が77%であったのが，2006年第4半期には50%に低下した。

　通信業界全体を規制する横断的労働協約はなく，ドイツテレコム社はver.diと企業協約を締結していた。同社はver.diの牙城であり，労働時間については金属・電機部門の水準をも上回る週34時間の規制を実現していた。しかし，「競合他社よりより短く働き，より高く稼ぐ」という労働条件を維持したままでは他社との競争に生き残れないと判断したドイツテレコム社は，2007年2月に，技術サービス，コールセンター，インフラ整備の3業務を子会社にアウトソーシングし，そこに全従業員の約3分の1にあたる5万人（！）を移籍させることを告知し，そしてver.diに対して，子会社の従業員について新しい条件での別の企業協約を締結することを提案した。それは，賃金を12%削減し，かつ賃金補償を伴わずに労働時間を週34時間から38時間に延長するというものであった。

　ドイツテレコム社の経営陣は，このことがver.diとの激しい紛争になることを当然理解し，それゆえ徹底的に闘う意思を固めていた。ドイツテレコム社の交渉担当者カールエルハルト・アイクは，「アウトソーシングされる従業員は

経営陣の失敗の尻拭いをさせられている」というver.diの批判に対して，次のように挑発的に応酬した。「もちろん人は失敗も犯します。たとえば人は高す̇ぎ̇る̇労̇働̇協̇約̇を̇締̇結̇し̇て̇し̇ま̇っ̇た̇り̇もするのです」（Spiegel Online 2007.4.18, 傍点引用者）。

　ver.diは，アウトソーシングの撤回とそれがなされた場合の労働条件の現状維持を要求して2月以降警告ストライキを繰り返し，5月には組合員の直接投票で96.5％の賛成を得て，さらにストライキを展開した。ストライキ中は顧客がコールセンターに接続しにくくなる事態となった。しかし，ドイツテレコム社COEのルネ・オバーマンは，できるだけ備えをして自分たちはストライキに耐えてみせると宣言し，アウトソーシングは従業員の長期的な利益にもなると主張し続けた（Deutschlandfunk 2007.5.29）。

　結局，ver.diは譲歩を強いられた。5万人の従業員は子会社へとアウトソーシングされ，協約拘束からいったん外された。子会社の従業員についてver.diは6月に新規の企業協約を締結し，2012年末までの雇用保障を約束させたが，賃金の6.5％削減（激変緩和措置あり），賃金補償を伴わない労働時間延長（週34時間→38時間），新規採用者の賃金30％引き下げ，等をのんだ。労働時間延長と賃金削減を同時に実行したケースは戦後初めてであった。

● アマゾン社のケース

　最後に，新規企業の協約不加入のケースを取り上げたい。この間注目を集めているアマゾン社のケースがある。

　周知のように，アマゾン社は世界的に展開するインターネット販売会社である。ドイツで営業する同社は小売業部門の使用者団体に加入しておらず，横断的労働協約に拘束されてない。全国7カ所（2013年10月より8カ所）の営業所に約9000人の従業員が働いている。

　2013年5月，ライプチヒとバートヘアスフェルトの営業所において初めてストライキが打たれた。要求は，アマゾン社が小売業部門の横断的労働協約に加入すること，である。アマゾン社の賃金は小売業部門の横断的労働協約に比較して，それぞれの職種でおよそ時給で2ユーロ程度低く，またクリスマス手当や休暇手当もなかった。夜間手当の支給は横断的労働協約が20時からであ

るのに対して，アマゾン社では深夜からであった。

　従業員の不満は賃金問題だけではなく，同社独特の「業務遂行圧力」にもあった。発送期限を厳守すべく，一切の「ムダ」が排除され，従業員の行動は徹底的に管理されていた。それは「諸規則の帝国」（Welt am Sonntag 2013.11.24）であった。従業員の有期雇用の比率の高さや，営業所のある地域の多くが高い失業率であることなどは，ver.diの組織化とストライキへの動員を困難にしていた。しかし，従業員の不満を背景にver.diは，たとえば，バート・ヘアフェルト営業所では2011年から2年間で組合員を10倍に増やしていた（junge Welt 2013.4.11）。

　ver.diの管轄する小売業部門においては，伝統的な商店・百貨店が衰退し，かたやインターネット販売企業が台頭する構造変化が進行していた。後者においてver.diの組織力は相対的に弱く，多くの事業所は横断的労働協約を敬遠していた。それゆえアマゾン社の動向は，ver.diと小売業の横断的労働協約の将来を占う，重要な意義をも有していた（Die Welt 2014.4.7）。

　しかしアマゾン社は，「アマゾン社は小売業ではなく倉庫業であり，倉庫業の通常の賃金と比較すれば高賃金である」と主張し，ver.diとの交渉自体も拒否した。ver.diは1日のストライキでは効果がないとわかると，2日間のストライキを再度打ち，さらに3日間のストライキを行った。ver.diは2013年末のクリスマス期にもストライキを行い，また新たにグラーベンの営業所にもストライキが拡大した。

　しかし2014年8月現在，アマゾン社はなお交渉に応じていない。従業員内部からはver.diの対決路線に対する反発も現れている。そしてアマゾン社は，ストライキの影響を避けるため，ポーランドの営業所を経由してドイツ国内へ商品を発送することを計画している。

4　労働協約システムの構造変化

　以上みたように，労働協約の拘束範囲の縮小はそれによって不利益となる従業員にとってきわめて大きな問題である。しかしそれは同時に，労働協約システム全体にも影響を与える。このことを3つの角度から検討したい。

■ 労働協約の規制能力の減退

　第 1 に，労働協約の拘束範囲の縮小は，ドイツの雇用社会全体でみたとき，労働協約の規制能力・影響力がそれだけ減退していることを意味する。

　まず賃金について，このことをみよう。図表 1 - 6 (1)(2)は，ドイツ全体でみた毎年の協約賃金の上昇率と実効賃金の上昇率の推移を表したものである。図表 1 - 6 (1)は1961～2003年の推移であり，図表 1 - 6 (2)は最近の動向を集計している。実効賃金とは実際に従業員に支払われた賃金のことである。

　見られるように，協約賃金の上昇率と実効賃金の上昇率には一定の相関があるが，両者にはズレが生じるのが通常である。その差が「賃金ドリフト」である。

　注目すべきは，賃金ドリフトの方向である。かつて1950年代から80年代にかけて注目されたのは，実効賃金の上昇率が協約賃金の上昇率を上回る「賃金ドリフト」であった。支払い余力のある個別企業が優秀な労働力の確保のために住宅手当などの「協約上乗せ給付」を支払うことで，そうした現象が生じていた。

　しかし90年代以降は，逆に，実効賃金の上昇率が協約賃金の上昇率を下回る「負の賃金ドリフト」現象が継続的に生じている。つまり，協約賃金の上昇率は，弱められた程度でしか雇用関係全体に波及していない。

　その要因のひとつが労働協約の規制範囲の縮小にあると考えられる（Bispinck 2011：2f.）。協約拘束される従業員の平均所得月3279ユーロに対し，非拘束の従業員は2617ユーロであり，また過去12カ月間に賃上げが行われた率は，協約拘束される従業員52.3％に対して，非拘束の従業員は34.0％である（Böckler impuls 2013/7：6，2010-2012年時点）。こうした落差を前提にすれば，協約拘束範囲の縮小が負の賃金ドリフトを招くことはみやすい。その他の負の賃金ドリフトの要因として，第 2 章で扱う協約適用除外の拡大や協約上乗せ給付の縮小・廃止が作用していると考えられる（ebd.）。

　労働時間についても同様のことが観察できる。日本でもそうであるが，近年のパートタイム従業員の増大に伴って，労働時間の分布は拡散ないし二極化している。そのため，労働者全体の労働時間の平均値が減少したとしても，それだけでは，それが長時間労働が減少した結果なのか，もしくはパートタイム従

図表1-6（1）　賃金上昇率の推移（1961年〜2003年）

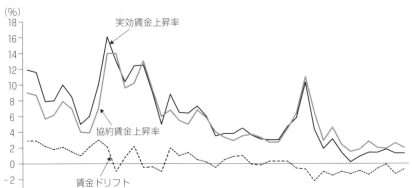

(Lesch 2005：64)

図表1-6（2）　賃金上昇率の推移（2000〜2010年）

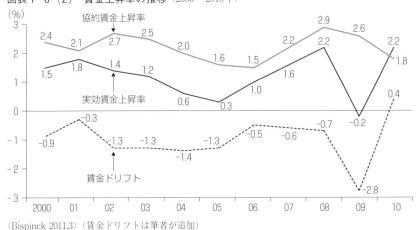

(Bispinck 2011,3)（賃金ドリフトは筆者が追加）

業員が増加した結果なのか，実態を捉えることはできない。

　そこでフルタイム従業員に限定して考える。図表1-7はドイツ全体のフルタイム従業員について，協約上の週労働時間の平均と実際の週労働時間の推移をみたものである。なお，賃金の場合は上昇「率」をみたが，ここでは絶対水準（＝週労働時間）であることに注意されたい。

図表1-7　週労働時間の推移（フルタイム）

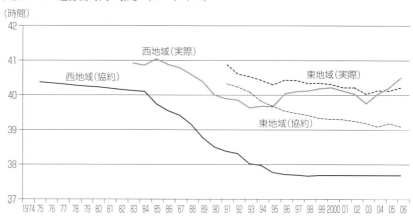

(Lehndorf 2010：10)

　多くのことを語っているグラフである。まず，西地域において協約上の労働時間が1984年を境に大きく短縮されている。これはIGメタルの労働時間短縮闘争の成果とその他部門への波及を端的に表している（詳しくは宮前1992）。短縮が進行したのち90年代後半以降，水準は一定となっている。東地域はこれに比べて協約上の労働時間は長い。

　しかし，ここで重要なのは，協約上の労働時間と実際の労働時間との関係である。西地域では，90年代前半までは，協約上の労働時間が短縮するのと並行して実際の労働時間もそれに引っ張られるように短縮している。しかし，90年代中盤以降は両者の乖離が進行している。つまり，協約上の労働時間はほぼ一定であるにもかかわらず，実際の労働時間は増大している。

　この現象も労働協約の拘束範囲の縮小から説明できる（Lehndorf et al. 2010：67f.）。契約上の（＝所定内の）労働時間については，協約拘束される従業員は平均週38.7時間であり，これは非拘束の従業員の40.0時間に対して週1.3時間短い。これに超過労働を加えた実際の労働時間については，協約拘束される従業員は平均週39.6時間であり，非拘束の従業員は平均週41.1時間に対して1.5時間短い。したがって，協約拘束される従業員の割合が低下すればするほど，協約上の労働時間と実際の労働時間の乖離は大きくなる。その他に賃金と同様

に協約適用除外の拡大も，乖離の要因として作用していると考えられる（ebd.）。

このようにして，労働協約の拘束範囲の縮小は，それが定める労働条件の雇用関係全体に対する規定力を労働者側に不利な方向に弱め，その規範性や標準性を薄める。このことが第1の帰結である。

❷ 労使紛争の個別事業所化

第2に指摘すべきは，協約拘束範囲の縮小によって，企業横断的な団体間レベルの労使紛争だけでなく，個別事業所レベルの労使紛争が増大し，かつその意味が重要なものになる，という点である。

まず，協約拘束範囲の縮小が進行するなかで，個別使用者たちは，労働協約に拘束されるべきかどうかという判断を，改めて，または以前よりも切迫した形で突きつけられる。この場合使用者は，労働協約に拘束される場合とそうでない場合のメリットとデメリットを衡量しなければならない。

横断的労働協約に拘束されるデメリットとは，いうまでもなく，より多くのコスト支出を義務づけられることである。しかも，このデメリットは協約拘束範囲の縮小によってますます大きくなる。協約脱退を敢行し，横断的労働協約の規制を受けなくなった使用者は，賃金，労働時間などで，より低位の水準を定めることが可能となり，それは横断的労働協約に依然として拘束されている使用者に対する競争上の有利となる。その有利さを享受する競合他社が増えれば増えるほど，横断的労働協約に拘束されている使用者は，競合他社に遅れまじ，われも続けと協約脱退を試みようとするであろう。すでに協約脱退の「先例」が存在することそれ自体が，協約脱退を容易にする要因になる。このようにして協約脱退は連鎖的に拡大しうる。

他方，横断的労働協約に拘束されることの使用者にとってのメリットとしては，労働条件の決定を自前で行う場合の取引コストが節約できることなどが指摘される。しかし，やはり一番大きなメリットは，それによって労使関係が安定することにある。横断的労働協約の傘の下に入っていれば，自社だけストライキを狙い撃ちされることはなく，従業員をさしあたり満足させることができる。経営の長期的安定性も担保され，「無協約企業」としてネガティブキャンペーンを張られることもない。

これらのメリットとデメリットを使用者は見定め，協約拘束に対する対応を判断する。したがって，協約脱退を阻止するためには，労働組合は必要とあればストライキを行って協約脱退のデメリットを顕在化させ，使用者に再考を促さなければならない。それでも協約脱退のメリットの方が大きいと使用者が考えるならば，ストライキの規模を拡大させて，デメリットを増大させなければならない。VAC社やその他で労働組合が試みたことはそういうことである。アマゾン社の場合，ver.diは協約不加入のデメリットを増大させることで，協約加入を拒む使用者を翻意させようとしている。

　このようにして，横断的労働協約の維持にとって個別事業所レベルにおける労使紛争がいっそう重要なものになる。かつて横断的労働協約が安定的に存続した時代には，労使は，企業横断的な団体としての労働組合と同じく，企業横断的な団体としての使用者団体とが対峙してきた。ストライキも企業横断的に，（しばしば強い組織力をもつ事業所が全体を牽引して）行われてきた。しかし，個別使用者の行為によって横断的労働協約そのものが縮小しようとする限界的な地点において，この縮小を阻止しようとするならば，部門全体で労働組合が使用者団体に対してストライキを行うのではなく，当該企業・事業所の労働組合が当該個別使用者に対してストライキを行わなければならない[17]。

　こうした関係に頻繁に直面するようになった労働組合は，使用者の協約脱退を阻止または事前に予防すべく，または協約加入を受諾させるべく，それぞれの事業所レベルにおける労働組合の組織力を意識的に強めるキャンペーンを2000年代中盤以降相次いで進めている。たとえばIGメタルNRW地方本部は，事業所レベルでの組織化キャンペーンの結果，これまで（2006年8月時点）OT会員へと移った35社を再び協約拘束に復帰させている（Der Spiegel 2006/34: 86f.）。またver.diでも，とくに病院部門を中心として，個別事業所レベルでの組織力の強化を前提として個別使用者との交渉に臨む方針が強調されている。これをver.diは「条件拘束的な協約活動」（bedingungsgebundene Tarifarbeit）と呼んでいる。意訳すれば「組織力・貫徹力に裏づけられた協約締結活動」となるであろう[18]。

3 横断的労働協約に対する「規律化」

　第3に，協約拘束範囲の縮小は横断的労働協約の交渉とその妥結内容に逆作用する。すなわち，横断的労働協約おいて，「高すぎる賃金」，「短すぎる労働時間」，そして「個別事業所の事情を考慮しない硬直的すぎる規制方式」を維持することが難しくなる。これが最も重要な点である。

　この論理を明らかにするため，若干回り道であるが，労働協約システムの分析を行ったひとつの古典的研究について触れたい。それは60～70年代に発表された労使関係研究者ハンスイェルク・ヴァイトブレヒトによる研究である。

　ヴァイトブレヒトが検討したのは「労使の協約当事者はどのような条件を満たせば合意（＝労働協約の締結）にいたることができるのか」という問題であった。協約交渉は労使団体の交渉担当者の間で行われるが，当然ながら，交渉担当者間の合意内容はそれぞれの所属団体の構成員に対して受容されるものでなければならない。これをヴァイトブレヒトは労働協約の構成員に対する「義務づけ」または「内部的正当性」と表現した[19]。

　ここで解きがたいジレンマが生じる。すなわち，「話のわかる」交渉担当者間での妥協を追求するためには，労使団体内部の意志決定は非民主的な寡頭制である方がよい。しかし非民主的であれば，構成員に対する内部的正当性が担保されない。とはいえ，他方で労使団体の意志決定を民主的にすれば，今度は交渉担当者間の妥協が難しくなる。交渉担当者より一般の構成員の方がえてして急進的でもある。

　では，現実の協約交渉はどうやってこのジレンマを解決しているのか？ヴァイトブレヒトは次のように述べている。「組織プロセスにおけるこのジレンマは，それぞれの組織において，それぞれの交渉ラウンドにおいて新たに解決されなければならない」(Weitbrecht 1974 : 229)。つまり，一般的な解は存在しない。ジレンマは具体的，状況依存的に解決されるしかない。こうした観点からヴァイトブレヒトは，当時の協約交渉のなかからそれに該当する実践を拾い出している。それはたとえば，交渉担当者と構成員とのコミュニケーションを密にすること，意思決定を「疑似民主的」・「疑似参加的」なものにすること，交渉担当者が互いに「公約」を鮮明にして対抗する団体の構成員に影響を与え（図表1-8の点線矢印），互いに譲歩しやすい状況を作り出すこと，等々である。

図表 1-8　協約交渉の構造

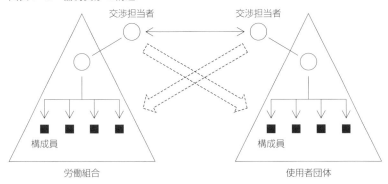

（Weitbrecht 1974：232 の図を参考に筆者作成）

　このヴァイトブレヒトの議論は今日でも妥当性を失っていない。構成員に対する「内部的正当性」を失わずに労使の交渉担当者が妥協点を探ろうとするプロセスは，今日の協約交渉においても繰り返し見られるところである。

　しかし，ヴァイトブレヒトの議論には，今日からみて，ひとつの重大な点が欠落している。それが協約拘束範囲の縮小問題である。ヴァイトブレヒトの議論では，ほとんどの使用者が使用者団体に組織された，いわば「閉じた世界」が前提となっており，そのなかで，交渉担当者はもっぱら相手交渉担当者と構成員を意識して行動している。確かにヴァイトブレヒトは会員企業が脱退する可能性があるがゆえに内部的正当性問題を避けて通ることができないと指摘していた（Weitbrecht 1969：44）。しかし，これは潜在的な可能性の問題であり，使用者団体を脱退した使用者や最初から使用者団体に加盟しない使用者が現実に広汎に存在し，そしてその数が増大するというような状況は想定されていない。これはもちろん 60 年代当時における労働協約システムの現実を反映している。

　そこで，ここに協約拘束範囲の縮小問題を組み込むことにしよう。そうすると，労働協約システムは，ヴァイトブレヒトが論じた世界に比べて，いっそう「内部的正当性」をめぐる緊張関係の強まったものへと変容する。これを図解すると図表 1-9 のようになる。

　全体がひとつの部門（または協約対象範囲）であり，その中で上が横断的労働

図表1-9　今日の労働協約システム

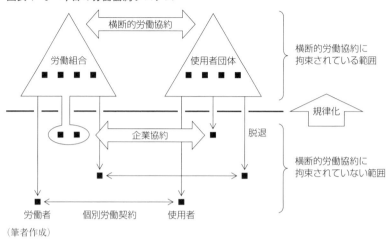

（筆者作成）

協約に拘束されている範囲，下が拘束されていない範囲である。上の使用者は横断的労働協約によって相対的に高い労働条件を従業員に保障しなければならないのに対して，下の使用者はその義務を免れている。しかし，両者はともに同一の部門の企業として競争している。協約拘束範囲の縮小とは，上の範囲が縮小し下の範囲が拡張することである。

このことが進行すればするほど，労働組合と使用者団体は，下の範囲を無視して，自律的に横断的労働協約の交渉を行うことができなくなる。もしそのようなことをすれば，競争上の不利を認識する，上に残る使用者からの強い反発を招くからである。「高い水準で妥結すれば協約脱退が拡大する」という圧力を受けた労働組合の側は妥協的になることを強いられる。BayMeのケースは，使用者団体がむしろ能動的にこのメカニズムを利用していることを示している。

以上を要するに，協約拘束範囲の縮小は，使用者団体の立場をより不寛容で強硬なものへと変化させ，その結果，横断的労働協約の成立はより困難になり，成立したとしても，その定める労働条件は傾向的に労働者側にとってより不利なものになる。先に述べたように，「高すぎる賃金」，「短すぎる労働時間」，「個別事業所の事情を考慮しない硬直的すぎる規制方式」は維持できなくなる。こ

のようにして，上の世界の自律性は弱まり，下の世界が上の世界を強く規定する。ジャーナリストのディートリヒ・クロイツブルクは，このように協約当事者が協約拘束の外部を配慮せざるをえない関係を「消極的団結自由の規律化機能」と呼ぶ（FAZ 2014.2.13）。[20]「消極的団結自由」とは，使用者団体に加盟しない個別使用者の自由のことである。この「規律化機能」の増大こそが，協約拘束範囲が縮小することのきわめて重要な帰結である。

4 労働協約はカルテルか？

「規律化機能」の程度，またはその変化を測定することは確かに難しい。しかし，労働協約をめぐる言説のなかには，明らかにこの問題が反映しているものが少なくない。そのひとつとして，たとえば「労働協約はカルテルか否か」についての論争がある。

1990年代以降，「横断的労働協約は独占力を用いて価格を支配するカルテルであり，これを解体すべきである」とする主張が台頭した。たとえば経済法学者のヴェルンハルト・メシェルは，「労働市場における伝統的な労働協約は，とりわけ有害なカルテル協定の範疇に属する」とした（Möschel 1996：11）。労働協約は，価格――この場合は賃金――を市場価格以上に引き上げるものであり，それは，職場の喪失と資本集約化を引き起こし，カルテルが存在しない場合に比べて，労働需要を縮小させるものであった。したがって，協約カルテルの犠牲者は失業者たちであり，失業者の扶助をファイナンスしなければならない納税者たちであった。また，横断的労働協約が個別企業の事情を配慮しないものであることによって，カルテルの否定的影響は使用者団体のなかで影響力が小さく，かつ賃金コスト比率の高い中小企業においてより過酷に現れた。こうした検討を踏まえメシェルは，協約自治の労働条件規制権限を制限し，事業所レベルに委譲することを提案した（ebd.：20ff.）。[21]

また，「協約カルテル」批判の急先鋒として著名なのが，1995～2000年の間BDI（ドイツ産業連盟）の会長であったハンスオラフ・ヘンケルであった。BDIは製造業企業の意見を代表して経済政策を提言する団体で，労働協約交渉には関わらない。その「自由」な立場からヘンケルは労働協約システムへのラディカルな批判を展開した。その批判のポイントもまた，労働協約が市場競争から

乖離した硬直的な規制を押しつけていることにあった。たとえばこういう。「たとえ企業が赤字である場合や，それどころか倒産の危機に瀕していた場合でも，十分な利益を得ている企業とまったく同様の速さで，賃金コストは増大します。このようなシステムは美しく背丈のある花までも刈り取る芝刈機のように機能しています」(Henkel 1999：148，傍点引用者)。この協約カルテルこそが失業問題の元凶であるとして，ヘンケルは労働条件規制を横断的労働協約のレベルから事業所レベルに委譲するよう提言した。また，2005年に『ヴェルト』紙が失業問題に関する歴代政権の失策について特集で論じたときも，ヘンケルはすかさず，政府の政策ではなく労使団体による協約カルテルこそが失業の原因であるとしてこれにかみついた (Die Welt 2005.2.9)。

　ところが興味深いことに，こうした「協約カルテル」論は，実際に協約政策に関わっている使用者団体にはいたって評判が悪かった。たとえば，ゲザムトメタル事務総長ハンス・ヴェルナー・ブッシュは，金属・電機部門では多様な企業協約が存在し，また横断的労働協約にも多くの事業所別の適用除外規定が設けられていることを指摘し，こう述べた。「こうした多様性を踏まえると，協約カルテルなる言葉は，議論の発展に貢献するというよりも，むしろ無知の表現であるようにみえます。確かに100年前の横断的労働協約の成立のときにはカルテル思想が重要な役割を果たしました。しかしこの間，金属・電機部門の使用者団体は明確な市場自由的なモデルへと自己理解を変えています。そのことと並行して，横断的労働協約の広がりの程度も低下しています。ですから勇気をもって事実を語るべきでしょう。すなわち，今日，協約カルテルは，金属・電機部門の使用者たちの望むこと (Wollen) でもなく，できること (Können) でもないのだと」(Busch 2005：142，傍点引用者)。

　同様に，南西メタル（BW地方を管轄するゲザムトメタル傘下の使用者団体）事務総長ウルリヒ・ブロッカーは，「協約カルテルの神話」と題する論説記事において，真っ向からヘンケルを批判した。いわく，「ヘンケルのお気に入りの議論は，使用者団体と労働組合が協約カルテルを形成している，というものです。このような好戦的な概念は，それを永遠に繰り返したところで正しいものにはなりません。なぜならば，横断的労働協約は労働市場全体の労働条件における競争を排除していないからです。金属・電機産業の半分以上の企業は横断的労

働協約の外で活動しています」(Die Welt 2005.2.14，傍点引用者)。そしてブロッカーは「プフォルツハイム協定」(第2章で詳述)の例を挙げて，横断的労働協約に自己改革能力のあることをアピールした(ebd.)。

　同一の現実に対して，しかも同じ使用者側の陣営のなかで，こうした対立する認識が現れたことは，それ自体，労働協約システムの「捉えがたさ」を示していて興味深いが，それはともあれ，この「協約カルテル」の存否問題が「規律化機能」問題の別の表現であることはみやすいであろう。もちろん両者は学術論争をしていたのではなく，この問題をそれぞれの実践的な方向性と結びつけていた。すなわち，ヘンケルらの「協約カルテル」論は，労働協約の小手先の「改革」を評価せず，それを全面的に解体すべきという立場から，労働協約システムを外部からの「規律化」がおよそ働かないカルテルとして描いた。それに対してブロッカーらの「協約カルテルの神話」論は，労働協約の漸進的な「改革」こそが必要であり望ましいと考え，また実際にそれをこれまで苦労して推進してきたという自負もあり，そうした立場から，現実の労働協約システムはカルテルのようなものではなく，外部からの「規律化」が十分に機能していると強調した。

　2000年代中盤まではこうした論争が散発的に展開された。

　しかし，2010年代以降についていえば，少なくとも論壇のうえでは「協約カルテル」論はほとんど姿を消したといってよい。それは，ドイツの失業率が相対的に改善し，「協約カルテル」論が議論の糸口を失ったことが大きい。しかし，それとともに，労働協約システムの客観的な変化をも反映していると思われる。たとえば次のような議論である。「かつてはしばしば『協約カルテル』が問題となっていた。……この間横断的労働協約のコルセットは弱められ，事業所レベルにおける横断的労働協約の適用除外も可能になっている。……協約拘束は継続的に低下し，協約賃金の支払いを逃れるために多くの企業が使用者団体を脱退している」(Der Tagesspiegel 2011.5.1，傍点引用者)。つまり，「協約カルテル」はもっぱら過去を回顧するときに登場する言葉となった。現在の労働協約システムをそのような言葉で形容することは難しくなったといえるであろう。

5 小括および本書の構想

　本章では，ドイツの労働協約システムの概要を説明するとともに，その拘束範囲の縮小についての基本的な考察を行った。改めて確認しておくべきことは，労働協約の拘束範囲の縮小現象は，たんにその個別的な問題だけにとどまらず，労働協約システム全体を変容させるということである。

　以上のことを踏まえて，ようやく本書全体の構想を述べることができる。すでに述べたように，協約拘束範囲の縮小は，使用者団体の立場をより不寛容で強硬なものへと変化させ，その結果，労働協約の内容を労働者側に不利なものへと質的・量的に変容させる。そうした労働協約システムの変化・変容の具体的な現象形態を，筆者は「協約規制の個別事業所化」，「協約交渉の対立先鋭化」，「協約賃金の低水準化」の３つの側面において捉えたい。

　「協約規制の個別事業所化」とは，横断的労働協約の企業・事業所横断的な規制方式を緩めて，個別事業所ごとの事情に応じて規制を適用除外することをいう。ヘンケルの議論にもあったように，横断的労働協約に対する不満は，賃金や労働時間の水準に対する以上に，それが各事業所を一律に規制する，融通のきかないものであることに対して向けられてきた。もちろんこれは「横断的」労働協約の大前提に関わる問題であり，それゆえ労働組合は協約適用除外に反対をしてきたが，しかし今日，協約適用除外は広く普及し活用されている。

　他方で，個別使用者の側からみると，協約脱退と協約適用除外の両者は同様の効果を目指したものということができる。しかし手続き上においては，協約脱退は使用者の一方的な意思表示によって実現できるのに対して，協約適用除外は，様々なパターンがありうるがいずれにしても労働組合を説得してその同意を得なければ実現できない。ちょうどそれは，「解雇」と「退職勧奨」の差異と似ている。当然ながら説得を経る方が手間を要する。

　しかし，もし，労働組合に対する効果的な説得の手法が発見されるのであれば，協約脱退よりも協約適用除外の方がむしろより洗練された使い勝手の良いものとなる。はたして，その説得の手法は発見されたのである。第２章では，協約規制の個別事業所化の試みのなかで最も著名なものである「プフォルツハ

イム協定」に焦点をあてて，このことを分析する。

　次に，労働協約システムの変化は「協約交渉の対立先鋭化」としても現れる。ドイツは，日本を別にすれば，先進国中ストライキはむしろ少なく，「社会的パートナーシップ」の国といわれてきた。しかし，使用者団体が強硬になる結果，社会的パートナーシップの余地はますます狭められてゆく。それは，協約交渉の対立が先鋭化し，ストライキが発生する可能性が高まることを意味する。

　とくに注目すべきは，昨今，担い手の点からも（サービス産業労働者，女性労働者），ストライキ戦術の点からも，従来にない新しさをもったストライキが登場していることである。2007年から1年以上にわたってver.diによって行われた小売業争議はその代表的な事例である。第3章ではこのことについて分析する。

　最後に「協約賃金の低水準化」である。労働協約システムの変容が賃金水準の抑制という形で現れることはみやすい。本章でみたように，協約賃金の高さを嫌って多くの使用者が協約を脱退してゆけば，それだけ協約賃金を引き上げることは難しくなる。実際，「賃金抑制」は，90年代後半以降のドイツにおいて繰り返し問題となってきたテーマである（岩佐 2010a）。

　しかし，この賃金抑制には部門間の大きな偏差があることを見逃してはならない。本章図表1-4でみたように，協約賃金水準は部門によって異なり，賃金上昇率もまた部門によって異なる。単純化すれば，経済状況が悪く，かつ労働組合の組織も弱い部門において，協約賃金の低水準化が集中的に現れるといえる。代表的には，旅館・飲食業，食肉産業，理髪手工業，警備業などである。こうした「低賃金部門」で働く多くの従業員は，賃金のみで生活を維持することが困難になっている。これは今日のドイツにおける大きな社会問題のひとつである。

　そして，低賃金問題の進行に伴い，否応なく，賃金規制の手段としての労働協約の限界が認識され，従来，ドイツには存在しなかった法定最低賃金の導入が重要な課題として登場することになる。第4章では，協約賃金の低水準化問題に最も早くから直面していたNGGと，そのNGGから始まるドイツにおける法定最低賃金導入運動について分析する。

　さらにこの低賃金問題と関連して，派遣労働と労働協約についても検討する。

ただしこのテーマについては筆者独自の分析は乏しく，分量も少ないので「補論」とした。

【付記：図表1-3について】
　図表1-3は，横断的労働協約についてはBispinck/WSI-Tarifarchiv 2011：9の表の数値を用い，これに，WSI-Tarifarchiv2011所収の企業協約のうち規模の大きなものを挿入した。このグラフについては以下のことに留意する必要がある。
　第1。これらの従業員数は，本章（17頁以下）の概念整理を踏まえて説明すれば，それぞれの労働協約の「協約対象領域」に含まれる従業員数であって，(狭義または広義の)協約拘束を受ける従業員数ではない。また，従業員数は社会保険加入義務のあるものに限られている。
　このことに関して若干余談であるが，この従業員数を算出しているのは労働組合ではない。DGBの附属研究機関であるWSI Tarifarchiv（経済社会科学研究所協約資料室）が，労働組合から送られてきた労働協約の協約対象領域と各種統計を照合して算出した数値である。つまり労働組合は，自らの締結した労働協約が実際に何人の従業員を対象範囲としているのかを把握していない。人数だけではない。筆者が組合役員に，労働協約の各事業所での具体的な運用について──たとえば，賃金等級表の実際の人数分布がどうなっているのかについて──質問すると，「そうした問題について労働組合は関知していない。知りたければ従業員代表委員会に行くべきだ」と返答されるのが常であった。これらの事実は，労働組合にとって労働協約が実質的に法律と同等のものと意識されていること，つまり労働協約を締結する労働組合の関心は一般的な規範の制定であって，具体的な運用ではないことを示していると筆者には思われ，きわめて興味深い。
　第2。横断的労働協約の区分方法は（WSI-Tarifarchiv 2011：9）のものをそのまま用いているが，これにはなお再考の余地がある。たとえば，「公共サービス部門」の横断的労働協約は「連邦＋市町村」と「州」に分かれ，両者は内容も交渉時期も異なっている。また本文でも述べたとおり，金属・電機部門をはじめとして多くの横断的労働協約はさらに地方別に分かれている。
　第3。ここで挙げられている部門は横断的労働協約が存在する部門に限られている。したがって，たとえばコールセンター部門は約50万人の従業員を擁しているが，横断的労働協約が存在しないので，当然ながらこのグラフには登場しない。またDGBに加盟していない労働組合の締結した労働協約も考慮されていない。

1)　「部門別労働協約」（Branchentarifvertrag），「団体労働協約」（Verbandstarifvertrag）も同義である。ただし厳密には「横断的労働協約」と「部門別労働協約」は労働協約の規制する対象が「企業を横断した部門」であることに着目した呼称であるのに対し，「団体労働協約」は使用者側の協約当事者が使用者「団体」であることに着目した呼称である。団体労働協約の多くは横断的・部門別労働協約であるが，「特定企業を規制対象とした団体労働協約」も

存在する。第2章でみるプフォルツハイム協定に基づく補完協約はその一例である。
2） この調査（IAB-Betriebspanel）は1.6万事業所の抽出調査であり，使用者に対して，事業所の従業員数と，従業員の賃金に関して「横断的労働協約が適用されている」／「企業協約が適用されている」／「無協約」のいずれであるかについて質問し，さらに無協約と回答した使用者に対して「賃金について横断的労働協約に準拠しているか」について質問したものである。たとえば2012年西地域をみると，事業所ベースの回答比率は，「横断的労働協約」32％，「企業協約」2％，「無協約（協約準拠）」27％，「無協約（協約非準拠）」39％である。各回答別に従業員数を集計することで，図表1-2の従業員ベースの協約拘束率が得られる。したがってこの統計上の協約拘束率は，協約に拘束される使用者が雇用している従業員総数（組合員＋非組合員）の従業員全体数に対する比率を表している。
3） IAB-Betriebspanelが協約拘束率の調査を開始するのは1996年であり（東西別協約項目別になるのは1999年），それ以前の協約拘束率についての調査はない。(Clasen 1989：17) は，1988年時点での西ドイツについて，「およそ90％の全労働者が協約の存在する部門に就業している」と推定している。
4） たとえば次の応酬をみよ。マーブルク連盟（医師の職業別組合）事務局長アルミン・エール：「医師たちは，大きな労働組合の唱える，様々な職種同士の『連帯』を以前から感じていません。公共サービス部門の大きな協約の枠組みで交渉することによって，実際には，高位稼得者の負担で低位稼得グループの改善が行われてきました」(Ehel 2008：406)。ver.di委員長フランク・ブシルスケ：「われわれの交渉を特徴づけるのはエゴイズムではなく連帯です。……労働組合のできるだけ大きな統一がすべての従業員にとっての利益です」(Bsirske 2008：416)。
5） ただしこの間，各部門間の協約賃金上昇率の格差が拡大し，護送船団方式は後退したといわれる。管見ではこのことを統計的に実証した研究はまだなく，筆者もそれをなしえていないが，「護送船団方式の後退」の事実を指摘する言説は非常に多い。たとえば，ガブリエレ・シュタルケルとイェルグ・ヴィーデムート（ともにver.di本部役員）はこういう。「〔協約交渉において〕より高い貫徹力をもつ製造業の労働組合が先行し，それがサービス産業の諸部門の基準となるという，いわゆる『護送船団原則』はドイツにおいて長い間ある程度の成功を収め，比較的高い賃金水準と比較的小さな部門間の所得格差をもたらしてきた。もっとも，このような原則はもはや機能していない」(Sterkel/Wiedemuth 2011：27)。
6） このことはインタビュー (j), (q) から得た知見である。
7） 以下については，(Berg et al. 231ff.) (WSI-Tarifarchiv 2014) 各種労働協約の原文を参照にした。邦語文献としては，(山本 2012：51ff.) が金属・電機部門と小売業部門の代表的な労働協約の全訳を掲載している。また，時期は古いが（毛塚 1989：75ff.）も有益である。
8） 旅行などの休暇中の追加支出を使用者は援助すべきという考えに基づいている。
9） 労働組合と従業員代表委員の関係につき，より詳しくは（大重 2013）を参照。
10） なお，これに対して「余後効」(Nachwirkung) とは，労働協約の有効期間後も別の取り決め（新協約，労働契約の再締結など）がなされるまでは労働協約の規定が効力を有することをいう（労働協約法4条5項）。
11） 訳語について若干述べておきたい。"Geltungsbereich des Tarifvertrages" については，これを直訳して「協約適用領域」の訳語があてられる場合があり，他方で，"Tarifbindung" については，実態をわかりやすく伝える観点から，「協約適用」の訳語があてられる場合がある。

しかし，どちらの訳語を用いた場合も，本文で述べたような，国家法の適用の場合とは異なる労働協約独特の段階構造を表現できない難点があるので（「協約適用領域」の一部に協約が適用されない，など），筆者としては「協約対象領域」と「協約拘束」という訳語をあてた。この他にも本書では重要と思われる訳語についてはそのつど解説を付したが，いずれにせよ，「その言葉が指し示す内容やニュアンスをわかりやすく伝えること」，「概念相互の理論体系上・論理上の整合性を損なわないこと」，「ドイツ語の原義を活かすこと」といった諸条件を同時に満たす訳語を選定することはきわめて難しいといわざるをえない。読者諸賢，とくにドイツを専門とされる方の検討を乞う次第である。

12) 労働組合・労働者の側から協約拘束を放棄することはないという前提に立っている。
13) 協約脱退・協約不加入は中小企業に多いといわれ，おそらくBayMEのケースの一部はそうであると推測されるが，それを除けば以下のケースはいずれも大企業である。
14) 以下については引用したものの他に，主に次の資料を参考にした。VAC社：(FAZ 2008.11.14)。BayMe：(Handelsblatt 1999.7.14)，(metall 2002/6)。ハンブルク市民病院：(Ries-Heidtke/Böhlke 2009)，インタビュー (n)。ドイツテレコム社：(Schröder 2007)，(Der Spiegel 2007/20)。
15) 日本については厚生労働省『平成23年度医療施設調査』，ドイツについては（ドイツ医療保障制度に関する研究会編2011：66）から算出。
16) 逆に日本ではもともと公立病院の比率が低く押さえられているので，民営化した場合でも不採算であり，指定管理者制度か地方独立行政法人となる場合が圧倒的である（金川他 2010）。
17) この論点につき，さらに（兵頭 2012）と（大重 2013）を参照されたい。両論文とも，企業横断的な労働市場規制の基礎は職場・事業所レベルにあることを説得的に明らかにしている。
18) (Kocsis et al. 2013) はその報告集である。
19) ちなみにヴァイトブレヒトは，「労働協約の外部的正当性」についても論じている (Weitbrecht 1969：86)。これは，労働協約の内容が国家からみて受容しうるものであること，具体的には賃上げがインフレーションを促進しないものであることを指している。この問題については第4章（182頁）で若干触れる。
20) なお，クロイツブルクは「法定最低賃金が導入されると規律化機能が働かなくなり，賃金が高騰してしまう」という文脈でこの概念を用いている。法定最低賃金については第4章で詳述する。
21) メシェルは，労働協約法と事業所組織法を改正して協約優位原則の全面的排除を要求する意見書を1994年に発表した独占禁止委員会のメンバーの一人である。同意見書については（名古 2000：90f.）を参照。

第2章
協約規制の個別事業所化
▶2004年プフォルツハイム協定とIGメタル

1 はじめに

　賃金，労働時間などの労働条件が個別企業のレベルで決定されるか，それとも企業横断的なレベルで決定されるかは，古くから論じられているように，各国の労使関係の基本的性格を特徴づけるきわめて重要な問題である。とくに企業的組合と企業別労使交渉が支配的な日本では，それが労働組合の規制力を弱めているとの批判的視点から，ヨーロッパ諸国の企業横断的な労使関係と労働協約との対照関係が強く意識されてきた。企業横断的なヨーロッパの労使交渉と労働協約こそ，個々の企業のおかれている状況に関わりなく平等に，かつ安定的に労働条件を規律することができる優れたシステムとして理解されてきた。横断的労働協約は，ある企業における労働条件の抑制が競争相手である企業にもそれを強いるという負のスパイラルを阻止し，「わが社の存続と競争優位」のためには労働条件の抑制に甘んじなければならないという労働者への圧力を排除するからである。また，横断的労働協約のもとではどの企業も自社だけ賃金を引き下げて競争優位に立つことができないので，各企業に生産性向上や製品の高品質化を促す効果があるともいわれてきた。

　しかし今日，このように理解されてきたところの横断的労働協約のモデルは現実を正確に反映するものではなくなり，一定の但し書きが必要になっている。これまでであれば個別企業にとって変更不可能な与件であった労働協約上の労働条件は，徐々にそうしたルールとしての「硬さ」を失い，一定の条件のもと個別企業ごとの事情に応じた労働条件の引き下げを許容するような，融通可能なより「柔らかい」ものへと変わっている。労働協約からの企業ごとの「適用除外」が可能になり，企業を横断して集権的に定められてきた労働協約に「分権化」の要素が加わってきている。

そのなかでもとりわけ協約適用除外の進行が著しいのがドイツといわれる。ヨーロッパ7カ国（オーストリア，ベルギー，フランス，ドイツ，アイルランド，イタリア，スペイン）を対象とした比較研究によると，90年代以降各国では，労働協約上の規定によって，または法改正によって適用除外の可能性が拡大している。しかし，ドイツを除く各国ではその活用はなお限定的なものにとどまっているのに対し，ドイツは例外的に労働協約の基本構造を変容させるまでに適用除外の進行が著しいという（Keune 2010：11）。かつてドイツの経済モデルは高賃金と賃金格差の小ささ，そして経済効率をトータルに実現した「ライン型資本主義」として称賛され，労働協約の包括的な規制はその中心的な要素のひとつであった。しかしそれがいま，大きく変容しつつある。

　本章は，ドイツにおける協約適用除外の展開を象徴的に示すものとしてしばしば言及される，2004年にIGメタル（金属産業労組）と使用者団体との間で締結された労働協約について考察を行うものである。この労働協約は締結が行われた都市の名前を取って「プフォルツハイム協定」と呼ばれる[2]。

　プフォルツハイム協定は，金属・電機部門における協約適用除外の新しい条件を定めたものである。それまでは当該事業所が経営危機に陥った場合に限って協約基準を下回る賃金の引き下げや労働時間の引き上げなどの協約適用除外が可能であったのに対し，このプフォルツハイム協定は，協約適用除外の条件を「雇用保障のための競争力の維持，改善」というより一般的・包括的なものへと拡大した。プフォルツハイム協定の締結後，この規定を活用した協約適用除外のケースが広がり，他部門の労働協約にも影響を与えた。このことはドイツの横断的労働協約の転機として人々に受け止められ，「パンドラの箱」がついに開かれた，ともいわれた。

　このことは，世界最大の労働組合にして，戦後週35時間制をはじめとした先進的な成果をあげてきたIGメタルにとって大きな試練であった。確かにプフォルツハイム協定の実施についてIGメタルは拒否権をもっており，適用除外を野放図に展開させないための「コントロール」が担保されていた。しかし，適用除外が認められなければ事業所を国外移転するとの使用者の「脅迫」が従業員の意見に影響を及ぼすことが多いため，実際に拒否権を行使することは容易ではなかった。そのことを克服するためにIGメタルは新たな組合運動の構

築を迫られた。

　プフォルツハイム協定の成立とその後の運用は，ドイツにおける企業横断的な労働条件規制がもはや自明のものではなく，自動的に続いてゆくものではないことを示した。そして，企業横断的に労働条件を規制するためには，そもそも何が必要であるのかという問いを労働組合に投げかけた。これはドイツに固有の問題ではなく，歴史的前提を大きく異にするとはいえ，日本の労働組合も同様に，またはより深刻な形で直面している問題である。

　本論に入る前に，第１章と重複するところがあるが，ドイツの労働協約システムについて関連する事項を整理しておきたい。

　ドイツにおける労働条件の集団的な規制は，企業横断的なレベルと各事業所レベルの二重構造，いわゆる「デュアルシステム」になっている。企業横断的レベルにおいては，労働組合と使用者団体が「協約当事者」（Tarifparteien）として対峙し，両者は労働協約を締結する。事業所レベルにおいては，使用者と従業員代表委員会が「事業所レベルの労使当事者」（Betriebsparteien）として対峙し，事業所協定を締結する。それぞれが労働条件を定めている。

　重要なことは，この両者には序列があることである。すなわち，労働協約が定める労働条件の基準は事業所レベルにおいて交渉することが不可能な「与件」であり，事業所協定の内容は労働協約に定める労働条件を下回ることができない。事業所レベルで労働協約の適用除外を取り決めて協約水準を下回る労働条件を定めることは――顕在化しないところで，そうした取り決めが行われることが少なくないといわれるが――法的には違法である。これを「協約優位の原則」という。協約優位の原則が機能することで，競争関係にある事業所同士が互いに労働条件を引き下げる事態が阻止され，労働者の保護が図られる。

　ただし，協約基準を事業所レベルの合意によって引き下げる措置を労働協約自体が許可することはできる。労働協約法４条３項は「労働協約と異なる取り決め（＝労働協約の適用を除外する取り決め）は，協約当事者によって許可されている場合，もしくは規制の変更が労働者に有利である場合にのみ許される」と定めている。こうした労働協約上の規定は，労働条件の設定を下位レベルの当事者に委ねる＝「開放する」という意味で「開放条項」（Öffnungsklausel）と呼ばれる。たとえば以下のような横断的労働協約上の規定である。「使用者と従

業員代表委員会の合意に基づき，個々の労働者グループを対象として，2.5時間を限度として，協約上の通常週労働時間とは異なるより長いまたはより短い通常労働時間を設定することができる。ただし，対象が事業所の大部分または全部である場合は協約当事者の同意を要する」(化学部門の一般協約，Bispinck/WSI-Tarifarchiv 2004：60)。

　また，横断的労働協約を締結した協約当事者が個別の事業所を対象として改めて「補完協約」を締結し，横断的労働協約の適用を除外して別の定めをすることができる。補完協約を締結する条件があらかじめ横断的労働協約に規定されている場合があり，こうした規定も開放条項と呼ばれる。ここで取り上げるプフォルツハイム協定はこのタイプの開放条項の典型である。

　以下では，まずプフォルツハイム協定の成立過程を(2)，続いてその具体的実践として注目を集めたジーメンス社のケースを検討する(3)。そのうえで，協約適用除外の拡大に直面したIGメタルの対応について取り上げたい(4，5)。

2　プフォルツハイム協定の成立

　プフォルツハイム協定は，2003年末から2004年2月にかけて行われた金属・電機部門の賃金協約の改定交渉のなかで，協約適用除外の条件緩和を求めるゲザムトメタル(全国金属電機産業使用者団体連合)とそれに抵抗するIGメタルとの間の激しい対立を経た妥協として成立した。

■1 ゲザムトメタルの要求――賃金補償を伴わない労働時間延長

　2003年11月，翌月から各地方で開始される交渉を前にして，ゲザムトメタル会長マーティン・カネギーサーは使用者側の提案を発表した。通常，賃金協約の改定交渉において中心的なテーマとなる賃上げ率の問題と並んで，ゲザムトメタルは，今回の交渉では，長引く経済不況に対応するための手段として労働協約の適用除外問題についても交渉し，新しい開放条項を労働協約に設けるべきだと要求した。すなわちゲザムトメタルは，労働協約に規定された労働時間(西地域は週35時間，東地域は週38時間)を個別の事業所について40時間まで延長できるようにすること，労働時間を延長する場合に延長された労働時間に

比例して日給を増額させず，つまり延長された分を不払いにすることも可能にすること，そしてこの措置を各事業所レベルの労使当事者が自主的に決定できるようにすることを要求した。

　日給を一定のまま労働時間を延長することを「賃金補償を伴わない労働時間延長」（Arbeitszeitverlängerung ohne Lohnausgleich）という。単純計算でいうと，日給を固定して週労働時間を35時間から40時間に延長した場合，時給は12.5%引き下げられることになる。2000年代の賃上げ率は年換算で1.5%から2.9%程度であるから，それを一挙に帳消しにしてしまうほどの時給削減である。ゲザムトメタルの要求は，これを可能にさせるきわめて大胆な要求であった。

　要求が大胆であったのは，もうひとつ，こうした賃金補償を伴わない労働時間延長を，各事業所レベルの労使当事者のみによって，つまり協約当事者の関与なしに決定できるようにすることであった。もしこの要求が実現するならば，横断的労働協約の定める基準は拘束力のない参照値程度のものになる。そして事業所レベルの労使当事者にとって，横断的労働協約は動かすことのできない前提であるという従来の二元的な労使関係は大きく変容する。

　この要求は，従来の金属・電機産業における開放条項の限界を突破しようとする試みであった。90年代以降，化学産業部門をはじめ各部門で協約適用除外に関する開放条項が増大してきたが，金属・電機産業においてもそうした変化が現れていた。とくに重要なのが，1993年に東地域の労働協約に導入された「苦境条項」である。

　1990年の東西ドイツの統一後，東地域の労働条件を西地域の水準に引き上げることが労働組合の焦眉の課題であった。そして1991年の賃金交渉において，その時点で西地域の60%であった東地域の協約賃金水準を西地域と接近させるように，1994年までに段階的に引き上げてゆくプランが合意された。しかし1993年，東地域の使用者団体は，この賃金引き上げプランに従うならば倒産が多発するとして，プランの見直しと協約の破棄を通告した。IGメタルはこれに反発し2週間に及ぶストライキが行われたが，労使交渉の結果，IGメタルは譲歩を強いられ，賃金引き上げの延期が合意されるとともに，企業が「苦境状況」に陥った際にはその企業について労働協約に定める賃金水準の適

用除外を認める「苦境条項」が導入された。

　労働協約には次のことが定められた。すなわち，「さし迫る倒産の危険を回避すること」，「雇用を保障すること，とくにさし迫る解雇を回避すること」，「提出された再建プランに基づき再建の見込みが改善されること」——これらの前提が存在するとき，使用者または従業員代表委員会は「苦境状況」の実施を協約当事者に申請することができた。申請に対し，協約当事者は提出された資料をもとにその適否を審査した。審査の結果，労使の協約当事者が一致して当該企業が「苦境状況」にあると確認した場合，賃金などについて労働協約の適用除外が認められた。

　他方，西地域においても，経営危機に陥った事業所について，協約当事者が「再建協約」を締結し，従業員の雇用保障とセットで横断的労働協約の適用を除外することが行われてきた。1996年，NRW地区において，IGメタルと金属・電機部門の使用者団体はこうした実践を確認する次の規定を労働協約に設けた。「協約当事者は，従来と同様，特段に深刻なケース，たとえば倒産を回避するケースにおいて，企業と職場の維持に寄与するべく，個別の企業について特別の規制を見出すことに努力する」。

　しかし，これらの仕組みはいずれも，ゲザムトメタルからみてあまりにも柔軟性に欠けていた。協約適用除外は経営危機のもとでのみ可能であったため，その範囲は狭く限定され，厳しい挙証責任が求められた。そして，適用除外のためにはそのつどIGメタルの同意を得なければならなかった。事業所の事情に通じている従業員代表委員会に比べ，「短期的なエゴイズム」と「石頭」のIGメタルを説得するのは容易ではなかった。[7]

　開放条項もしくは協約当事者の合意に基づかずに，下位の事業所レベルの労使当事者が自主的に協約の適用を除外して協約水準を下回る規制を定めることは，違法であった。1996年に暖房機メーカーのフィスマン社では，事業所レベルの労使当事者が，横断的労働協約を無視して，賃金補償を伴わずに労働時間を延長（週35時間→38時間）すると合意した。工場の国外移転計画を放棄して３年間経営上の理由による解雇を行わないという使用者の約束とのバーターであった。しかしIGメタルの提訴を受けて，裁判所は，フィスマン社の規制は協約優位の原則の侵害にあたり違法であると判示した。[8]

それゆえゲザムトメタルにとって，新しい開放条項を定めて協約適用除外の内容上の条件と手続き上の条件の両方において大幅な条件緩和を実現することが何としても必要であった。つまり，協約適用除外を経営危機に限定しないことと，その判断を事業所レベルに委ねること，である。ゲザムトメタル事務総長ハンス・ヴェルナー・ブッシュはいった。「重要なことは，事業所レベルにもっと多くの裁量の余地を委ねること，これをなし遂げることです。……〔他方〕これまでの企業の特殊事情に考慮した雇用同盟はどれも企業再建のケースでした。つまり，企業が経営難に陥ったケースでした。……しかし，企業が通常の状態ではあるが，ますます深刻化する国際的な競争状況に対処するケースについてもそれが必要です」(Gesamtmetall 2004，傍点引用者)。

2 ゲザムトメタルと連邦政府の攻勢

ゲザムトメタルがこうした強硬な姿勢に出たのには組織的な背景があった。前述のブッシュ発言は，なぜ事業所レベルに裁量を委ねなければならないのかについて，こう述べている。「なぜならば，それをしなければ，横断的労働協約の浸食がさらに進んでしまうからです。この浸食を私たちは残念ながら直視しなければなりません」と。「浸食」とは，協約拘束率が徐々に低下していることを指している。これについては第1章でみてきたとおりである。

2004年の協約交渉に際しては，新しい開放条項が定められなければ多くの企業が使用者団体から脱退ないしOT会員へと移行するであろうと報じられていた。そうであれば，横断的労働協約を救うためにこそその柔軟化に向けた大胆な妥協が必要であると，ゲザムトメタルはIGメタルに圧力をかけた。

こうしたゲザムトメタルの攻勢に，当時の連邦政府の方針が追い風となった。これはきわめて奇妙な光景であった。1998年の連邦議会選挙の結果，それまで18年にわたって続いたコール政権に代わり，SPD（社会民主党）と緑の党の連立によるシュレーダー政権が誕生した。よく知られているように，歴史的にSPDは労働組合の利益代表政党としての性格を有してきた。しかし「新しい中道」を掲げるシュレーダーは，労働組合とは距離をおき，徐々に社会国家（福祉国家）の再編を目指すようになっていった。

その方針の最も明確な宣言が2003年3月14日に行われたシュレーダーの施

政方針演説「アジェンダ2010」であった。このなかでシュレーダーは，解雇規制の緩和，失業手当の再編縮小などの提案を行うとともに，協約適用除外の範囲を自主的に拡大するよう協約当事者に求めた。いわく「労働協約において……柔軟な枠組みが作り出されなければなりません。……私は協約当事者が，すでに多くの部門において行われているように，事業所内の同盟〔事業所レベルで労使が労働条件の低下と雇用保障を取引すること。協約適用除外を伴うことが多い〕に同意することを期待します。もしそれがなされないのであれば，立法機関が行動を起こすでしょう」(傍点引用者)と。

　また，野党のCDU/CSU (キリスト教民主同盟／キリスト教社会同盟) とFDP (自由民主党) はそれぞれ法改正案を2003年6月に提出した。それはいずれも協約優位の原則を修正し，協約当事者の合意なしに各事業所レベルでの適用除外を可能にするものであった。

　こうした連邦政府と野党の動きは，協約適用除外の条件のいっそうの緩和を求める圧力として作用した。協約当事者が適用除外の条件緩和を自主的に行わないのであれば，立法的な介入によってそれが強行される——こうした危惧が高まっていた。

3 対立する労使

　ゲザムトメタルの提案について，IGメタルは「厚かましいこと」として全面的にこれを拒否した。BW地方では，2003年12月から翌年にかけて交渉場所を移しながら断続的に団体交渉が行われた。しかし，両者とも妥協する姿勢をみせなかった。ゲザムトメタルは新しい開放条項が認められなければ協約を締結しないと主張し，逆にIGメタルはいかなる場合にもそうした開放条項には決して同意しないと応酬した。

　IGメタルは，協約適用除外の判断を事業所レベルの労使当事者に委ねることに対して強い警戒感を示した。それはゲザムトメタルがいうような，事業所レベルの方がスピーディーに適切な判断ができるとか，または労働組合は従業員代表委員会をもっと信頼すべきといった問題ではなく，実際には企業間競争を通じて労使の力関係を大きく労働側に不利に変えるものであると，IGメタルは認識していた。IGメタルNRW地方本部長ペーター・ガッセは述べている。

「〔事業所レベルの労使当事者への権限委譲は〕きわめて有害です。……競争関係にあるひとつの企業で賃金補償を伴わない労働時間延長が行われれば，自分のところもそれをしなければなりません。……コストをめぐる直接の相互競争が生じ，それが価格を決めているのであれば，個別の企業にとって〔そこから逃れる〕チャンスはありません。それに追随しなければなりません」（Frankfurter Rundschau 2004.1.28）。

　労働協約上の平和義務が終了した1月29日以降，IGメタルは連日警告ストライキを行った。これには全国で42万人の従業員が参加した。

　こうした圧力を背景に，IGメタルは賃上げと開放条項の問題を切り離して交渉するよう要求したが，ゲザムトメタルはあくまでもセットで交渉するべきとの立場を譲らなかった。会長カネギーサーは，週40時間労働を標準にするつもりはなく，ひとつの可能性であると述べ，自分たちの要求が世間でいわれているほど過激なものではないことをアピールしようとした。そして，労働時間が延長されるとしても，普通に稼いでいる企業では賃金補償が伴うであろうとの見通しを示した（FTD 2004.1.28，傍点引用者）。また事務総長ブッシュは，IGメタルが新しい開放条項を受け入れるのであれば賃上げ額を上増ししてもよいとさえ述べた（FAZ 2004.1.28）。しかし，核心である開放条項そのものについては，妥協する構えをみせなかった。

4 労働時間・賃金と雇用をめぐる論争

　ゲザムトメタルは，賃金補償を伴わない労働時間延長は労働者の雇用を維持し，さらに新しい雇用を創出するために必要な措置であると主張した。ゲザムトメタルによれば，この間毎年5万人もの雇用が生産地の国外移転によって失われており，その主な原因はドイツにおける労働コストの高さであった。ドイツの高い労働コストはドイツ企業の競争力を損ない，受注を不利にしていたとされた。事業所レベルの裁量による賃金補償を伴わない労働時間延長は，労働コストを事業所の必要に応じて引き下げ，雇用を保障し創出するための切り札であった。

　しかし，ゲザムトメタルが主張する，労働時間の延長によって雇用を維持し拡大するというこの論理は，従来の労働時間規制の基本的な発想を覆す重要な

図表2-1　賃金補償と労働時間の関係

	賃金補償を伴う	賃金補償を伴わない
労働時間短縮	日給が維持される	日給が比例して減少
労働時間延長	日給が比例して増大	日給が維持される

(筆者作成)

意味をもっていた。この論理は、年来IGメタルが主張してきたこととはまったく反対のものであった。

　戦後、IGメタルは労働時間短縮を要求する根拠として、「労働条件の人間化」、「生活環境の改善」と並んで「失業拡大の阻止」を挙げていた。一般に社会全体の生産物の増加（＝経済成長）は生産性の上昇を伴って進行するが、その場合、もし生産性の上昇率が生産物の増加率を上回れば、社会全体で必要な労働量は以前よりも減少することになる。これは実際にドイツで進行していることであり、このことが失業を拡大させている原因であるとされた。そうであれば、失業を抑制し雇用を拡大するためには、社会全体で必要な労働量が減少するスピードよりも早く1人あたりの労働時間を短縮しなければならない。つまり、労働時間短縮によって労働力の供給を制限し、それを通じて労働を社会全体で分かち合うことができる——このようにIGメタルは主張してきた。

　しかも、労働時間を短縮する場合には、それに比例した賃下げを行わず、それまでと同じ日給を支払わなければならないとIGメタルは主張してきた。これを「賃金補償を伴う労働時間短縮」（Arbeitszeitverkürzung mit Lohnausgleich）という。まぎらわしいが、「賃金補償」の概念は労働時間短縮と延長の場合で異なる。

　IGメタルの論理は「労働時間短縮が賃金補償を伴わない場合、つまり日給が労働時間に比例して減少する場合、労働者は減少した賃金を埋め合わせるために別途に就労しなければならず、結局、労働力の供給を制限することができない。したがって、雇用創出効果もなくなる」というものであった。そしてIGメタルはこの論理のもと1984年の大争議を経て週35時間制を勝ち取り、労働時間短縮の模範的存在となった。[9]

　しかしゲザムトメタルは、この戦後ドイツ労働組合の最大の成果ともいえるこの35時間労働制に手を着けようとしていた。ここでゲザムトメタルは、IG

メタルの論理を逆転させ，前述のように，雇用の維持と創出のためにはむしろ賃金補償を伴わない労働時間延長によって労働コストを引き下げることが必要であると主張した。

　それゆえ当然ながら，この労働時間と雇用との関係についてゲザムトメタルとIGメタルの主張は真っ向から対立した。ゲザムトメタルは，今回提案している開放条項が実現すればドイツ企業の競争力が改善し，その結果10万人の新規雇用が創出されるだろうと見通しを示した。これに対しIGメタルは，まったく逆に労働時間の延長によって40万人の雇用が失われるとの認識を示した。前述のガッセIGメタルNRW地方本部長はいう。「使用者たちの進撃は近年では最大のジョブキラー・プログラムだと思います。……雇用の場を脅かし，または直接全滅させるような労働協約に私たちは署名しません。……これはイデオロギー的なテーマではないのです。……〔調査したところによると〕40時間が導入されれば80％の事業所で雇用が削減される，との確信を私たちは得ています」（Frankfurter Rundschau 2004.1.28）。

　この論争には，政府に経済政策を提言する経済専門家委員会のメンバーであるヴォルフガング・ヴィーガルトとユルゲン・クロンプハルトがIGメタルの側に立って介入した。両氏は，労働時間延長によって労働総量は増えるとしても，結局就業者の数は増えないと分析し，ゲザムトメタルの論理に疑問を呈した。これに対しゲザムトメタルはただちに反論した。両氏の発言はわれわれの提案に対する無知を示すものである，そして，とくに自動車産業の下請業者は横断的労働協約が課す諸条件と納入先からの価格引き下げ圧力のもとでコスト削減が協約で合意されなければ存続できない状況にあるのだ，と（FAZ 2004.2.11）。

　こうして，この争点においてもゲザムトメタルとIGメタルは対立を深めていった。

5 妥結とプフォルツハイム協定の内容

　2月11日から協約当事者はプフォルツハイムにおいて団体交渉を再開することになった。しかし，交渉直前まで労使はいずれもこれまでの主張を譲らないことを宣言していたので，交渉は決裂する見通しが高いとみられていた。も

し交渉が決裂すれば，IGメタルはついに正式のストライキに突入するだろうとの観測が流れ始めていた。

　しかし，プフォルツハイムでの16時間に及ぶ交渉の末，労使は一気に妥結した。ストライキは回避された。ここにおいて，その後2年間の賃上げ率について定めた労働協約とともに，労働協約からの適用除外について新しい規定を定めた「プフォルツハイム協定」が2月12日付けで締結された。

　プフォルツハイム協定の主要部分は次のとおりである。（　）は原文である。

1　この協定の目標は，ドイツの立地において現存する雇用を保障し新規雇用を創出することである。そのためには，競争力，イノベーション能力，投資条件の改善および維持が必要である。協約当事者はこの目標を支持し，より多くの雇用をドイツにおいて形成するという課題を支持する。

2　事業所レベルの労使当事者は，現在効力をもっている諸規定の枠内において，雇用を維持し促進するための諸規定が使い尽くされているか，審査する。協約当事者は，事業所レベルの労使当事者の求めに応じて，労働協約の枠内においてさらにどのような可能性が存在するか，事業所の労使当事者に助言する。

　社会的および経済的な帰結についての考量を行ったうえで，適用除外を定める協約規制が，雇用の発展の持続的な改善を保障するために必要である場合，協約当事者は，事業所レベルの労使当事者との共同の審査を経て，補完的な協約規則について取り決める，または合意のもと期限をつけて労働協約に定める最低基準からの適用除外を定める（たとえば，特別手当の削減，請求の猶予，賃金補償を伴った，または伴わない労働時間の延長または短縮（雇用保障協約によって規制がなされてない限りで））。

　この際の前提は包括的な情報であり，この情報にはそれに関係する証拠書類が伴わなければならない。これに関与する諸個人は，経営組織法に則り，守秘義務を負う。

　同じ労働協約に帰属する事業所が存在する場合には，その部門および地域における競争力と雇用に対して起こりうる影響が，全体的な評価を行う際に踏まえられなければならない。

　プフォルツハイム協定にはこの他にも労働時間延長に関わる細目や3年後に見直しを行うことが定められている。

　このプフォルツハイム協定のポイントは，協約適用除外の内容上の条件が大きく緩和される一方，手続き上の条件は緩和されなかった，という点にある。

前述したように従来の開放条項では，協約適用除外は「倒産の危険」といった限定的な条件のもとでのみ認められていた。これに対しプフォルツハイム協定ではそうした限定が解除され，雇用の保障または創出に必要であれば，「競争力，イノベーション能力，投資条件の改善および維持」という包括的・一般的な理由をもって協約水準の適用を除外することが認められた。この点においてゲザムトメタルの要求は実現し，従来の開放条項のひとつの隘路が突破された。そして協約適用除外の内容の例示として，賃金補償を伴わない労働時間延長も可能であることが明記された。

　しかし他方で，プフォルツハイム協定はこの協約適用除外を事業所レベルの労使合意だけで決定することを認めなかった。ゲザムトメタルが強く要求してきたこの点は実現しなかった。協約適用除外のためには，事業所レベルの労使当事者の申請から始まり，協約当事者の審査を経て，最終的に協約当事者が適用除外の内容について合意し，補完協約を作成してそれに署名をする必要があった。つまりIGメタルは，これまでと同様協約適用除外の実施に際して拒否権を行使することできた。これまでになかった「包括的な情報」や「社会的および経済的な帰結についての考量」という条件が課されている点では，適用除外の手続きはむしろ厳格になっていた。とくに西地域については，それまで曖昧であった協約適用除外を実施するための手続きがプフォルツハイム協定によって初めて明確になった。

　プフォルツハイム協定は以上のような労使の妥協から構成されていた。

3　プフォルツハイム協定からジーメンス社補完協約まで

■1 プフォルツハイム協定に対する当初の評価

　労使の協約当事者が急展開で妥結に至ったことは各方面で反響を呼んだ。ひとつの論点は，このときに合意された賃上げ幅が高すぎるのではないかという点であるが（2004年3月に2.2％，2005年3月に2.7％。これは使用者団体側が提示していた率のほぼ倍），これは本章のテーマではないのでここでは立ち入らない。問題は，いま述べたように，一方で協約適用除外の内容上の条件を緩和し，他方で手続き上の条件を緩和しなかったというプフォルツハイム協定の性格につ

いての評価である。

　ゲザムトメタルはこの協定を「パラダイム転換」と自賛した。危機的な状況だけでなく，雇用の維持または創出のために必要であれば協約水準を引き下げることをIGメタルはいまや支持したのだから，これはまさに「明確なパラダイム転換が達成された」のだ，と。しかしのちの議論とは異なり，当時ゲザムトメタルに同調して，これは「パラダイム転換」だと評価した議論はほとんどみられなかった。

　その代わりに，この時点でもっぱら問題となったのは手続き上の条件が緩和されなかったことであった。内容上の条件が拡張したとしても，プフォルツハイム協定においてIGメタルは協約適用除外について拒否権をもっており，何のことはない従来同様，IGメタルがその気になれば協約適用除外を全面的に阻止することも可能な仕組みであった。拒否権を楯にIGメタルは「競争力の維持・改善」を限定的に解釈して横断的労働協約の基準を守ろうとするに違いなかった。IGメタルに拒否権を与えることの問題を誰よりもよくわかっていたからこそ，ゲザムトメタルはあれほど強硬に協約当事者の同意なしに適用除外を可能にするよう主張していたはずであった。しかし結局，それは成えなかった。このことに対して，使用者側に立つ論客たちはこぞってゲザムトメタルとその傘下にある使用者団体の弱腰を非難し，失望をあらわにした。

　たとえば「足かせをはめられた経営」と題する新聞論説は，「真の開放条項」が実現できなかったことを嘆いた (Süddeutsche Zeitung 2004.2.13)。「ゲザムトメタルの領主たちは，『反革命』が進行しているのではとDGBが勘違いしてしまうほど，じつに大口をたたいて交渉に臨んだ。しかし最後はおとなしく自らのプランを引っ込めてしまった」と。

　ある論説は辛辣にも「協約政策のワーテルロー」とタイトルをつけた (FAZ 2004.2.13)。いわく，戦いはゲザムトメタルの完敗であった。IGメタルは雇用への影響を考えず組織利益のみ追求していた一方，国際競争にさらされている企業は生産の中断ができないので，ゲザムトメタルはストライキを受けて立つ危険を犯せなかった，と。論説は最後に「使用者の敗北は致命的であり，助け出す展望はどこにもない」と結んでいる。その他にも「〔ゲザムトメタルは〕虎のように飛び上がり，虎毛皮のマットのようになって着地した」(Der Spiegel

2004/23：85）といった酷評が数多くみられた。BDA（ドイツ使用者団体連盟）会長ディーター・フントも，事業所レベルでの規制の余地を拡大することについてはさらに議論を続けなければならないとコメントした。政界ではシュレーダー首相は妥結内容を歓迎したが，CDU議員団副代表のフリードリヒ・メルツは期待外れだと批判した。

　当時のこうした議論状況を踏まえるならば，かたやIGメタルがプフォルツハイム協定の締結について，これは組合の勝利であると強調したのもあながち誇大宣伝とはいえなかった。ペータース委員長は「われわれは賃金補償を伴わずに労働時間を引き上げようという使用者たちの目論見を挫折させた」とその成果を誇った（FTD 2004.2.13）。IGメタルのニュースレターは妥結結果を，「所得は守られた。不払い労働はない！」との見出しで，歓喜する組合員の写真とともに報じた。『ヴェルト』紙は妥結内容について端的に「IGメタルの勝ち」とタイトルをつけた（Die Welt 2004.2.13）。

　逆に，IGメタルがプフォルツハイム協定において何を譲歩したのかは明確ではなかった。直接の交渉責任者であるIGメタルBW地方本部長イェルグ・ホフマンは締結直後のインタビューのなかでこのことを問われている（Deutschlandfunk 2004.2.12）。組合側の成果を強調するホフマンに対し，インタビュアーは「しかしIGメタルは使用者側に歩み寄ったのではないのか。それはどの程度歩み寄ったのか」と質問している。ホフマンの答えは，事業所レベルの問題に対し組合は「より多くの責任」を負うことにしたのだ，というものだった。「では各事業所の事情を考慮するとは具体的にどういうことなのか」，とさらに問うたインタビュアーに，ホフマンは「協約当事者が事業所レベルのテーマについて新しい理解を発展させる」と述べるにとどまっている。[11]

2 ジーメンス社補完協約[12]

　ところが，こうしたプフォルツハイム協定に対する当初の評価は，4カ月後の6月にプフォルツハイム協定の大企業における初の実施ケースとして，ジーメンス社についての補完協約が締結されることに伴い大きく逆転した。ジーメンス社は協約適用除外によって賃金補償を伴わない週40時間労働を導入するという，2月に挫折したかにみえたゲザムトメタルの願望を自社の2工場にお

いて実現することに成功した。これを受けて，プフォルツハイム協定のもとで協約適用除外は依然として制約されているという使用者サイドの不満は静まり，代わって，むしろこれこそ適用除外を推進する画期的な仕組みであると評価されるようになった。当時の新聞は「〔プフォルツハイム協定締結から〕4カ月たって世界は別の様相をみせている」(Frankfurter Rundschau 2004.6.30)と伝えた。

　ジーメンス社は情報通信，鉄道車両，医療，防衛，生産設備，エネルギー関連施設，家電製品などを手がけるドイツを代表するコンツェルンである。ジーメンス社のハンイリッヒ・フォン・ピーラー社長は2月の協約交渉の過程では，使用者団体からの脱退を示唆してIGメタルに譲歩しないよう交渉に圧力をかけていた。そしてプフォルツハイム協定の締結後は，その活用の余地を評価せず，「回りくどくかつ解釈の余地が大きい」ものであり「誤った方向へのさらなる一歩」と批判していた(FAZ 2004.2.18)。しかしまもなくジーメンス社とピーラー社長は，その後のプフォルツハイム協定の活用の模範となるような重要な「成果」を上げる。

　事態は次のように進行した。まず3月8日ジーメンス社の経営陣は，無線電話を製造するボッヒョルト工場と携帯電話を製造するカンプ・リントフォルト工場に雇用される4000人のうち2000人をハンガリーに移転することを宣告した。これは「ジーメンス・マネジメント・システム」なる企業戦略の実践であった。「ジーメンス・マネジメント・システム」は，ジーメンス社全体の従業員のうち41%がドイツ国内で雇用されているのに対し，ドイツ国内の売上高は全体の23%という現状の「不均衡」を是正し，各国での売上高の比率に適合して従業員数を配分すべきことを説いていた。そこでまず計画されたのが，国際競争においてコスト高になっているとされる2工場の国外移転であった。ハンガリーの賃金はドイツの約5分の1であった。

　しかしここでジーメンス社は，プフォルツハイム協定に定める協約適用除外が認可され2工場の労働コストの大幅削減が達成されるのであれば，国外移転は行わないという「解決策」を提示した。具体的には，賃金補償を伴わない週40時間への労働時間延長とクリスマス手当と休暇手当を廃止し，企業業績に連動した利益分配に代えることが要求であった。両手当を合わせた額は月給の約125%に相当した。

IGメタルはこのような二者選択はいずれも受け入れないものであると強く反発した。IGメタルは2工場の地元のボッヒョルトとディンスラケンの地区事務所が中心となって抗議運動を組織した。フーバーIGメタル副委員長は述べた。「ジーメンス社は世界でも最も資金力のあるコンツェルンです。昨年の事業年度だけでみても25億ユーロの利益を上げています。……〔したがってジーメンス社の要求は〕むきだしのコスト削減プログラムなのです」（Metall IT-Magazin 2004/2：9）。このような好業績を誇るジーメンス社において協約適用除外が認可されることは，IGメタルにとって想定しえないことであった。IGメタル機関紙いわく「これ〔2月に締結されたプフォルツハイム協定〕は週35時間を通常の労働時間として定め，例外的な場合のみ延長を認めています。ジーメンス社はこのことを破棄しようとしています」（ebd.：8，傍点引用者）。機関紙はさらに労働時間の延長は雇用の場を危うくするものでもあると批判している。

　これに対してジーメンス社は，協約適用除外によるコスト削減がまさにプフォルツハイム協定のいう「競争力の改善」をもたらし，それが「雇用保障」を担保する，という論理を対置した。ピーラー社長いわく「私たちは国際競争上の理由から雇用の場がドイツから他国へ消えていってしまうことに対して，何もせずに傍観するわけにはいきません。……私たちは危険にさらされている雇用の場ができるだけ多く救われることを望んでいます」（FTD 2004.4.5）。雇用を救うためにはIGメタルの譲歩が必要だと，ピーラー社長は主張した。

　ジーメンス社のハンガリーへの工場移転計画は現実味をもっていた。IGメタルの地元事務所と従業員代表委員会はハンガリーに調査団を派遣し，移転予定地を視察した。調査団の報告によれば，なるほどそこは「企業のパラダイス」であった。労働者の利益代表は事実上制約されており，賃金はドイツを大幅に下回り，解雇も自由であった。さらにジーメンス社は補助金も受ける予定であった。「ジーメンス社が近いうちに雇用の場の国外移転を実行に移すことは疑いない」と報告は結論づけた。そしてジーメンス社は来たる7月1日には移転を開始し，従業員を解雇すると宣告した。ボッヒョルトとカンプ・リントフォルトの2工場では，とくに再就職が困難な非熟練労働者を中心に雇用不安が高まっていた。ラルフ・ヘックマン・ジーメンス社中央従業員代表委員会議長は

「脅迫が始まった」と述べた。

　ジーメンス社はドイツ国内の他の工場についても国外移転を示唆した。このためジーメンス社への対応はIGメタルにとって全国的な課題となり，5月14日，IGメタルはニュルンベルクに全国のジーメンス社担当役員380人を招集した。しかしこの時点ですでに，IGメタル内部で，国外移転が現実的に迫っている2工場を担当する役員とそれ以外の役員との温度差が表面化していた。たとえ雇用の場を犠牲にしてでも週40時間は断固拒否すべきとする原則的な主張に対し，2工場の担当役員は反論した。「私たちは軽率に労働協約を問題視することはしません。しかし私たちはまた，ボッヒョルトとカンプ・リントフォルトの雇用を守るためにあらゆることをします！」。

　5月24日と25日，IGメタルは2工場の組合員集会を開催し，事業所協約委員会を選出した。これは協約適用除外を認める補完協約を締結する場合に，その是非を決定権者であるIGメタル地方本部長に答申する役割を担う機関である。

　ジーメンス社の行方は広く注目を浴びた。ここでもしもジーメンス社がIGメタルに賃金補償を伴わない労働時間延長をのませることができれば，それはドイツの横断的労働協約の将来を左右するような事件になることは間違いなかった。労働協約の柔軟化を以前から主張してきた経済学者ヴォルフガング・フランツは，ゲザムトメタルがプフォルツハイム協定を「パラダイム転換」と強調していることに触れ，インタビューに次のように答えた。「〔パラダイム転換というメッセージは〕結構なことです。ただ私はそれをまだ信じることはできません。パラダイム転換はまず実践において示されなければならないのです。ジーメンス社のケースは〔そのことを試す〕非常に厳しいテストになるでしょう」(Die Welt 2004.6.18. 傍点引用者)。

　6月18日には全国規模での抗議行動が行われ約2万5000人が参加した。2工場の地元で従業員たちは「すべての雇用の場には顔がある」とのスローガンを掲げ，従業員のそれぞれの顔写真を工場前に張り出した。これは，雇用の場を抽象的な「数」としてしかみなさないジーメンス社に対する抗議であった。

　6月22日から翌日にかけて，IGメタルとジーメンス社の間で団体交渉が行われた。しかし，ジーメンス社の強硬姿勢は変わらなかった。IGメタルの交

渉担当者は当時インタビューに答えている。「かつて私たちは〔使用者と対等に〕目の高さで交渉していました。しかし今はここです」。そういって彼は膝を指し，そして付け加えた。「いや，もっと下だ」(Der Spiegel 2004/28：74)。

　ジーメンス社の主張の妥当性を審査するために，IGメタルは経営コンサルタント会社のアーンスト・アンド・ヤング社に鑑定書を依頼していた。しかしその結果はIGメタルに不利なものであった。鑑定書はジーメンス社が主張する2工場のコスト上の問題には根拠があると評価していた。

　しかし鑑定書は，同時にジーメンス社のコスト上の問題だけでなく技術上の劣位を指摘していた。他社と比較してジーメンス社は開発から発売までの期間が長く，第三世代携帯も導入されていなかった。IGメタルはこの論理を用いて，従業員が譲歩する見返りに2工場の長期的な安定が担保されるような新規の投資を行うことを要求した。そして，ジーメンス社はこの要求を容認した。この間，従業員に一方的な譲歩を要求しているとしてジーメンス社のイメージが悪化し，携帯電話の売り上げが25％も落ち込んでいたからである。

　IGメタル側は，交渉担当者が交渉をいったん中断して協約委員会で経過を報告し，方針が審議されたのちまた交渉が再開されるというプロセスを繰り返した。そのなかで協約委員会は協約適用除外を受諾して，そのための補完協約を締結すべきか審議した。そこで出された様々な意見から当事者である従業員たちの苦悩を窺うことができる。長くなるが引用しよう。「もし私たちが同意するならば私は明日別の家を探さなくてはなりません。しかし代替案はありません」，「ドイツの労働市場への影響について考慮している余裕はありません。まず何より自分たちがどこにとどまるのか直視しなければなりません」，「このような条件であれば私はできるだけ早くジーメンス社を退社したいと思います」，「私は自分たちの雇用を守ろうと欲する同僚たちのためにも決断をしなければなりません。ただちに追い出されるよりはずっと良いことです。しかし私の意見は違います！」，「なんと冷酷なことであるか，私たちはすべてに驚いています。これが純粋な資本主義です。これを公にしなければ！」，「労働庁に列をなす人々〔失業者〕から殴られたくはありません」，「私は〔適用除外に〕賛成です。しかし許しを請わなければならないという気持ちです」，「〔適用除外は〕よりましなものかもしれません。2年後に同意が正しかったことを見届けたい

です」。

　IGメタルの交渉責任者オリヴァー・ブルクハルトは討論を総括した。「私自身失望しています。しかし補完協約はより小さな悪の選択です。不安と怒りの間で熟慮を重ねるなかで，みなが自分の意見を表明するのは当然です。いずれにしても全員がプロフェッショナルに働きました。恥じる必要はありません」。協約委員会は協約適用除外を受諾することを賛成多数で可決した。

　こうして6月23・24日付で，協約当事者はジーメンス社についての補完協約を締結した。補完協約は，その2年間，ボッホルトとカンプ・リントフォルト2工場の4000人の従業員について横断的労働協約の適用を除外し，賃金補償を伴わずに週35時間から40時間へ労働時間を延長することを認めた。さらに，クリスマス手当と休暇手当を企業業績に連動した利益分配に代えること，遅番シフト手当を削減することなどが定められた。これは年収にして約15％減であった。以上の措置を合わせてジーメンス社は30％近くの労働コスト削減を達成した。

　他方，従業員側の譲歩の対価として，ジーメンス社は補完協約の期間中に経営上の理由による解雇を行わず，ハンガリーへの工場移転を放棄すること，さらに数千万（2桁の「ミリオン」）ユーロの投資，そのうち翌事業年度に3千万ユーロの投資を行うことを約束した。

　ピーラー社長は補完協約の締結を「理性の勝利」であると誇った。IGメタルの交渉担当者のひとりであるハインツ・コレヴァIGメタル・ボヒョルト地区事務所長はコメントした。「私たちはこの場所で生き，働く展望のもとに闘ってきました。みなさんにこの場所での未来があることを私は強く確信します」。

4　「コントロールされた分権化」の困難

1　「ダムの決壊」

　ジーメンス社の事件はドイツ社会に衝撃をもって受け止められた。プフォルツハイム協定の文言はもちろん何も変わっていなかったが，それをめぐる労使の立場は完全に攻守どころを変えた。

　IGメタルはこのジーメンス社のケースが他の企業に波及することを強く警

戒した。ペータース委員長はジーメンス社補完協約が例外的なものであることを繰り返し強調した。これは「個別のケース」であり「青写真」にはならない。「具体的ケースのなかで根拠に基づいて行われた協約適用除外を標準なものへと格上げしようとする人は，協約政策というものを理解していません」と（FAZ 2004.6.29）。こうしたIGメタルの主張に配慮してジーメンス社のピーラー社長も，これはあくまでジーメンス社特有の問題であると述べた。

　しかしメディアは反対に，このジーメンス社のケースが他社にとって普遍的な意義をもつと評した。これによってプフォルツハイム協定が予想以上に「使える」ものであることがわかったからである。『シュピーゲル』誌は書き立てた。「〔プフォルツハイム協定の協約適用除外は〕例外にとどまるはずであった。しかし巨人ジーメンス社が企業再建のケースでもないのに，この協約適用除外を活用したいま，〔同じように〕これを活用しようとしない企業とはどんな企業なのか？」（Der Spiegel 2004/27：24）。『マルクト・ウント・ミッテルシュタント』誌も書いた。「時間が経ってようやく〔プフォルツハイム協定の〕革命的なポテ
・　・　・　・
ンシャルが明らかになった」（Gesamtmetall 2005：32からの孫引き。傍点引用者）。プフォルツハイム協定が締結された2月には不満を表明していたBDA会長ディーター・フントはジーメンス社の結果を「新しい協約文化」と持ち上げ，同じく2月には議員団副代表が批判的にコメントしていたCDUも党首のアンゲラ・メルケル（のちの首相）が「正しいシグナル」としてこれを歓迎した。

　そしてゲザムトメタル事務総長ハンス・ヴェルナー・ブッシュは，プフォルツハイム協定締結直後に受けた弱腰との批判を見返すようにこう総括した。「少なくともジーメンス社の携帯電話部門についての立地保障協定以降，〔それまで〕若干のジャーナリストや経済団体のなかで広がっていた意見，すなわち労働組合の署名が必要になるような〔労働協約の〕差別化の形態などまったく価値のないものだという意見は，改められなければなりません」（Busch 2005：158f.）と。

　かたやIGメタルの内部では，ジーメンス社の妥結結果について批判や危機感が表明された。先にも登場したプフォルツハイム協定締結時の交渉担当，つまりプフォルツハイム協定の生みの親ともいえるイェルグ・ホフマンIGメタルBW地方本部長もそのひとりであった。ホフマンはジーメンス社の合意はプフォルツハイム協定と「適合しない」と批判した。ホフマンによれば，プフォ

ルツハイム協定が定める適用除外は「ある一定の例外ケース」にのみ可能であって，ジーメンス社はそれにはあたらないからである（Frankfurter Rundschau 2004.7.7)[13]。

つまりプフォルツハイム協定は，その設計者の意図を超えてひとつのシステムとして動き始めていた。そして，ジーメンス社は模範となり多くの企業がこれに追随した。列挙すると，ダイムラークライスラー社（自動車製造)，ZF社（自動車ハンドル系統製造)，ヴォイス社（機械製造)，スチール社（電気ノコギリ製造)，エヴォバス社（バス製造)，フィリップ社（半導体製造)，マン社（営業車両・機械製造)，ボッシュ社（電化製品製造)，Luk社（自動車クラッチ製造)，シューラー社（プレス製造)，マン・ウント・フンメル社（自動車部品製造)，マーレ社（自動車部品製造）等々である。そして多くの中小企業もこれに続いた（Aktiv 2004.7.17)。多くの新聞がこれを「ダムの決壊」（Dummbruch）と表現した。

これらのケースにおける協約適用除外の内容は多様であった。ジーメンス社と同様に賃金補償を伴わない労働時間延長または休暇手当・クリスマス手当の廃止を実施したケースがある一方，割増手当を伴わない土曜日労働を実施するケース，横断的な労働協約に定めた賃上げを放棄するケースなどもあった。また，協約適用除外が使用者から提案されて交渉が行われた結果，適用除外ではなく協約に上乗せして支払われてきた手当を削減して妥結に至るケースもあった。協約適用除外の期間も 2 年間程度のものから 8 年間に及ぶものまであった。交渉の経過も多様であり，開始から 1 カ月で妥結に至るケースから 1 年近くかかるケースもあった。

しかし，これらのケースはいずれもジーメンス社のインパクトを受け，それに倣ったものであった。そこでは事業所の国外移転や人員削減を突きつけ，IGメタルを協約適用除外の受諾へと屈伏させる手法が踏襲されていた。「競争力の維持・改善」のため従業員は労働条件を引き下げコスト削減に協力し，その対価として使用者は適用除外の期間中，経営上の理由による解雇を放棄し，またはそれに加え長期的な雇用保障の担保としての投資を行うことを約束した。こうした「事業所内の雇用同盟」が急速に広がっていった。

ジーメンス社の影響は他の部門にも及び，トーマス・クック社（旅行会社）やコンティネンタル社（タイヤ製造）もジーメンス社を模倣して賃金補償を伴

わない労働時間延長が実施された。翌2005年には建設業部門の横断的労働協約において，部門全体で労働時間を39時間から40時間に賃金補償を伴わずに延長する規定が，2006年には製糸・プラスチック加工部門の横断的労働協約に雇用保障と引き換えに賃金補償を伴わない労働時間延長を可能にする開放条項が導入された。さらに隣国ベルギーの使用者団体の事務総長もジーメンス社の事件に刺激され，この流れに遅れてはならないと主張した。いわく，「ベルギーでこの問題〔労働時間延長〕の議論を始めることは避けられません。……ベルギーの賃金コストは周辺諸国よりも10％高いのです」（EIRO 2004）。

　こうして2004年はIGメタルとドイツ労働組合にとっての転機の年として記録されることになった。労働組合の組織力が徐々に減退していることはこれまでも指摘されてきたが，2004年の変化はより質的な変化であった。若干長くなるが，このことを肯定的に評価する『ヴェルト』紙の年末の論説を紹介しよう。いわく，「2004年はドイツの労働組合にとって困難な年であった。しかしそれは暗黒の年ではなく，時代の転換の幕開けであった。労働組合はついにグローバリゼーションの時代にたどり着いた。労働組合は市場の力に抗うことをやめ，環境が強いるところへと自らを適応させた。……2004年2月のプフォルツハイムで締結された金属産業の労働協約以降，労働協約の世界では新しい精神が脈打っている。すなわち企業は，攻撃的にコスト問題に取り組み，労働組合に対して自信を明確に強めた。〔横断的に〕締結された労働協約について〔事業所レベルについて〕再び交渉することは，これからは普通のことになるだろう。その先例がジーメンス社である」（Die Welt 2004.12.29）。

2 IGメタルの「コントロール」──制度と実際

　協約適用除外をめぐっては，プフォルツハイム協定以前から「コントロールされた分権化」（kontrollierte Dezentralisierung）という構想がIGメタルをはじめ労働組合のなかで提唱されてきた。

　もともとドイツの労働組合では，協約適用除外そのものを認めるべきではないとする原則的な反対論が根強かった。企業や事業所の個別的な事情を配慮して協約水準の切り下げを認めてゆけば，結局，横断的労働協約の水準は拘束力の伴わないただの参照値となり形骸化すると懸念されたからである。しかし

1990年代に労働組合が徐々に守勢に追い込まれるなかで，協約適用除外を認めることは避けられず，むしろ一定の範囲で柔軟な対応を講じることで，不満をもつ使用者の協約脱退をくい止めることができるとする主張が有力になってきた。

そこで労働組合は事業所の個別事情を配慮した協約適用除外＝分権化を容認しつつも，それによって起こりうるネガティブな影響を可能な限り押しとどめる必要があった。そのためには，協約適用除外＝分権化の枠組みの設定や具体的な実施における産業別労働組合の関与と決定権，すなわち「コントロール」が担保されなければならなかった。

プフォルツハイム協定の内容はこの「コントロールされた分権化」構想に沿っていた。そこでは，協約当事者によって協約適用除外に必要な条件があらかじめ明確かつ詳細に規定されるとともに，ケースごとに協約当事者が交渉し合意し補完協約を締結しなければ，適用除外はできない仕組みになっていた。すでに述べてきたようにIGメタルは拒否権をもっていた。どれだけ強く使用者が要求したとしても，または現場の従業員代表委員会が要求したとしても，IGメタルが自ら不適当と判断し横断的労働協約の維持を主張すれば協約適用除外は実現しない，そうした「コントロール」が担保されていた。

ところが，事態はこれまで描いたように推移した。プフォルツハイム協定がいざ実際に運用されてゆく経験から明らかになったことは，制度上の拒否権にもかかわらずIGメタルは過剰な同意を強いられており，「コントロール」を実質的には行使できないということであった。こうした認識はIGメタルのなかで広くみられた。

たとえばベルトホルト・フーバーIGメタル副委員長らは，プフォルツハイム協定の経験についてこう述べている。「目標とされてきた『コントロールされた分権化』は……これまでのところ満足な形では実現することができなかった。IGメタルの一部では，すべてのレベル〔中央，地方，事業所〕において，『プフォルツハイム協定』とは組織を運営してゆくうえでの過剰負担の経験であった」(Huber/Burkhard/Klebe 2005：658)。

IGメタル・フランクフルト地方本部長のアミン・シルトは，プフォルツハイム協定を締結したことそのものは誤りではなかったとしながらも，その運用

についての強い不満を述べた。シルトによれば，プフォルツハイム協定が実施されるケースのうち「3分の1が便乗で，3分の1がアグレッシブな〔労働組合に対する〕攻撃で，3分の1が正当なもの」であった。「企業としての競争ではなく，賃金引き下げの競争」が起きているとシルトは批判した（Saarbrücker Zeitung 2005.5.7）。

　同様にIGメタル・ニーダーザクセン地方本部長のハルトムート・マイネもこう述べた。「いくつかのケースでは，私たちはコントロールされた協約適用除外について〔使用者団体と〕合意をしています。企業について期限つきで協約の適用を除外する場合，私たちは，たとえば雇用や投資の保障などの対価を交渉によって取り決めてきました。しかし，使用者がこの規則〔プフォルツハイム協定〕を濫用し，従業員代表委員会とIGメタルに圧力をかけるというケースも多数あります。……たとえば企業は，根拠を伴わずに，協約の適用除外を申請し，生産部門を移転するとか，これ以上投資を行わないといった脅しをかけることで，同意を強要しようとします」（VDI nachrichten 2005.10.28）。そしてマイネは，このように「客観的根拠を伴わない」にもかかわらず協約適用除外が行われる事態を「便乗効果」（Mitnahmeeffekt）と呼んだ。「濫用」と「便乗効果」は，プフォルツハイム協定の評価をめぐってたびたび登場する表現である。

　2005年10月20～22日にIGメタルは全国の役員を招集し「協約政策会議」を開催した。プフォルツハイム協定への対応が中心テーマであった。IGメタル本部のヒルデ・ヴァーグナーらによる基調報告は，プフォルツハイム協定締結から2005年10月までに全国で計514の協約適用除外が実施されたと報告した。適用除外の内容は317が労働時間，257が月給，191が休暇手当，242がその他の特別手当，64が承認協約[14]に関するものであった（ひとつの補完協約で複数の適用除外が可能）。そしてプフォルツハイム協定について，次のように中間総括した。「認識しなければならないことは，『コントロールされた分権化』という要請はこれまで実際には実行されてこなかった，または不十分にしか実行されてこなかったことです」。(Wagner/Welzmüller 2006：27f.)。

　そしてペータース委員長は基調演説で過剰に妥協に追い込まれているIGメタルの現状に対する危機感をこう表現した。「う̇な̇ず̇い̇て̇ば̇か̇り̇い̇る̇と̇，首が

自然に落ちる」(Peters 2006：63, 傍点引用者)。

3 「静かな反乱」[15]

　「コントロール」を実際に行うことの難しさを極端な形で示したのが，シェフラー社エルファースハウゼン工場での事件であった。ここで協約適用除外をめぐりIGメタルと当事者の従業員との間で激しい対立が引き起こされた。

　機械や自動車部品製造を手がけるシェフラー社はエルファースハウゼン工場において生産されていたナット（Mutter）と筒状ケース（Hülse）の自社生産を取りやめ，中国からの輸入に切り換えた。これによってエルファースハウゼン工場の生産量は20％減少した一方，新規の投資は行われなかった。約230人の従業員たちのなかでは近い将来雇用が失われるかもしれないという不安が広がっていた。ある古参従業員は述べた。「自分たちの工場の立地がもっと効率的にならなければなりません。このことを私たちは実感してきました」。

　エルファースハウゼン工場でのIGメタルの組織率は高く約80％であり，従業員代表委員会議長のベティーナ・ホイルングもIGメタル組合員としてそれまで組合の方針に忠実に活動してきた。しかしホイルングは，ここに至って新しい対応策が必要であると考えるようになった。いわく，「このような企業の行う決定に対して私たちは無力です」，「閉鎖寸前になるまで私たちは待つわけにはいきません」。そして，賃金補償を伴わずに労働時間を週35時間から40時間に延長する見返りに，雇用保障と新規投資をシェフラー社に約束させることを提案した。これは形式上は使用者からではなく，従業員自らの発案であった。ホイルングらは署名を集め従業員の98％の賛成を得た。

　シェフラー社はホイルングらのこうした提案を歓迎し，2006年10月，シェフラー社とエルファースハウゼン工場の従業員代表委員会の両者の間で，横断的労働協約の適用を除外し賃金補償を伴わずに週40時間への労働時間を延長すること，2012年まで全従業員の雇用を保障すること，そして新規投資を行うことを内容とする合意が締結された。

　問題は，この合意がIGメタルを通さずに従業員代表委員会の独断でなされたことにあった。このことは，従業員たちが自ら労働時間延長を望みIGメタルに反旗を翻した「静かな反乱」（Der Spiegel 2006/48：84）であると報道され

注目を浴びた。

　このときにプフォルツハイム協定の活用が検討されたかについては，事実関係に争いがある。プフォルツハイム協定に基づく適用除外の認定を申請したが，IGメタルに却下されたと主張するホイルング側に対し，IGメタル側はそもそも申請がなかったと主張している。

　しかしいずれであっても，当時のIGメタルがエルファースハウゼン工場に対する協約適用除外の実施に否定的であったことは確かである。エルファースハウゼン工場を管轄するのはIGメタル・シュヴァインフルト地区事務所であり，その事務所長クラウス・エルンストはIGメタル内の最左派のひとりとして知られていた。エルンストは社会民主党の右旋回に反発した各地の労働組合員を糾合して新政党「労働と社会的公正のためのオルタナティブ」を結成し，2005年の連邦議会選挙で当選していた。2010年5月から2012年6月まで左翼党（「オルタナティブ」とPDS（民主的社会主義党）が2007年に合同して結成）の共同党首のひとりとなった。

　エルンストはエルファースハウゼン工場での労使合意を全面的に批判した。シェフラー社の税引き後の利益率は12%を誇り，シェフラー社のオーナーであるマリア・エリザベス・シェフラーは60億ユーロ（約9千億円）を保有する，ドイツで9番目の大資産家であった。そのような企業においてなぜ従業員が譲歩しなければならないのか，エルンストは糾弾した。いわく，「これほど景気のよいコンツェルンに対して私は例外を設けたりはしません」，「雇用の場を失うかもしれない，そしてハルツⅣ〔失業扶助制度〕に陥ってしまうかもしれないという蔓延した不安をシェフラー社の経営陣は冷笑しながら利用しているのです。一方での放棄と貧困は他方での富裕なのです。……さらなる放棄ではなく，業績のシェフラー社従業員への分配が議題となるはずです」。

　IGメタル・シュヴァインフルト地区は代議員大会において，エルファースハウゼン工場の合意を承認しないことを決議した。いわく，「連帯から立ち去り他人の雇用を犠牲にする者にIGメタルは同意することはできない。IGメタル代議員大会は次のことを確認する。すなわち，労働協約は勝手に操作できるような品物ではない。それは活動停止を命じられてはならない」。そして代議員大会は連帯の力によって雇用と労働条件を守ることを呼びかけた。

違法状態を回避するためにシェフラー社は，使用者団体に加入しない，それゆえ横断的労働協約の拘束下にない子会社「シェフラー・エルファースハウゼン」を設立し，エルファースハウゼン工場の従業員をそこに移籍させた。かたや従業員代表委員会議長ホイルングはメディアでIGメタルへの批判を繰り返した。いわく，「私たちには他に選択が残されていませんでした。IGメタルは私たちを見捨てたのです。だから私たちは自分で自分の雇用の場を守らなければなりませんでした」（傍点引用者），「エルンスト氏の原理への忠誠が何の役に立つのでしょうか？」，「労働組合は事業所内の人々に愛されている場合にのみ役割を果たすのです」。

ホイルングに対し，IGメタル・バイエルン地方本部長ヴェルナー・ノイゲバウアーは公開書簡を宛てた。長くなるが訳出しよう。

「親愛なる同僚 ホイルング様／エルファースハウゼンの工場には多くの思い出があります。……〔かつてシェフラー社のエルトマン工場で労働時間延長が問題となったとき〕君はこういっていました。『もしエルトマンで労働時間延長を受け入れるのならば，すべての立地が圧力にさらされ，何百人の雇用が失われる』と。……そのことを思い返すとき，私にとって君の変心は非常にこたえるものです。私は君がどれだけ強い圧力にさらされているか知っています……日常的な懐柔，工場が長期的に死に至るという意識的に行われた示唆が，君や従業員をシェフラー社従業員全体を害するような対応へと追い込んでいったのです。……／……私にとって最も驚きだったのは，IGメタルがエルファースハウゼンの立地を見放しているとの君の発言です。私は君とどれだけ話をしてきたか，数えきれません。私の約束は，私たちはすべてエルファースハウゼン工場の味方だということです。……私たちIGメタルは，エルファースハウゼン工場のために闘います。それはこれまで他の工場で行ってきたことです。……／最後に労使合意について質問があります。……投資額は具体的にいくら約束されているのでしょうか？ ……なぜ〔雇用保障や投資を担保する〕サンクションが設けられていないのでしょうか？ 労働協約がもはやなくなってしまったとき，どうやってエルファースハウゼン工場の従業員代表委員会がもつ協約上の共同決定権を保障するつもりなのでしょうか？ 来年の協約賃金の引き上げはどうなるのでしょうか？ ……これらの質問について明らかにするため，私は君および従業員代表委員会に対して対話の場を設けたいと思います。……君がIGメタルに向ける告発が公のものになっているがゆえに，私はやむなく自分の通常の行いに反して，この書簡を公開します。／敬具／IGメタル・バイエルン地方本部長 ヴェルナー・ノイゲバウアー」

しかし，エルファースハウゼン工場の従業員とIGメタルとの対立は収まる

ことがなかった。

4 協約適用除外と労使関係

ここで改めて問題を整理してみたい。

プフォルツハイム協定は経営危機のみならず「競争力の維持・改善」のための協約適用除外を認め，内容上の条件を大幅に緩和した。しかし他方で，プフォルツハイム協定は手続きについてIGメタルの拒否権を定めていた。これはIGメタルの協約適用除外交渉に対する「コントロール」の保障であった。この点が，当初，使用者側が失望を表明し，かたやIGメタル側がこれは組合の勝利であると主張する根拠であった。これらの両評価は立場こそ反対ではあっても，IGメタルの拒否権が協約適用除外の決定的な制約となるという点では認識を共有していた。

しかしながら，その後の協約適用除外の展開を踏まえて改めて振り返ってみるならば，この当初の認識には，問題をスタティックにもっぱら制度上の手続き面からのみ捉える限界があった，といえよう。

プフォルツハイム協定の内容上の条件である「競争力の維持・改善」は大きな解釈の余地を許すものであった。広く解釈すれば，完全な独占企業を除けば「競争力の維持・改善」を必要としていないような企業は存在しないといえる。だが一方で，あくまでこれは例外的な状況のみに該当する条件であって，従来の経営危機の条件と大きくは変わらないと狭く解釈することもできた。

この解釈問題に対する理論的な答えはない。たとえばIGメタル副委員長フーバーの解説を見てみる（Huber 2005）。**図表2-2**の右下がりの線は時間の経過とともに企業の危機の性格が深刻化していくことを示している。すなわち，まず「戦略危機」が訪れ，「業績危機」，「流動性危機」を経て「倒産」へと至る。フーバーによれば，フォルツハイム協定以前は，「業績危機」と「流動性危機」の段階で「再建協約」または「雇用保障協約」を協約当事者が締結し協約適用除外を認める対応を行ってきた。逆にいえば，そうした危機段階に及んでいなければ協約適用除外を認めてこなかった。しかしプフォルツハイム協定によって，より早期の危機段階である「戦略危機」に対しても協約適用除外が可能になった，という。一応わかりやすい図解であるが，しかし，どのような基準を満た

図表 2-2 危機と協約適用除外の諸形態

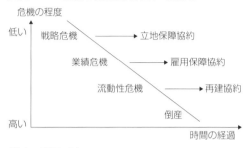

(Huber 2005：5)

図表 2-3 協約適用除外交渉の構造

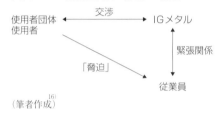

(筆者作成)[16]

せば「戦略危機」なのかはフーバーもまた示してはいない。

　どのケースがプフォルツハイム協定の定める「競争力の維持・改善」に該当するのかは，法律解釈のような論理的な推論作業によってではなく，そのときどきの労使関係によって政治的に決着がつけられた。そこで大きな効果をもったのが使用者による当事者従業員に対する「脅迫」であった。これを図示すると図表 2-3 のようになる。

　多くのケースでみられたように，使用者側は協約適用除外を要求するにあたって，それが実施されないのであれば当該事業所を国外移転し従業員を解雇するとの「脅迫」を当該事業所の従業員に突きつけた。これが功を奏したとき，協約適用除外をできるだけ制約したいIGメタルと雇用の喪失を恐れる従業員との間には緊張関係が生じた。従業員の組合組織率が高い場合でもそうしたことが起こった。前述の協約政策会議において，IGメタル本部のオリヴァー・ブルクハルトらはこう分析している。「中心的な問題は，雇用の喪失に直面した従業員が脅迫を受けやすい，という問題である。雇用の喪失が現実のもので

あれ，ただ『感じられる』ものであれ，それは脅迫として作用する。従業員は——高い組合組織率にある従業員がまさにそうなのであるが——IGメタルとともに，またはIGメタルを通じて解決を見出したいという期待をもっているが，それは〔使用者からの〕攻撃を阻止したいという期待ではない。これによって，IGメタルについて，雇用保障を求める組合員の利益と，労働条件の規制との間で緊張関係が生じる」（Burkhard/Iwer/Wagner 2006：38）。

「脅迫」におかれた従業員との緊張関係のもとでIGメタルはきわめて厳しい判断を迫られた。

IGメタルの原則的立場からみれば，当該企業の収益や市況動向などに鑑みて使用者の協約適用除外申請が必要に基づいておらず，「競争力の維持・改善」はたんなる口実で，国外移転は明らかな「脅迫」の手段であると判断できる場合，そうした申請に正当性はなく，IGメタルは申請を却下すべきであった。それは正論であるし，拒否権を行使して交渉を「コントロール」することは制度上保障されていた。

しかしそれがまさに「脅迫」であればこそ，実際の交渉において申請を拒否することは困難であった。拒否した結果，本当に雇用が失われてしまえばどうするのかという従業員の不安をIGメタルが無視し続けることはできないからである。自分たちの雇用が失われる可能性が高く，かつIGメタルにはそのことを跳ね返す力がない，と多くの従業員が考えた場合，横断的労働協約はあくまで崩すべきでないとするIGメタルの立場を貫き通すことは容易ではない。

シェフラー社のケースの焦点はまさにこの点であった。IGメタルのエルンストやノイゲバウアーらはもちろんそのことをよくわかっていた。だからこそ彼らは，IGメタルがエルファースハウゼン工場の従業員の雇用を守るために全力で闘うことを約束し，従業員の不安に応えようとした。しかし，その努力は成功しなかった。

このシェフラー社のケースは明らかに例外的なケースであり，今日のドイツの金属・電機部門における労使関係の平均像を表してはいない。しかしここから私たちは，IGメタルが協約適用除外をのまざるをえなくなる論理を読み解くことができる。すなわち，プフォルツハイム協定による協約適用除外が問題となった多くの事業所では，おそらく組合員はホイルングほど露骨にIGメタ

ル役員と敵対することはせず，また組合員としての信義を露骨に裏切ることはせず，しかし従業員の不安に配慮して柔軟に協約適用除外の判断をするようIGメタル役員に働きかけていったのであろう。かたや多くのIGメタル役員は，エルンストほど頑なに原則論を堅持することなく，自分たちの力の水準を計算したうえで，従業員の要望に譲歩していったのであろう。こうしてシェフラー社では顕在化した従業員とIGメタルとの緊張関係は，多くの場合むしろ潜在的に進行し，IGメタルは「コントロール」の実質を手放すとともに両者の間で妥協が形成され，その結果「競争力の維持・改善」を理由として協約適用除外を承認するに至ったのであろう。このように考えられる。

5 転轍の可能性

■1 協約適用除外の定着とその多様性・変化

こうしてプフォルツハイム協定によって新たな展開を始めた金属・電機部門における協約適用除外は，その後も継続し今日に至っている。その量的な推移については，BW地方では図表2-4のようになっている。

「適用除外（累計）」は協約当事者が協約適用除外について締結した累計数を表している。そこから「うち失効数（累計）」を差し引くことで，各年において協約適用除外が有効に実施さている事業所の概数を知ることができる。見られるようにこの値はほぼ250前後で一定している。

ただし，値は金融危機の影響を受けた2009年に一時上昇している。金融危

図表2-4 BW地方における適用除外の推移

年	適用除外数（累計）	うち失効数（累計）	両者の差
2004	27	1	26
2005	178	17	161
2006	289	67	222
2007	379	138	241
2008	444	186	258
2009	648	286	362
2010	724	476	248

(IG Metall Bezirk Baden-Württemberg 2011)

機による収益減少に対しては多くの企業が協約適用除外によるコスト削減ではなく，短縮労働（操業短縮を実施し，それに伴う減少する賃金の一部を国が補助する制度）を選好していることが報じられている（Der Spiegel 2009/7：70f.）。しかしそれでも，企業にとっての協約適用除外の有用性は失われていないことがわかる。

協約拘束下の事業所全体に対する適用除外が実施されている事業所の割合は約25％であり，従業員ベースでみても同様の割合である[18]。以上のことは協約適用除外の普及が一過性のものではなく，構造的に定着していることを示している。また第1章（27頁）で触れたように，協約適用除外が広い範囲で定着したことがひとつの要因となって，実効賃金の上昇率が協約賃金の上昇率を下回る「負の賃金ドリフト」が生じている。

しかし，ここで留意しなければならないのは，こうした協約適用除外の実態は一様ではないということである。前節で分析したように，プフォルツハイム協定の「競争力の維持・改善」は広い解釈の余地を有し，その運用は労使関係に規定されてきた。そしてその際，使用者の従業員に対する「脅迫」が効果を発揮してきた。しかしこの構造はいつもストレートな形で貫徹しているとは限らない。プフォルツハイム協定の実施の経験を積み重ねていくなかで，それは一定の修正を受けている。

筆者は労使団体へのインタビューを通じてそのことを強く印象づけられた（インタビュー(a)～(h)）。あるIGメタル役員は「従業員への脅迫は依然として残っています。しかし，協約適用除外の内容は徐々に改善されています」と述べ，別の役員はさらに踏み込んで「確かにプフォルツハイム協定の当初は問題がありましたが，しかし現在は違います。便乗効果はすでに過去のものです」とまで述べていた。ニュアンスの違いはあるが，IGメタルは「学習プロセス」を積んできた，という認識は共通してみられた。他方，これに対応して使用者団体の役員も「プフォルツハイム協定によって確かに協約適用除外の数は増えましたが，内容的にはより窮屈な（enger）ものになっています」と評価していた。IGメタルが交渉をより有利に進める，または不利の度合いをより縮減する手がかりをつかんでいることは確かなようであった。前述の2005年の協約政策会議で示されたIGメタルの強い危機感などから，協約適用除外の交渉

は依然として一方的なものと想定していた筆者は認識の修正を余儀なくされた。

　ここでひとつのクリティカルな問題は，協約適用除外を求める使用者の申請がどれほどの割合で却下されているのか，ということである。同じく筆者のインタビューによると，BW地方の場合，協約当事者に提出された協約適用除外申請のうち約10～15%が最終的な協約当事者の合意に至らず，適用除外が認可されていない。しかし，この数値はあまり重要ではない。なぜならば，通常使用者が適用除外を希望する多くの場合，まずは事業所のあるIGメタル地区事務所との事前折衝を行ったうえで認可される見通しがある場合に正式に協約当事者に適用除外の申請を行うからである。したがって，実質的にはもっと多くの割合の申請が却下されていると考えられる。

　ではどのようにして，IGメタルは協約適用除外の交渉のなかで，労働側の妥協の程度を抑え，さらには適用除外そのものを阻止しているのであろうか。言い換えれば，どのようにしてIGメタルはその「コントロール」を一定の範囲で回復することに成功しているのであろうか。以下では，まずそれが可能になる諸条件について検討し，次に具体的な交渉のケースに則して分析する。

2 使用者にとってのリスク

　そもそも，協約適用除外を要求する際，使用者は常に強硬な態度で臨めるわけではない。なるほどジーメンス社のピーラー社長は強硬な方針をもってIGメタルを挑発し屈伏させ，協約適用除外を実現させた。ピーラー社長はたんにジーメンス社の経済的利益を追求しただけではなく，政治的な目標を達成したともいわれた。事実，すでに述べたように，ジーメンス社のケースはその後の展開に大きな影響を与えた。しかし，多くの使用者たちはピーラー社長ほどには「勇敢」ではない。

　ここである人事コンサルタントの著作（Schwarzbach 2006）を取り上げたい。同書は，人件費削減を考えながらも労働協約に拘束されているなかでそれが果たせないという使用者に対して，解決策とその際の注意点を指南したものである。

　著者はまず，使用者が使用者団体を退会して労働協約から脱退することが解

決策となりうるかと問い，それに対して否定的な見解を示す。いわく，「使用者団体を退会すること，またはOT会員に移行することは，重大かつネガティブな結果をもたらしかねません。そして労働協約を回避して人件費を削減するという目標が達成できないものになる可能性があります」（ebd.：50, 傍点引用者）。すなわち，法的には使用者団体を退会したとしても協約の有効期間中は拘束から逃れられず（＝「継続的拘束力」，本書19頁参照），協約終了後も「余後効」が働き，従来の協約の労働条件を改めるには個別に労働契約を締結しなければならない。これは「膨大な手間」だ，という。これに加えて紛争のリスクがある。協約が終了すれば労働組合は平和義務（協約期間中はストライキを行わない義務）から解放されるので，新たに協約締結を要求してストライキが行われる可能性がある，という（ebd.：51）。

　そこで著者は，開放条項を用いた協約開放（＝協約適用除外）がベターな解決策であると勧める。これであれば，協約の拘束から脱退することなしに協約水準を下回って人件費を削減することが可能だからである。しかもそれは協約期間中に実施できる。

　しかし，では協約開放にリスクがないのかといえば，そうではないと著者はいう。「事業所内雇用同盟または立地保障協定によって協約開放を実施することは，従業員内の雰囲気に重大な影響を及ぼしかねません。それはさらに従業員のモチベーションに影響する可能性があります」（ebd.：89, 傍点引用者）。漠然とした「労働組合と従業員代表委員会は事業所の経済状況を考慮して，所得の減少や労働条件低下に応じるべきである」というような問題の立て方は，従業員の疑問に答えるものになっていない。どのような根拠に基づいて，どれだけの所得の減少や労働条件低下が必要なのか明確でなければ従業員の不信は免れない，という。

　それゆえ，こうした「重大な影響」を避けるためには，いたずらに不信を煽ることのないように注意を払いながら，対話と説得を通じて協約開放の合意に至ることが肝要であると著者は説く。具体的には，まず事業所の現状についての「慎重な状況分析」がなされなければならないし，さらにコストを削減できる協約開放以外の「より穏健な解決策」がないか，従業員を引き込んで検討を行わなければならない（ebd.：93ff.）。

こうしてあらゆる検討が尽くされた結果，従業員が協約開放に納得する——これが著者の提示する理想的なシナリオである。「従業員代表委員や従業員を引き入れて解決策を探求することは，本気で取り組まれるべきことです。……解決策を精査した結果，必然的な成り行きとして協約開放について交渉することになれば，それは〔従業員の協約開放に対する〕受容を促すことに役立ちます。……協約開放が唯一の解決策として描かれると望ましいのです」(ebd.：106)。

ここで述べられていることがどの程度企業実務のリアリティを反映しているのかはわからない。しかし，使用者にとって協約開放＝協約適用除外を実施することがそれほど容易ではなく，リスクに対する「配慮」と従業員を説得する「労力」とを必要とすることは確かなようである。こうした使用者のリスク回避の態度に応じて，適用除外の労使交渉における力関係は一方的なものではなく，より均衡なものに近づく。

3 事業所レベルにおけるIGメタルの貫徹能力

しかし，こうした使用者のリスク回避の態度は独立変数ではなく，当該事業におけるIGメタルの組織力によって大きく左右される。IGメタルの組織力が弱い事業所であれば，使用者はリスクを恐れずに適用除外を押し切ることができる。その逆も成り立つ。

ここで問題となっているのは，横断的労働協約が締結される金属・電機部門という部門のレベルではなく，協約適用除外が問題となっている当該事業所におけるIGメタルの力であることに注意しなければならない。前述の協約政策会議におけるペータース委員長の演説はこの問題についてこう述べている。「事業所レベルという行動フィールドにおいて私たちが成功裏に活動するときのみ，私たちは横断的労働協約を安定させることができます。疑いなく私たちの協約政策において事業所レベルという活動フィールドの位置づけは増しています。かつてであれば協約交渉のなかで力のある地域や力のある事業所がみんなのために石炭を火から取り出し〔＝成果を獲得し〕，多くの従業員はそれに任せておくことができました。今日では従業員に対してこういわなければなりません。疑問があれば誰もが自分自身で行動しなければならない，と。……私たちはもっと多くの事業所で協約交渉能力を備えるようになることが必要です。そ

れは，……労働協約によって達成したものを〔事業所レベルで〕防衛するために必要です」(Peters 2006：61)。つまり，事業所ごとの組織力の不均等を横断的労働協約によって覆い隠すことができなくなり，「最も弱い環」が崩されるようになった。これに対抗するためにIGメタルは企業横断的な部門と事業所の二重のレベルにおいて組織力を強化することが必要になった。これは，第1章（30頁以下）で述べた「協約脱退に伴う労使紛争の個別事業所化」と，制度的な文脈は異なるが，基本的には同質の問題である。

　協約適用除外に伴うこうした新しい労使交渉の形態に対応するために，IGメタル本部は「ハンドブック」を作成している（IG Metall 2010がその最新版。A〜Eの各部に分かれており，以下引用の際には"A10"というように記す）。

　「ハンドブック」がまず強調することは，協約適用除外が問題となっている当該事業所でのIGメタルの「貫徹能力」（Durchsetzungsfähigkeit）の重要性である。貫徹能力とは，当該事業所における組合組織率と動員力のことである。そしてこう述べている。「〔当該事業所におけるIGメタルの〕貫徹能力が欠けている場合，基本的に〔適用除外の〕交渉を始めてはなりません」(ebd.：B3)。交渉を始める前に貫徹能力を十分に見極めなければならない，としている。

　これはきわめてリアルな認識に基づく指針である。筆者のインタビューによれば，ある地区では当該事業所のIGメタルの組織率が50%を切っているとIGメタル側の交渉力が大きく制約されるので，基本的にはその水準を上回る組織化が達成された場合にのみ協約適用除外の交渉を開始する，という。

　しかし交渉そのものを拒否したとしても，問題が解決するとは限らない。「ハンドブック」はいう。「〔貫徹能力の不足を理由に交渉を拒否した場合〕もちろん使用者側からのありうる反撃を覚悟しなければなりません。……交渉を開始しないからといって，さらなる紛争を引き起こすことから免れるわけでありません」(ebd.：B3)。これもまたリアルな認識である。そして「ハンドブック」は組織上の理由——筆者の理解では，交渉を開始しないと組合組織が打撃を受けると判断される場合——や社会的責任の観点から貫徹能力が欠けていても交渉を始めなければならない場合がある，としている（ebd.）。

4 IGメタルの交渉指針

では，いざ交渉に臨んだときにIGメタルはどうすべきなのか？ 「ハンドブック」は次のように指南している。

第1に，使用者が協約適用除外を申請する根拠を徹底的に問いたださなければならない。いわく，「まず問題となるべきは，〔適用除外の〕申請がそもそも正当なものであるか，それとも従業員の負担によって競争上の優位を得ようとする手段にすぎないのか，という点です」(ebd.：B2)。

そのために，使用者に対して，過去2年間の監査報告書，受注状況，売上高，資産などの現状についての情報に加え，今後の業績見通し，資金計画，改善計画などの提出を請求しなければならない。そして外部のコンサルタントに鑑定を依頼し，これらの資料を分析させるとしている (ebd.：C10f.)[20]。この資料提出の要求自体が協約適用除外の申請に対する抑止力ともなる。

「ハンドブック」は第2に，もし申請に根拠がある場合でも，そこで従業員が行う譲歩が必要最低限のものであるかを審査しなければならない，という。「使用者が必要最低限のものだけを達成して満足することは稀なので，また使用者はたいてい『多ければ多いほどよい』をモットーとして交渉するので，……通常，目標を超えたところをねらって提案をしてきます」(ebd.：B4)。それゆえ，作業組織の改善の余地はないのか，コストを削減できる他の方法はないのか，横断的労働協約を適用除外することなく事業所独自の給付の削減で対応できないか，こうした点について審査すべきとしている。

そして「ハンドブック」は第3に，従業員の譲歩に対する使用者側からの対価が妥当なものであるか審査する，としている。適用除外の期間中は経営上の理由による解雇を放棄するという約束が対価として一般的であるが，しかしそれだけではなく，雇用を長期的に担保するための具体的なコンセプトが実現されるかが問題になる。いわく，「適切で企業組織を効果的に変える措置を伴わずに，たんに経営上の理由による解雇を放棄する，または一般的な雇用の約束をするといった内容の規制である場合，特別な理由が必要です」(ebd.：A15)。

その際とくに重視されるのは，ジーメンス社やシェフラー社でも問題となったように，技術革新のための投資を行うという対価である。これによって事業所の生産能力が改善し，従業員の長期的な雇用の安定が担保される (Haipeter

2009：229ff.)。これは使用者側からみれば経営権を大きく制約するものである。「プフォルツハイム協定によって確かに協約適用除外の数は増えましたが，内容的にはより窮屈なものになっています」という前述の使用者団体役員の評価は，こうしたことを指している。

　以上の交渉におけるIGメタルの何重もの審査は，つまるところ，「企業の競争力維持のためにまず従業員の犠牲が必要であり，そのためには横断的労働協約に踏み込む必要がある」という主張に対して，その脱正当化をはかる試みである。IGメタルNRW地方本部長デートレフ・ヴェッツェル（2013年よりIGメタル委員長）はインタビューに答えて，競争力の減退といわれるものは多くの場合企業の側に責任があるという（Wetzel 2005）。いわく，「私たちIGメタルのところには頻繁に労働協約を適用除外してはしいという要望が寄せられます。それは通常，自分自身の宿題をやっていない企業からのものです。つまり，十分な投資を行ってこないで，製品開発を進めてこなかった企業です。つまり，そうした企業は過去に成功を決するようなコンセプトを放置してきた結果，競争力上の不利をこうむっているのです」。そうした怠慢な経営者はもはや"Unternehmer"＝「作為する人」＝「経営者」ではなく，"Unterlasser"＝「不作為の人」であるとヴェッツェルは非難する。

　ヴェッツェルはいう。「『メイド・イン・ジャーマニー』といえば低価格製品のことではなく高品質製品のことです。私たちは世界市場で最も低価格だからではなく，最も高品質であるからこそ輸出超過になっているのです」。ヴェッツェルはこうした構想を「ベッサー・シュタット・ビリガー」と呼ぶ。それは「ビリガー」（billiger）の戦略，すなわち企業が「より低価格に」生産することで競争に対抗し，そのために人件費を「より低価格に」しようする企業戦略に代えて，「ベッサー」（besser）の戦略，すなわち「より質の高い」製品を「より質の高い」従業員によって生産する戦略を対置するものである。「ベッサー」戦略によって，従業員の労働条件低下を伴わずに，またはそれをできるだけ抑えて，企業の「競争力の改善」を達成すべきという。

5 具体的な交渉ケース[21]

　以上を要するに，客観的および主体的な条件に応じて協約適用除外の交渉に

ついては様々な可能性が開かれている，といえよう。このことを踏まえて，次に4つの具体的な協約適用除外交渉のケースを分析したい。

● M社のケース：IGメタルによる対案

これは「ベッサー・シュタット・ビリガー」のわかりやすい成功例である。

M社は弾薬メーカーであり，そのN工場には約280人の従業員が雇用されていた。2009年9月，M社は突如，使用者団体からの退会を決定した。M社は警察や軍などの国内市場においては圧倒的なシェアをもっていたが，この間スカンジナビア諸国などの国外市場にも展開を始めていた。そして国外市場では競合他社と比較して賃金が高すぎると判断したM社は，使用者団体から退会し労働協約の拘束から脱退することでこの問題を解決しようとした。M社は，協約失効後は賃金補償を伴わずに労働時間を週5時間延長して40時間とし，各種手当についても削減を行うことを表明した。

これに対してIGメタルの地元地区事務所は同社の組合員に労働協約の拘束がなくなることによる不利益を説明し，M社を交渉に引き出すために組織化を行う必要があると提起した。これは成功し，2カ月の組織化運動ののち組織率は50%から80%になった。

組織の拡大によってM社はIGメタルの意向を無視できなくなった。同年12月，使用者団体，M社，IGメタル，M社N工場の従業員代表委員会の会談が行われ，IGメタルはM社の経営に問題があれば労使で共同して解決策を検討し，必要に応じて協約適用除外を容認する用意があることを伝えた。M社はこれに応じ使用者団体からの退会を取り消し，交渉が開始された。

IGメタルは外部のコンサルタントにM社についての鑑定書を依頼した。鑑定書は，M社の経営状況に問題がありコスト削減の必要があることを認めたが，他方で人件費削減だけでなく老朽化した機械設備を更新することが必要であると説いた。IGメタルはこの「ベッサー」戦略を採用した。組合員は「博物館のなかでは質の高い仕事はできない」と訴えた。

他方この交渉を通じてM社は，工場をチェコへ移転することを示唆し，従業員の雇用不安をてこにIGメタルからより大きな譲歩を引き出そうと試みた。しかしこのケースにおいて「脅迫」は大きな効果を発揮しなかった。従業員の

多くが熟練工であり，M社の製品の品質維持のためには自分たちの熟練が必要であることを知っていたからである。それゆえに従業員たちは，M社は国外移転を実際には行えないであろうとみていた。

　こうしてIGメタルは交渉を有利に進め，2010年1月，プフォルツハイム協定に基づく補完協約が締結された。そこでは，協約適用除外として2010年と2011年の2年間，従業員は休暇手当とクリスマス手当を削減すること，週35時間から37時間に賃金保障を伴わずに労働時間を延長することが定められ，それに対して使用者は2010年から2013年の4年間，経営上の理由による解雇を放棄すること，17人の有期契約の従業員を無期契約とすること，職業訓練生を毎年2人受け入れ，訓練終了後M社が採用すること，さらに160万ユーロの新規投資を行う，というものであった。

　これらは全体的にみてIGメタル側の成功であった。M社の当初の要求は大きく後退を強いられ，従業員が譲歩を行う額（150万ユーロ）以上にM社は投資を義務づけられた。また，従業員が譲歩を提供する期間が2年間であるのに対し，M社の雇用保障の期間は4年間であった。IGメタルの交渉担当者は当時の新聞のインタビューに答えて「これはフェアな取引だ」と評価した。

　このケースはIGメタルにとっての好条件が揃っていたということができる。工場の改善の余地が大きかったこと，従業員の熟練が高かったことがIGメタル側に有利に働いた。さらに，従業員代表委員会との協力関係も良好であったことや親会社が交渉時に前面に出てこなかったことも幸いした。そして何よりも従業員の組織化に成功したことがこの交渉を決定づけた。[22]

● C社のケース：適用除外をめぐる労使対立

　これは協約適用除外をIGメタルが拒否したケースである。

　大手自動車部品メーカーのC社は，2009年5月，全国の従業員2万7000人のうちの2000人以上を人員削減する計画があると発表した。理由は経済危機による受注の落ち込みであった。C社によれば，2009年第1四半期の売上は前年比で40％に落ち込んでいた。経営陣は述べた。「私たちの家は大きすぎます。私たちの生産能力を来年以降の実質的な需要に適応させなければなりません」。そして同時に，他の手段によってコストを削減できるのであれば，人員削減の

規模は小さくすることができる，とも述べた。

　これを受けて同年10月，K工場，I工場，V工場について協約適用除外を実施する補完協約が相次いで締結された。そこでは，5年間の従業員の労働時間延長，休暇手当・クリスマス手当の削減，協約賃金引き上げ時期の延長等の協約適用除外が定められるとともに，C社は期間中人員削減計画を放棄し，従業員の雇用を保障すること，投資を行うことが定められた。

　同社最大規模の6000人の従業員を擁するR工場も約600人の人員削減が予定されていた。2009年10月，これを避けるためには他工場と同様の協約適用除外を実施する必要があるとC社は告知し，もしこれが受け入れられないのであれば，人員整理のみならず工場全体をルーマニアに移転させる可能性があるとも述べた。C社は，毎年3000万ユーロ，5年で1億5000万ユーロのコスト削減を達成するために，週35時間から38時間への賃金補償を伴わない労働時間延長，クリスマス手当と休暇手当の削減，協約賃金の引き上げの延期を求めた。

　IGメタルが依頼した外部のコンサルタントの鑑定書は，R工場の経済的問題はないと結論づけた。しかしIGメタルは将来の雇用保障を担保する投資と引き換えであれば，労働条件について譲歩する用意があることを示した。

　2010年6月には交渉はいったん合意に向かい始めたが，C社はさらに強硬に，R工場の国外移転や新製品プロジェクトをR工場から引き上げることなどの「脅迫」によってコスト削減のための追加的な譲歩を引き出そうとした。しかしこれは組合員のC社への不信を増大させた。IGメタルのニュースレターは批判した。「経営陣の態度によって，会社にとってR工場の雇用を維持することは重要ではないということが最終的に明らかになりました。……経営者は週35時間制を覆したいという方針にのみ従って行動しているのです」。

　他方，2010年に入ってR工場を含めて自動車部品産業の経済状況は改善をみせ始めた。これによってR工場が国外移転される可能性は低いとみなされるようになった。そこでIGメタルは協約適用除外を承認する条件を引き上げ，もし協約適用除外を行うのであれば長期的な雇用保障につながる投資について，その具体的な内容についても補完協約上明記する必要があると要求した。しかしC社はこの要求をのまなかった。

　こうして様々な状況が協約適用除外の合意形成を困難にする方向に作用し

た。同年10月，R工場のIGメタル組合員集会が開催され，補完協約を締結しないことを67.6％の賛成で決議した。IGメタルのニュースレターは「拒否された！」（Abgelehnt!）と大きく見出しをつけた。R工場でのIGメタルの組織率はこの交渉のなかで上昇してはいたが，なお20％以下であった。しかし非組合員の従業員もIGメタルの方針を支持した。

 この後，翌2011年にかけてさらに交渉は続いた。しかし維持すべき人員数を協約上明記すべきか，補完協約を一定の経済状況のもとで使用者が一方的に解除できる条件（こうした規定が設けられる場合が多い）をどこまで厳密に定めるか，経営陣の報酬にも従業員と同等の削減を行うか，といった争点について労使の対立が収束せず，同年5月，交渉は合意に至らずに終了した。

 C社は，先に紹介した人事コンサルタントが協約適用除外交渉において注意せよと警告していることをまさに実践している感がある。IGメタルは協約適用除外について絶対拒否の立場ではなく，譲歩の用意を示していた。しかしC社の経営陣が交渉の過程で従業員の不信を招いたことで，合意は形成されなかった。かたやC社が試みた国外移転の「脅迫」は景気回復のなかでその説得力が薄れていった。

●E社のケース：交渉膠着から適用除外受諾へ

 他方，交渉のなかでIGメタル側が追い込まれるケースもある。

 E社は，国際的な自動車部品メーカーであり，そのI工場には約480人の従業員が雇用されていた。2008年3月，E社はI工場の従業員120人を解雇し，スロバキアに移転すると告知した。

 これに対してIGメタルは外部のコンサルタントに鑑定を依頼し，それに基づき，スロバキアに移転した場合に発生する輸送コストが無視されていることや現地の賃金が過少に見積もられていることなどを指摘し，移転に経済的な根拠はないと主張した。

 その結果，さしあたりの休戦合意が実現した。2009年2月，協約当事者はI工場についての「立地保障協約」を締結した。期限は2009年末日であった。そこでは，横断的労働協約に定められた2009年中の賃上げ4.2％（2月に2.1％と5月に2.1％）分を放棄し，他方でE社はスロバキアの移転計画を中止するこ

とを約束した。賃上げ分を放棄するとはいえ，立地保障協約の期限後は横断的労働協約が再び適用されるので，実際は賃上げ分の支払いの延期である。IGメタルは，それほど多くの譲歩をすることなく従業員の雇用を守れたとして「大きな成功」と評価した。

しかし協約期限後の2010年1月，E社は延期された賃上げ分の支払いをさらに延期したいと主張し，加えて週35時間から40時間に賃金補償を伴わない労働時間延長，休暇手当とクリスマス手当の削減などによってコストを大幅に削減することを提案した。

これに対してIGメタルは協約適用除外を延長する必要は認めながらも，E社の提案内容は受け入れられないとした。IGメタルは雇用を長期にわたって保障するコンセプト，たとえば生産効率を高めるための1200トンのプレス機の導入などに必要であれば譲歩を行う用意があるとしたが，E社の提案にそうしたコンセプトはなく，「従業員に均衡を逸して（überproportional）負担を強いている」（IGメタルの議事録より）ものであった。同年2月から5月にかけて4回の交渉が行われた。しかしIGメタルは主張を譲らず，膠着状態が続いた。

だがその後，事態は変化した。2010年8月にE社はI工場の11人の人員削減を行った。これに伴い事業所レベルの労使当事者間で補償計画（Sozialplan）〔人員整理に伴う補償金などの規制〕が締結された。

このことを経て交渉の力関係はIGメタル側に不利に傾いた。IGメタルは譲歩を余儀なくされ，交渉は妥結へと向かった。同年10月，協約当事者は「立地保障協約」を締結し，2014年6月までの協約適用除外を定めた。そこではクリスマス手当・休暇手当の削減が定められE社側の要求が一部実現する一方，IGメタルが要求していた雇用保障のための投資は定められず，期間中の経営上の理由による解雇の放棄にとどまった。

このケースは今日おいても依然として「脅迫」——この場合は一部が実行に移されている——がIGメタルを譲歩させる効果をもっていることを示している。

● L社のケース：協約適用除外と協約脱退

これもIGメタルが効果的に対抗できなかったケースである。

L社は家電メーカーであり，そのN工場では350人の従業員が雇用されていた。2007年2月，L社は収益が赤字になったことを理由に，協約適用除外を実施して賃金補償を伴わずに週41時間へ労働時間を延長したいと表明した。同社ではそれまで協約適用除外が実施されたことはなかった。

　N工場でのIGメタルの組織率は約20％であり，従業員代表委員会はIGメタルと協調せず使用者寄りの立場をとっていた。L社の協約適用除外の表明を受けてIGメタルは，従業員代表委員会に協約適用除外を締結する権限はないことを組合員に向けて周知させる書簡を送付した。いわく，「もし事業所レベルで労働時間の延長が行われた場合，組合員には労働協約を遵守させる〔使用者に対する〕請求権があるので，私たち〔IGメタル〕はすべての組合員に対して法的な保護を提供します」。

　コンサルタントに依頼してL社の経営状況を精査させたIGメタルは，鑑定の結果L社の主張の正当性を認めず，経営状況に問題はないと結論づけた。監査役会の役員報酬は引き上げられていた。IGメタルは「会社は従業員の犠牲によって利潤を引き上げようとしている」と批判した。

　IGメタルは定石に則って工場の従業員の組織化を開始した。しかしこれは成功せず，20％の組織率は30％となるにとどまった。この背景のひとつは従業員の構成にあった。生産部門（100人）の約半数が非熟練工であり，かつ年齢構成が高かった。他方，管理部門（250人）は10％以下の組織率であった。例によってL社は要求が受け入れられない場合にはルーマニアに生産の一部を移転することを示唆したが，このケースにおいて「脅迫」は効果を発揮し，従業員の多くはIGメタルに組織されることを躊躇した。

　こうした不十分な条件のもとで協約適用除外についての交渉が開始された。IGメタルはまた生産設備の改善などの「ベッサー」提案を行ったが，使用者は協約適用除外を実施するか国外移転するかの二者選択だとの立場を変えなかった。

　協約適用除外にIGメタルが同意を与えようとしないなか，2008年8月，L社は予告なしに使用者団体から退会した。協約の失効後，L社では賃金補償が伴わずに週5時間の労働時間が延長され，有給休暇も年2日削減され，賃上げも横断的労働協約以下になった。そして生産部門の一部国外移転もまた実行さ

れた。IGメタルはレモン絞り器を用いた宣伝物を作成し，従業員をもっぱら「絞る」ことしか考えないL社の「家父長のごとき態度」(Herr im Hause) を非難した。

このケースの舞台は前述のM社と同じ都市であるが，両ケースはきわめて対照的である。L社のケースではIGメタルが使用者に対抗していくために必要な条件（または資源）が十分でなかった。

6 競争歪曲

IGメタルの「ハンドブック」に再び戻る。そこで協約適用除外の適否を審査する指針として，前述の問題（必要性，相当性，代案の検討，使用者の対価）と並んで強調されていることは「競争歪曲」(Wettbewerbsverzerrung) の問題である。協約適用除外による労働条件の低下はその事業所に競争上の優位を与え，他の事業所との競争条件を変化させる。それによって，労働条件を引き下げようとする圧力が競合する他の事業所にも波及する。これが競争歪曲である。

「ハンドブック」は「賃金や労働条件の切り下げ競争の排除」は協約政策の目標であると確認し，こう述べている。「適用除外が競争歪曲を導きかねない場合，または他の事業所の組合員に否定的な影響を与えている場合，協約委員会，管轄の地方本部または中央執行委員会は〔適用除外に関する〕交渉結果を拒否できます」(ebd.：A14)。またはこうも述べている。「ある場所での協約適用除外の規制によって，他の場所での組合員に是認できない不利益が生じてしまうのであれば，それはIGメタルにとって損害です。したがって，〔上部機関による〕調整の結果，ある事業所にとっては意味のある〔適用除外の〕規制であっても，他の事業所の不利益を配慮してそれを締結しないということがありえます」(ebd.：C7ff.)。

もし協約適用除外によって影響を受ける他の事業所がある場合には，該当する事業所を担当する地区事務所は互いに情報を交換し，競争環境を具体的に分析すること，交渉の進行や妥結について上部機関の指導のもと調整を図ること，などが必要であるという。つまりそれは，横断的労働協約と産業別労働組合の存在根拠である「連帯」を維持するための具体的な作業である。したがって，この競争歪曲の基準が実際の交渉においてどのように運用されているのかは，

きわめて興味深いところである。

　しかし筆者がこれまで調査した限りでは，この競争歪曲を争点としてIGメタルが協約適用除外の申請を拒否または修正したという具体的なケースを発見することができなかった。そうしたケースがあれば教えてほしいという筆者の質問に対して，あるIGメタル役員はむしろその逆のケースがあることを指摘した。いわく，「競争歪曲を阻止することは夢のような願望だと思います。協約適用除外の規制はすべて競争の歪曲であることを，私たち実務家は知っています。たとえば印刷機メーカーの大手H社，M社，K社のケースです。この3社ではIGメタルはいずれも約70％の高い組織率です。しかしこの3社について1999年以降私たちは何らかの協約適用除外を実施しています。常に始まりはどこかの1社です。1社で適用除外が実施されると，競合する他社の使用者は従業員集会でこう呼びかけるわけです。『みなさん。もともと私はみなさんから譲歩をしてもらう必要はありませんでした。経営状況に問題はなかったからです。しかしIGメタルが私たちの競争相手に有利な条件を与えました。私もこれを享受したいと思います』と。競争歪曲を阻止するとは聞こえはいいですが，実行することは難しいのです。ただ，これら3社の適用除外はほぼ同じ水準です。みな悪い状態になったのだから，これは競争歪曲ではありませんね（笑）」。

　ここで問題は再び「コントロールされた分権化」がいかに困難であるかということに立ち戻る。

6　小　　括

　以上，プフォルツハイム協定の成立とその運用の分析を通じて，協約適用除外によって横断的労働協約の規制力が堀り崩されてゆくプロセスと，それに対抗するIGメタルの運動を明らかにしてきた。すでに何度か触れたように，こうした変化は金属・電機部門に限られたものではなく，プフォルツハイム協定はむしろひとつの象徴的な事例として位置づけられる。プフォルツハイム協定に代表される開放条項は，協約拘束範囲が縮小してゆくなかで，横断的労働協約を維持するために不可欠な対応策とみなされ，多くの部門に普及し，活用さ

れている。このことは今日のドイツの労働協約システムの重要な特徴のひとつである[23]。

さて，本章で明らかにされた諸事実は，従来の日本でしばしばみられたような，ある種の単純化された，または理想化されたところのドイツ横断的労働協約の「モデル」に対して，大きな修正を迫るものと思われる。

「はじめに」でも述べたように，企業別労使関係が支配的な日本では，それが労働組合の規制力を弱めているとの批判的視点から，それとドイツなどのヨーロッパ諸国の企業横断的労使関係との対照関係が強く意識されてきた。日本の労働市場規制が著しく脆弱であることの根本的原因が企業別労使関係に求められてきた。それに対してドイツは，労使関係が企業横断的であるがゆえに企業間競争の論理が制度的に排除されていると考えられてきた。こうした日独（または日欧）を断絶のもとにおく図式は，近年の日本における労働時間の長さや非正規労働者の待遇の劣悪さなどが深刻化するに伴い，いっそう強調される傾向にあるといえる。

しかしドイツの横断的労使協約といえども，もはや安定的なものとはいえない。なるほど依然として労働組合は部門別に組織され，労使交渉は部門別に行われ，労働協約は部門別に締結されている。しかし，これらの制度によって企業間競争の論理が当然に排除されるわけではない。プフォルツハイム協定の展開はまさにそのことを明確に示した。だからこそ，本章で詳しく分析してきたように，IGメタルは，横断的労働協約の水準を獲得することと並んで，横断的労働協約の「横断性」そのものを維持または回復する独自の努力をすることを余儀なくされた。

かたや日本でも，企業横断的な規制力が一定存在してきたことが見逃されてはならない。確かに企業別労働組合は戦後一貫して支配的であったが，日本の労働条件規制が名実ともに企業別に分断されるのは歴史的な変化の帰結である。戦後日本の労働組合は春闘相場の形成を通じて企業横断的な規制力を実現してきたし，1975年以降の管理春闘の時代においてもそれはまだ残っていた。しかし90年代中盤以降，「自社型賃金決定」が提唱され，ベースアップを抑制し好業績の企業においては一時金の形態で労働者に報いる方式が広がった。厚生労働省調査では「賃金の改定の決定に当たり最も重視した要素」における「世

間相場」の割合が急速に低落していった。これは同時期の非正規雇用の拡大と相まって日本における労働組合の賃金形成力の範囲を大きく縮減した。その結果，賃金水準は強度に抑制された（岩佐 2010b）。

　以上のことを考え合わせるならば，ドイツと日本は異質というよりは，むしろ両国の労働組合は企業横断的な労働条件規制の後退という共通の困難に直面していると理解すべきである。したがってまた，日本の労働組合運動がドイツの運動から学ぶことの可能性と必要性は，従来考えられていたよりもはるかに大きいといえる。

　IGメタルは，さしあたり防衛的・対症的なものではあるが，この企業横断的な労働条件規制の後退という困難に対抗しつつある。「グローバリゼーションによって労働条件が悪化することはやむをえない。それゆえ横断的な労働条件規制はもはや適応できない」という論理が社会を捉えつつあるなか，それは本当に，どこまでやむをえないことなのか，IGメタルは徹底的な執拗さによってそれを検証し分析し，広く議論を組織してこの「やむをえなさ」（Sachzwang）の論理を解体しようとしている。

　ひるがえって，同様の問題状況は日本においてどれほど認識されてきたであろうか。むしろ日本においてこそ使用者の従業員に対する「脅迫」はてきめんに効果を発揮し，ありえたオルタナティブを押し流し，労働側の譲歩を次々に引き出してきた，といえるであろう。これにより，脆弱ながらも存在してきた企業横断的な規制の「ダム」は決壊させられ，さらなる「競争歪曲」を引き起こし，そのなかで多くの労働組合は「うなずいてばかりいて自然に首が落ちる」悲劇を演じてきたのではないだろうか。

　客観的にはそういえるはずである。にもかかわらず，否，より正確にいうならば，まさにそのことに対応して，日本において労働組合の劣勢と横断的規制力の後退を正面から認識する作業は大きく不足している。「すべての社会の権力は本質において精神的な権力であり，ここから私たちを解放するのはただ認識のみである」（ルカーチ『歴史と階級意識』）。

1）　ドイツ語では"Tarifabweichung"という。これは「協約の基準とは異なった規制を定めること」の意味である。簡潔な訳語としては「協約逸脱」，「協約修正」，「協約回避」，「協約

例外規制」などが考えられるが，本書では，労働協約の法規範としての効力が停止されるという点が明確になるよう，これを「協約適用除外」または「適用除外」と訳す。
2) プフォルツハイム協定の締結当事者は，IGメタルのBW地方本部と，金属・電機部門の使用者団体である南西メタルの両者である。これが「パイロット協定」として他の地方にその後移転された。したがって，これら他の地方に移転された労働協約もまた広義にプフォルツハイム協定と呼ばれる。
3) そもそも協約当事者は自らが締結した労働協約を任意にその後変更できるから，こうしたタイプの開放条項は，適用除外のための法的な前提条件ではなく，適用除外を行う用意があることを示す協約当事者の政治的な宣言といえる。「開放条項」と一括りにいっても，それらの法的性格はきわめて多様である。たとえば，（新谷 2012）が紹介する建設業部門における開放条項の事例を参照されたい。
4) ゲザムトメタルは，プフォルツハイム協定の締結当事者である南西メタルなどの各地方の金属・電機部門の使用者団体を全国的に統括している。これはIGメタルの中央執行委員会と地方本部の関係に対応している。ゲザムトメタル自体は協約締結当事者ではないが，協約交渉において指導的な影響力をもつ。
5) 交渉の経緯につき，(Bispinck/WSI-Tarifarchiv 2005：10ff.)，（宮前 2004）も参照。
6) (Bispinck/WSI-Tarifarchiv 2004) はプフォルツハイム協定締結直前に刊行されたものであり，その時点での各産業部門における開放条項が網羅的に紹介されている。
7) (Müller/Wilke 2004) は2004年協約交渉には触れていないが，IGメタルの「石頭」ぶりを批判的に紹介している文献である。
8) 正確にいえばフィスマン社では，経営組織法との抵触を回避するため，事業所レベルでの労使合意の内容を個別の労働契約のレベルの合意内容とする，という手法がとられた。事業所レベルの労使当事者は，この場合の賃金補償を伴わない労働時間延長は従業員の雇用保障とセットになっているので，「有利原則」（労働者に有利な規制であれば，労働協約の適用を除外できるとする労働協約法4条3項の規定）に照らして合法であると主張したが，裁判所はこれを却下した。詳しくは（丸山 2008：72ff.）を参照。
9) こうした企業横断的な一律の労働時間短縮とは別に，受注減少に陥った企業について，雇用維持のため期限つきで賃金補償を伴わない労働時間短縮を行うケースが90年代以降にある。そのきっかけは，フォルクスワーゲン社が景気後退に対応するため1993年の企業協約で，賃金補償を伴わずに労働時間を週36時間から28.8時間に短縮し，その対価として従業員の雇用保障を定めたことであった。
10) 「雇用保障協約」とは，フォルクスワーゲン社の手法（前注）を金属・電機部門の横断的労働協約に導入したもので，受注減に陥った企業についての労働時間短縮と雇用保障を規定している。
11) 少数ではあるが，以上の論調とは異なる評価もあった。たとえばIGメタルの機関紙は，「協約適用除外についての締結内容がどのように解釈されるのか不安である」との組合員の声を報じている（direkt 2004/3：2）。また『ビルト』誌は締結内容について，「40時間労働が公式に再来した」と報じた。この記事についてIGメタルは，事実に基づかず読者を欺くものだとして法的措置を検討したという（ebd.）。
12) 以下については引用したものの他に，主に次の資料を参考にした。(IG Metall Verwaltungsstelle Bocholt et al. o.j.)，インタビュー（c）。

第2章　協約規制の個別事業所化　93

13) なお後のことであるが，協約適用除外が実施されたジーメンス社のカンプ・リントフォルト工場は2005年にベンキュー社に売却され，その翌年閉鎖に追い込まれている。このことが，ジーメンス補完協約に対する評価を否定的なものにする追加的な要因になっている。
14) 承認協約（Anerkennungstarifvertrag）とは，協約拘束下にない使用者と労働組合が横断的労働協約の水準を適用することを定めた労働協約であり，その際部分的に横断的労働協約を下回る水準が定められる場合が多い。
15) 以下については，引用したものの他に主に次の資料を参考にした。(personalmagazin 2007/5：S.14ff.)，(Die Welt 2006.11.22)，(FAZ 2007.1.26)，(LabourNet Germany o.j.)。
16) ジーメンス社のケースでも行われたように，協約適用除外交渉の際，当該事業所のIGメタル組合員集会が事業所協約委員会を選出し，それが定める方針のもと交渉担当者が交渉を行う。事業所協約委員会は交渉内容を審議し，その是非を決定権者であるIGメタル地方本部長に答申する。従業員代表委員がIGメタル組合員である場合，通常，事業所協約委員会に加わる。他方労働側とは異なり，使用者団体と使用者との間には緊張関係は通常発生しない。インタビュー（d）で使用者団体の役員は「私たちは弁護士と同じで，使用者の要求をコントロールすることはありません」と答えている。なおこの図表2-3はインタビュー（a）の際に筆者に手書きで示された図を元にしている。
17) 2010年段階の累計724のうち51%は「差し迫った経済的問題」に基づく場合，すなわちプフォルツハイム協定以前でも適用除外が可能であったケースであり，狭義のプフォルツハイム協定に基づくケースは32%である。残りは承認協約である（IG Metall Bezirk Baden-Württemberg 2011）。
18) インタビュー（e）による。協約適用除外の実態については（Haipeter 2009）も参照。
19) 労使関係研究者のラインハルト・バーンミュラーも，使用者たちが一様に横断的労働協約の弱体化を目指しているわけではなく，労働条件の決定が個別事業所レベルに降ろされることによって生じうるリスク——たとえば紛争の増大，取引コストの高騰，労働組合による新しい基準設定など——が少なくないがゆえに，多様な利害をもっていることを指摘している（Bahnmüller 2009：92）。
20) INFO-InstitutやIMU Institutなど，こうした労働組合向けのコンサルタントを手がける専門会社が存在する（die tageszeitung 2007.11.3）。
21) 以下の記述はインタビュー（a）～（h）と関係資料に基づいている。社名はすべて匿名である。
22) 協約適用除外の交渉をきっかけにして当該事業所におけるIGメタルの組織率が上昇し，組合員の活動への直接参加が行われているとの報告がいくつか現れている（Die Zeit 2006/6），（Haipeter et al. 2011：225）。
23) なお，（Ellguth/Kohaut 2010：355ff.）は，各部門における開放条項の活用を統計的に調査・分析した結果から，開放条項の活用は協約脱退に影響を与えていない，つまり，協約脱退を防ぐためには開放条項が必要であるという主張には客観的根拠がない，という興味深い結論を導き出している。

第3章
協約交渉の対立先鋭化
▶ 2007/2008年小売業争議

1 はじめに

　日本においてストライキが希有な社会現象となって久しい。厚生労働省『平成23年労働争議統計調査』によると，2011年における半日以上の同盟罷業（ストライキ）は28件，半日未満のものは35件であった。対象がほとんど消滅すれば，それに対する関心も薄れてゆくことは不思議ではなく，ストライキに対する関心自体が今日，社会的にも労働問題研究の傾向としても希有なものになっている。

　海外のストライキに対する日本からの関心も，労働に関係する他の問題領域と比較して希薄であるように思われる。概して日本における海外労働問題に関する研究は，まず日本で関心を集めている労働問題の何らかの論点を出発点にして，他国におけるその「対応物」を探るというアプローチによっていることが多い。たとえば，「日本における非正規雇用の規制のありようからみて，A国のそれはどのような違いや学ぶべき点があるのか」，「日本の就業規則法制とB国の労働条件変更手続きはどのように異なるのか」等々である。ところがこうしたアプローチをとることの反面として，ストライキのように日本で当該対象がほとんど存在しない場合には，他国におけるその対応物も関心の対象となりにくい。つまり，ここに死角が生じている。

　しかし，日本において希有であるからこそ，海外のストライキについてむしろ自覚的に注目し研究してゆくことが必要である。とりわけ労働協約システムの具体的な動態を理解するために，ストライキの問題を視野から外すことはできない。そもそもなぜ使用者は自らの自由を制約する労働協約の締結を受諾するのか，という問いに対する基本的な答えは，ストライキがそれを強制しているから，である。

そこで本章では，ドイツにおける最近のストライキの動向について，2007/2008年の小売業争議を事例として検討を行う。ストライキはなぜ発生しているのか，ストライキ参加者はどのような困難に直面し，それをどのように打開しようとしているのか——本章ではこれらの問題を追跡してゆきたい。

　ところで，ドイツをみてゆくにあたってまず留意すべきことは，同国がストライキ小国であるという問題である。確かに週35時間労働を要求して行われた1984年のIGメタルのストライキなどはよく知られており，日本とは異なり日常的なニュースのなかでストライキが話題となることも何ら珍しくはない。しかし国際的にみて，ドイツの労使交渉はむしろストライキの周到な回避こそを特徴としている。ストライキが行われる場合でも，その多くは短時間の警告ストライキであり，長期化することは少ない。

　このことを図表3-1で確認しよう。見られるように欧米諸国のなかでドイツのストライキの発生頻度は際立って低い。もっとも，各国の集計方法の差異によって統計上ドイツの数値が過小評価されていることを留意しなければならない[1]。しかしこのことを留意したとしても，ストライキ小国であるというドイツの位置は揺るがない（Dribbusch 2009a）。これは歴史的にほぼ一貫しており，70年代には日本よりも低い値を示していた[2]。かつてドイツ連邦労働裁判所がその判決文のなかで「ストライキ権を伴わない労働協約交渉は集団的な物乞い（kollektives Betteln）にすぎない」と述べたことは有名であるが（Berg et al. 2013：643），権利の保障とその行使は別の問題である。戦後ドイツの労働組合はこのストライキ権を実際には頻繁に行使してこなかった。

　しかし，この「ストライキの少なさ」が意味するところは単純ではない。ストライキの多いことをもってその国の労働組合の強さを，ストライキの少ないことをもって労働組合の弱さをただちに推定することはできない。むしろ，国際的にみたときの戦後ドイツの労働組合の組織規模の大きさやそれが達成した労働条件からすれば，ドイツのストライキの少なさを労働組合の弱さに結びつけることは困難である。

　そもそもストライキとは，労使交渉のなかで労働組合が労使の力関係をあえて顕在化させることで決着を図ろうとする行為である。それは，自分たちはこれだけ使用者に対して打撃を与えることができるのだという事実を示してみせ

図表3-1　労働争議頻度の国際比較（被用者1000人あたりの損失日数，1993～2003年の平均）

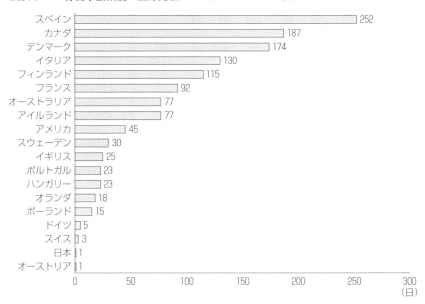

（Kittner 2005：651）

る行為である。ストライキが与える打撃とはたんなる経済的な損失だけはなく，労働過程に対する使用者のコントロールの限界があらわになることでもある。職場における使用者やその代理人の権威がどの程度であるのかがストライキの事実を通じて暴露される（Renneberg 2011：209f.）。

　ストライキの展開はその時点における労使の力関係についての客観的な認識を労使当事者に与える。それは，予想を超えたストライキの高まりを受けて使用者側が当初の認識の甘さを改める場合もあれば，逆にストライキの低調や，または使用者側の予想を超えた強硬姿勢に直面して労働組合の側が甘さを思い知らされる場合もある。こうしたプロセスを経て，場合によってはそれを繰り返して，労使当事者はそれぞれに譲歩の必要性を見極め，妥協点にたどり着く。

　しかしドイツの労使交渉においては，こうしたストライキの役割が少なくとも表面的には限定されてきたということになる。その理由としては，①ストライキに対する法的制約が大きく，判例上，政治スト，山猫スト，「協約交渉が

決裂していない段階でのストライキ」は違法であること，②産業別組合組織が整備されており，それによって職種別労働組合間の競合が基本的に排除されていること，③共同決定制度によって事業所レベルでの労使紛争の多くが制度的に解決されていること，などが指摘されている（Kittner 2005：654, Dribbusch 2009b：56）。さらに，東ドイツとの体制間競争のなかで社会不安の発生を特段におそれた西ドイツの支配層が労働組合の要求に対し寛容に譲歩してきたからという指摘も，しばしば聞くところである。これらの諸要因が作用して，ドイツでは，労使交渉における当事者の行動や思考がストライキを回避しようとする方向へと誘導されてきた。これは「社会的パートナーシップ」と呼ばれている。

しかし，このドイツにおいて2000年代以降新しいストライキの動向が現れており，注目されている。それはサービス産業におけるストライキの増大という現象である。

ドイツに限ったことではないが，伝統的な労働組合の基盤は製造業に集中してきた。そのため社会全体の従業員構成においてサービス産業の比重が高まると，それだけ労働組合の基盤が縮小し，ストライキの総量も傾向的に減少するといわれる（Dribbusch/Vandaele 2007：370）。しかし他方で，サービス産業は，不安定雇用や低賃金雇用の増大，労働集約的であるがゆえの人件費コストへの強い圧力，民営化・財政緊縮に伴う労働条件悪化といった問題が集中的に現れている領域でもある。そうしたことを背景に，サービス産業の労働者たちはむしろストライキの新しい主力として登場している。「労働争議の第三次産業化」である（Dribbusch 2009b：58）。

こうしたストライキの主な担い手となる労働組合が，ver.di（vereinte Dienstleitungsgewerkschaften，統一サービス産業労働組合）である。ver.diは2001年3月，サービス産業の諸部門を包括する巨大な複合産別組合として，5つの産業別労働組合の解散を経て結成された。[3]なおドイツ語の"v"は通常濁らないが，これはイタリア語式に「ヴェルディ」と読む。

ver.di結成の動機は，組合員の減少と組合財政危機に対処することにあった。ver.diの結成時，母体となる5組合の組合員はあわせて約299万人であったが，これは4年前に比べて45万人も減少した数値であった（Der Spiegel 2001/11：

130)。合同によって組合専従職員などの資源を効率化し，財政基盤を安定化させることが期待された。また組合間の競合が消滅し，組合の規模が巨大になることで，ver.diは労使交渉や政府・議会に対する働きかけにおいて組合員の利益をより効果的に実現し，組織を拡大できると考えられた。広がりつつある未組織領域を組織することも課題であった。

　しかし同時にver.diは，前述のサービス産業特有の状況に対応すべく，新しい戦闘的な質，つまりストライキへのより積極的な志向を有する組合として登場した。新聞記事いわく，「二大産業別組合であるIGメタルとIB BCE（鉱山・化学・エネルギー労組）では協約交渉が儀式化しているのとは異なり，ver.diは当初からコンセンサスではなく対決に賭けていた。そして自らが明確にストライキに意欲的であることを示した」（Die Welt 2011.9.17）。ver.diが認可したストライキ件数は2004年には36件であったが，2008年は149件に増加した（Dribbusch 2009a）。

　本章が扱う2007年から翌2008年にかけての約15カ月間，全ドイツの小売業部門において展開された労働争議はver.diが手がけた代表的な争議である。これは現在のところ戦後ドイツの労働争議における最長記録であり，ドイツにおいて労働協約が締結される領域のなかで小売業部門は金属・電機部門に次ぐ従業員規模をもつことからも，注目を集めた。小売業の横断的労働協約が定める遅番手当と夜間手当について，使用者団体は開店時間延長の制約になることを理由としてその廃止を求めたのに対し，ver.diはその現状維持を求め，賃上げ問題とあわせて両者は激しく対立した。ver.diは，乏しい組織力のなかで，また使用者側の強硬姿勢のなかで，1年以上に及び断続的にストライキを組織した。その規模は小売業にとって前例のないものであった。伝統的な製造業でのストライキとは異なり，ここでのストライキの担い手の多くが女性の従業員であった。長期の対立を経て妥結が成立し，使用者側の要求の大部分は阻止された。

　2007/2008年小売業争議は，その規模や対立の激しさによって近年の労働争議のなかでも著名なものではあるが，しかし突出した事例ではなく，病院，保育所，交通機関など，サービス産業を中心としてストライキが新しく活発化しているなかでの象徴的な事例として位置づけられる。[4] 第1章で筆者は，協約拘

束範囲の縮小という労働協約システムの変化が使用者団体の立場を強硬にさせ，協約交渉における労使対立を先鋭化させる，との仮説を述べたが，小売業争議はそのことを端的に示す事例である。

以下では，まず小売業部門の基本的な情報を整理したうえで (2)，2007/2008年の小売業争議の経過について分析する (3，4)。

2 小売業の変容

1 従業員と労使関係

小売業では300万人前後の従業員が働いている。図表3-2はその総数と雇用形態構成の推移である。

フルタイム雇用がパートタイム雇用に代替される傾向が明らかである。社会保険非加入のパートタイムとは，「ミニジョブ」と呼ばれ，従業員の月額収入が400ユーロ以下の場合に社会保険への加入義務が免除される制度に基づいている。小売業のパートタイム依存率は全産業の平均に比べても高い。

パートタイムを雇用することは，使用者にとって，開店時間の延長や変動に柔軟に対応するための手段であると同時に，コスト抑制の手段である。横断的労働協約が適用される場合，パートタイムは傾向的に低い賃金等級に位置づけられ (Voss-Dahm 2010：11f.)，ミニジョブについては協約水準以下であることが珍しくない (Hinz 2012：59)。またミニジョブの場合，社会保険料の本人負担分を節約できる。

さらに，パートタイムの増加は労働組合の活動に影響する。パートタイム従

図表3-2 小売業における従業員数と構成比

(単位：人，%)

	2000年	2004年	2009年	2009年 (全産業平均)
従業員総数	2,879,868	2,871,084	3,092,356	―
フルタイム	52.2	46.4	42.9	64.1
パートタイム（社会保険加入）	22.8	23.4	24.8	13.1
パートタイム（社会保険非加入，副業なし）	22.6	24.9	24.2	12.9
パートタイム（社会保険非加入，副業あり）	2.5	5.4	8.1	8.1

(Voss-Dahm 2010：3)

図表3-3　従業員の分布構造 (NRW州, 2008年)

	従業員分布	女性／男性比
食料品チェーン店	24.2 (％)	76/24
衣料品店	11.3	88/12
百貨店	6.8	71/29
家具店	5.1	52/48
ホームセンター	5.0	43/57
化粧品店・ドラッグストア	4.0	94/6
電機製品店	3.3	35/65
その他 (各種専門店，薬局など)	40.3	-
計	100.0	71/29

(ebd.: 6)

業員のそれぞれの勤務時間が分散していること，パートタイムの多くが女性であり，当事者のなかで「労働組合活動は男性が行うもの」という，いわば組合的な性別役割分業意識が支配的であること——これらのことは労働組合が組織化を進めるうえでの障害である[5]。

また図表3-3に見られるように，小売業はきわめて多様な業態から構成されている。業態によって従業員の男女構成比も異なっている。

これら従業員の賃金，労働時間，有給休暇，採用手続きなどを規定するのが横断的労働協約である。横断的労働協約のうち「一般協約」は，労働時間，有給休暇，各種の手当，仲裁手続きなどを定め，「賃金協約」は職種別・経験年数別に基本給の最低基準を定めている。

小売業における使用者団体の全国団体はHDE（ドイツ小売業中央連盟）とBAG（中規模・大規模小売業連邦労働共同体），労働組合はver.diである[6]。横断的労働協約の締結は，全国単位ではなく全国16州をそれぞれ地方単位として，各州のHDEとBAGの傘下にある使用者団体とver.diの地方本部との間で行われる。小売業におけるver.diの組織率は約30％，従業員ベースでの協約拘束率は約60％である[7]。

2 排除競争

1990年代中盤以降，小売業では排除競争（Verdrängungskampf）と呼ばれる事態が進行していた。これは，各小売業者が売上拡大のために互いにライバル

他社を市場から排除することを追求する競争である。小売業の全体としての売上は停滞し，2003年から2007年にかけてはわずか0.2％増加したのみであった（Glaubitz 2008：8）。この限定されたパイの取り分をめぐって小売業者は激しい競争関係におかれた。

　排除競争の手段はまず売り場面積の拡大であった。小売業の大手資本は，次々に新店舗をオープンし自社シェアの拡大を目指した。ドイツにおける人口1人あたりの小売業売り場面積はイギリスの倍にまでなった。他方で，前述のように小売業全体としての売上高は停滞していたので，その結果，売り場面積あたりの売上高は1993年から2006年にかけて27％減少した（ebd.：12）。

　そして，低価格による排除競争である。小売店の店頭には値下げのアピールが日常的になった。「ケチであることはすばらしい」（Geiz ist geil），「とてつもなく安い」(saubillig)，「全商品20％〔8割引〕」，「ハンマープライス〔「激安」の意〕」等々。食料品チェーンのアルディ社が90年代に開始したディスカウント戦略は他社も追随するところとなった。ここでもまたドイツの進行は著しく，食料品価格はフランスより3割も安くなった（ebd.：14）。これらの排除競争の手段によって中小の小売業者は駆逐され，小売業の集中化が進んだ。

　排除競争の進行が従業員の労働条件に否定的な影響を与えることはみやすい。売り場面積の拡大は労働強化を招いた。そして低価格競争のなかで他社に先んじて商品価格を引き下げるために，各企業は自社の従業員の賃金を削減しようとした。

　この傾向は，2000年にそれまで小売業の横断別労働協約に付与されていた一般的拘束力宣言が失効したことに伴いさらに強まった。一般的拘束力宣言（Allgemeinverbindlicherklärung）とは，労働協約の規範的効力を非組織の雇用関係に対しても拡張せしめる制度である。第1章でみたように，労働協約は本来，任意団体である使用者団体と労働組合間の合意であって，その内容に拘束されるのは，それぞれの団体に所属する構成員の間に限られている。しかし，労働協約法5条が定める手続きを経て連邦労働大臣が一般的拘束力を宣言した場合，その労働協約は，協約対象領域内の使用者団体と労働組合に組織されていない使用者−従業員間においても規範的効力をもつ。労働協約法が定める手続きとは，①労働協約の当事者の少なくとも一方による申請，②当該労働協約に

すでに拘束されている使用者が労働協約が対象領域の被用者の50%以上を雇用していること，③一般的拘束力宣言が公共的利益にとって必要であることの認定，④使用者と被用者の頂上組織の各3名からなる委員会の承認，である。これによって労働協約は，使用者と従業員の意思に関係なく当該部門（協約対象領域）全体をカバーする強行規範，つまり法律と同等のものになる。[8]

　小売業における一般的拘束力宣言は，排除競争のなかで各社が労働条件の切り下げを試みることに対する重要な歯止めの機能をもっていた。しかし2000年，使用者側委員は小売業における横断的労働協約の一般的拘束力宣言に同意しなかったため，それまで継続してきた一般的拘束力宣言は失効した。[9]

　これによって，使用者団体に加入していない使用者とOT会員の使用者は，横断的労働協約の規制から自由になった。これまで横断的労働協約は小売業のすべての企業を拘束していたのに対し，これからは協約拘束企業と非拘束企業に分かれることになった。前述のように協約非拘束の範囲は従業員ベースで約4割に及んだ。

　協約非拘束であるKiK社はこの条件を活用した経営手法を実践し話題となった。KiK社は衣料品のディスカウントショップを全国展開し，9.99ユーロのジャケット，1.99ユーロのTシャツなどの低価格商品を売り出すことで，2000年代に入って急速に売上を伸ばしていた。なお"KiK"とは「お客は王様である」（Der Kunde ist König）を意味している。このKiK社の低価格を実現したひとつの重要な条件が，時給5.2ユーロという販売員の極端な低賃金であった。横断的労働協約で対応する職種の賃金は12.30ユーロであった（ver.di Handel 2007/4：4）。ライバル他社はこれに対抗しなければならなくなった。

　こうして一般的拘束力宣言の失効は，排除競争を勝ち抜くためには他社に先駆けて労働条件を切り下げなければならないという切実な衝動を広く使用者たちのなかに生み出した。とりわけ横断的労働協約の拘束下にある使用者たちは，自社の競争上の不利を強く意識せざるをえなくなった。

3　開店時間規制の緩和問題

　小売業の変化のなかで最も大きな話題となったのが，開店時間規制についてであった。

戦後ドイツでは，1956年に制定された「閉店法」が小売店の開店時間を規制してきた。同法は小売店の開店時間を月〜金曜日は7：00から18：30まで，土曜日は7：00から14：00までに制限し，日曜日・祝日は原則閉店と定めた。ドイツの閉店法はヨーロッパ他国の類似の法律に比べても，とりわけ厳しい内容であった。

　この閉店法に対しては，小売業における過当競争の制限や労働者保護の観点，また安息日を保障すべきとするキリスト教の観点から，これを擁護する有力な意見がある一方で，このような制約的な規制は顧客のニーズに反しているとの批判が常に存在してきた。そして以下にみられるように，閉店法を擁護する前者の立場は徐々に後退を強いられ，段階的に規制緩和が進行してきた。そのたびに，開店時間の延長は小売業全体の成長をもたらすと主張されてきたが，実際の効果は乏しく，むしろ排除競争をいっそう強める契機となった。開店時間の延長に対応できない中小業者の淘汰が進行した。[10]

●小売店に対する開店時間規制の推移

- 1956年：月〜金曜日7：00〜18：30，土曜日7：00〜14：00開店可。日曜日・祝日原則閉店。
- 1960年：クリスマス前4週間の土曜日18：00まで開店可。
- 1989年：木曜日20：30まで開店可。
- 1996年：月〜金曜日6：00〜20：00，土曜日6：00〜16：00開店可。
- 2003年：土曜日も20：00まで開店可。
- 2006年：閉店規制の立法権限が連邦から各州に移行。各州で「開店法」が制定される。

　2006年にはさらなる規制緩和が実施された（名古 2011）。6月の基本法改正によって閉店規制の立法権限が連邦から各州に移行し，各州は独自の規制を定めることができるようになった。各州は相次いで独自の「開店法」を制定し，NRW州やBW州などでは月曜から土曜まで24時間営業が可能になった。

　とはいえ，これは法律上の規制緩和であり，実際に店舗の開店時間を延長するにあたっては横断的労働協約の規制が大きな制約となっていた。小売業の一般協約は，開店時間そのものの規制ではなく，延長された開店時間に勤務に対

する手当の支払いを定めていた。2006年の時点では，18：30から20：00までの時間帯に勤務する場合には基本給に加え基本給の20%分の「遅番手当」が支払われ，20：00以降に勤務する場合には55%（州によっては50%）分の「夜間手当」が支払われていた。土曜日の場合，遅番手当は14：30から支払われていた。これらの手当は不規則な時間に就労して家庭生活を犠牲にする従業員への補償であると同時に，開店時間延長そのものに実質的な制限を課すものであった。

使用者団体（HDEとBAG）は2006年10月，これらの手当を廃止することを求め，一般協約の解約を告知した。開店時間規制の緩和を活用しようとすれば，これらの手当支給は従来にも増してコスト上の制約となったからである。使用者たちは，従来の手当が維持されれば，開店時間規制が自由化しても店を長く開けておくことはできないと不満を表明した。HDEのスポークスマンであるフーベルトス・ペレンガーは，開店時間規制が自由化された今，手当はもはや「アナクロニズム」だと痛罵した（FAZ 2006.10.25）。

これが2007/2008年小売業争議の発端であった[11]。

3　2007/2008年小売業争議の開始

❶ 争議の経過

2007年春には小売業の各地方の賃金協約が有効期限を迎え（州によって異なる。4月～6月の間），新規の賃金協約の締結，つまり賃上げについての労使交渉が予定されていた。しかし2006年末の一般協約の解約告知によって，賃上げだけでなく遅番・夜間手当の継続の存否も重要な交渉テーマとなった。

まず，ここから最終的に2008年7月まで継続する小売業争議の全体的な流れを俯瞰しておきたい。前述したように労働協約交渉は全国16州のそれぞれで行われる。その中でも最大の従業員規模を有するNRW州の交渉は，他州の交渉のパターンセッターの候補として重要な位置を占めている。

本章では，このNRW州とストライキの拡大に先導的な役割を果たして注目されたハンブルク市州（州と同格の市，特別州），およびストライキを独自に継続して最終的なパターンセッターとなったBW州の3州に着目してゆく。これ

ら3州における労使交渉の経過は次のとおりである。

●2007/2008年小売業争議の経過

```
2007年4月25日    NRW州交渉。
     5月 2日    BW州交渉。
     5月24日    ハンブルク市州交渉。
     5月30日    NRW州交渉。
     6月15日    BW州交渉。
     6月21日    NRW州交渉。
     6月22日    ハンブルク市州交渉。
     7月22日    BW州交渉。
     8月31日    NRW州交渉。
2008年3月 5日    ハンブルク市州交渉。
     3月28日    NRW州交渉。
     4月 2日    ver.di中央とレーヴェ・グループとの交渉。協約締結（後述）。
     4月21日    BW州交渉。
     4月30日    BW州交渉。
     7月10日    BW州交渉。協約締結。
     7月25日    NRW州交渉。協約締結。
     7月29日    ハンブルク市州交渉。協約締結。
```

　また，これらの交渉と並行して行われたストライキの件数は**図表3-4**のようになっている。なお，ドイツの基本法および法律には団体交渉権の規定がなく，日本の不当労働行為制度のような団体交渉を法的に保証する制度は存在しないため，使用者団体が団体交渉に応諾しなければ，応諾させることを目的としたストライキが行われる。

　この「件数」は基本的にストライキが行われる1店舗ごとに集計されているが，複数の店舗が1件にカウントされている場合もあり，逆に1つの店舗が重複してカウントされている場合もある。また当然ながら，各店舗の従業員規模やストライキ参加人数は一様ではない。これらについての網羅的なデータは入手できていない。したがって，この値はストライキ動向の指標としては不正確である。とはいえ，この数値からストライキの一定の「波」を見て取ることができる。

図表3-4　ストライキ件数の月別推移

	全国計	NRW	ハンブルク	BW
2007年5月	1	0	0	0
6月	24	0	0	0
7月	254	49	24	56
8月	220	91	116	0
9月	54	0	3	1
10月	487	126	33	75
11月	930	256	189	144
12月	1156	300	62	219
2008年1月	165	7	1	144
2月	587	0	0	236
3月	1326	300	28	360
4月	204	2	14	77
5月	250	61	22	30
6月	331	0	0	315
7月	500	0	0	484

(ver.di本部のストライキリストより作成)

これと先ほどの交渉経過をあわせると，2007/2008年小売争議について次のような時期区分ができる。

● 2007/2008年小売業争議の時期区分

【第1期（2007年4月～8月）】
各州で交渉が開始される。ver.diは短期妥結を目指してストライキを集中させるが，8月31日のNRW州交渉で労使は決裂する。
【第2期（2007年9月～2008年3月）】
しばらく交渉は再開されず，いったんストライキも小康状態に入る。その後クリスマス商戦期（11月中旬～12月下旬），イースター商戦期（3月）に再度ストライキを集中させ交渉が再開されるが，3月28日のNRW州交渉でも合意に至らない。他方ver.di中央とレーヴェ・グループで独自の労働協約が締結される。
【第3期（2008年4月～2008年7月）】
NRW州が先導して労働協約を締結する見通しがなくなるもとで，BW州のみが交渉を継続する。BW州の6月下旬からの連日のストライキを経て，ようやく労働協約が締結される。これが「パイロット協約」（パターンセッターとなる協約）となって他州の労働協約にもその内容が移転される。

2 埋めがたい対立

　さて，使用者団体の遅番・夜間手当廃止提案にver.diは強く反発した。それは従業員からみて正当性のない一方的な不利益変更であった。ver.diの協約委員会（組合員から選出され協約交渉の方針を審議する）の委員は述べた。「人を夜まで働かせて，同時に手当を破棄し，まともな支払いを拒む──まったく辻褄があわない！」(Wir 2007/2)。とくにシングルマザーの従業員に与える影響は深刻であった。食品スーパーでレジ係として働くあるシングルマザーは7歳の娘を扶養していた。賃金の低さを補うために同僚は副業をしていたが，それが困難な彼女にとって，遅番・夜間手当は貴重な収入源であった (Hamburger Morgenpost 2007.11.14)。[12]

　それゆえ手当廃止は，ver.di組合員にとってとうてい受け入れられないものであった。さらにver.di各州の協約委員会は，遅番・夜間手当の維持とともに，賃上げや協約賃金の最低を1500ユーロにすることなどを要求した（賃上げ率の要求は4.5%から6.5%まで，州ごとに異なる）。小売業界の売上が低迷している状況でそのような賃上げ要求は高すぎるのではないかとの質問に対して，ver.di中央執行委員・商業部門群担当のマルグレート・メニヒラーネは反論した。「これまでに高賃金で倒産した小売業者はありません。むしろ低価格競争や開店時間の延長によって，〔競争に対抗できない〕業者が倒産に追い込まれているのです。私たちが賃上げをより抑制することで生まれる1セント1セント〔1ユーロの100分の1〕は，小売チェーンによる価格引き下げに消えていきます。人件費の高さよりも，こうしたことが小規模小売業にとって脅威なのです」(Hamburger Abendblatt 2007.8.1)。図表3-5に見られるように，この間に他部門に比べて小売業従業員の所得の増加率が低くなっており，「遅れを取り戻す必要」(Nachhofbedarf) が強く意識されていた。

　4月から各州において，ver.di地方本部とHDE・BAGの傘下にある小売業の使用者団体との間で団体交渉が開始された。しかしいずれの交渉においても，使用者団体は遅番・夜間手当を廃止し，かつ賃金を引き上げる余地もないとの立場を表明した。他方ver.diは使用者側の提案を拒否したため，交渉はただちに膠着した。

　労使はそれぞれの立場の理論的な合理性や規範的な正当性を主張した。使用

図表 3-5　所得変化率の推移

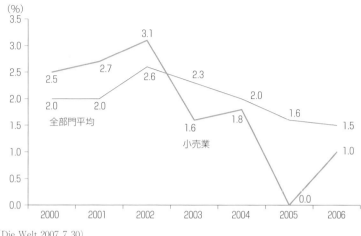

（Die Welt 2007.7.30）

者団体は遅番・夜間手当の廃止を「顧客に親和的な開店時間」を実現するためだと主張したのに対し，ver.diはいやそれは「家庭に敵対的な労働時間」だと応酬した。使用者団体は業界の総売上を根拠に賃上げへの分配余地がないと主張したのに対して，ver.diはその算出方法に疑問を呈した。

　しかし，根本的な争点は，遅番・夜間手当を廃止し，かつ賃金を引き上げないというこの労働条件の水準が，はたして現実の労使の力関係に見合ったものであるかどうか，つまりver.diにとってやむなく甘受しなければならないものであるのかどうか，であった。ver.di BW地方本部の争議回顧では次のように述べられている。「HDEとBAGは頑迷な立場をとり続け，労使双方の面目が立つような妥協のための用意を欠いていた。これはつまるところ，彼らに協約のパートナーであるver.diに対するリスペクト，そして・そ・の・闘・争・能・力・に・対・す・る・リ・ス・ペ・ク・ト・が・な・い，ということの表現である。ver.diの闘争能力は・不・十・分・な・も・の・と・評・価・さ・れ・て・い・た」（ver.di Baden-Württemberg Fachbereich Handel 2009：6，傍点引用者）。

　ver.diの闘争能力に対する過小評価を是正させるためには，現実にそれを示すことが必要であった。遅番・夜間手当の廃止は，その不利益そのものだけでなく，それが認められてしまうと今後さらなる協約水準の引き下げが昂進しか

ねないという，象徴的な問題であった（Riexinger 2008：44）。

　歴史的に小売業の労働協約交渉において1989年までは短時間の警告ストライキを含めてストライキ自体が例外的なことであった（Dribbusch 2002：84）。90年代以降は1日限りの警告ストライキは行われるようになったが，複数日に及ぶことは稀であった。しかし今回の緊張関係は，これまでにない規模でのストライキを必然的なものとした。

3 ストライキの展開とスト破り

　いうまでもなく，ストライキの実行は労働組合にとってきわめて重要な意志決定である。ver.diの「労働争議指針」が定めるところによれば，まず組合員から選出された協約委員会が争議を行う相手，要求，目標，期間，計画などに関するストライキの方針について決議を行い，中央執行委員会に申請を行う。また，短時間ないし1日だけ行われ組合員にストライキ手当が支払われないストライキを「警告ストライキ」といい，期間を定めず，ストライキ手当が支払われるものをたんに「ストライキ」という。後者の場合には，該当組合員による直接投票を実施し，有権者の75%以上の賛成を得ることが必要である。中央執行委員会は法的・政治的・組合財政的リスクを判断して，ストライキ方針の認可を行う。認可された方針に基づき，専従または非専従の役員らによって構成されるストライキ指導部が具体的なストライキ指令を発する。

　ストライキを打つにあたってストライキ指導部は，当然その効果――つまり使用者に対する打撃――を追求しなければならない。効果の薄いストライキは要求を実現しないだけでなく，その後も持続的に組合員や従業員にダメージを与える（Renneberg 2011：192）。どの事業所（店舗）において，どのタイミングで，どれだけの期間ストライキを打てば最も効果的であるのか，ストライキ指導部は戦術を立てる。交渉に影響力をもつ企業の店舗で，かつ使用者が最も嫌がるタイミングをねらわなければならない。

　他方で，ストライキに参加するのは組合員とそれに協力する非組合員従業員であるが，ストライキ指導部はそれらの人々を自在に動かせるわけではもちろんない。小売業におけるver.diの平均的な組織率は前述のように約30%であるが，店舗によっては5%から80%の格差がある。そのためストライキ指導部は，

各店舗における組合員の組織力・動員力の客観的な水準と，職場で変化する世論──使用者にどれだけ怒っているのか，ストライキにどれだけ意欲をもっているのか，むしろ不安はないのか，疲れていないか──などをも見極めなければならない。

この争議においてストライキ参加者の意欲は，従来にない高い水準であった。しかし他方で，ストライキの効果は限定的なものであった。この両面に留意しながらストライキの経過をみてゆこう。

ハンブルク市州では5月24日，6月22日の労使交渉がいずれも合意不成立に終わったのち，7月18日より短時間の警告ストライキが行われた。18日，市内の「カールシュタット」（百貨店）3店舗と「カウフホフ」（百貨店）1店舗，「タリア」（書店）1店舗で，24日，「レアル」（ディスカウントショップ）2店舗，「ツヴァイテ・リアル」（ディスカウントショップ）2店舗，「E-センター」（ディスカウントショップ）1店舗で，26日，「トゥーム」（ホームセンター）6店舗の各店舗で警告ストライキが行われた。カールシュタットの従業員は，使用者の要求が通れば子どものいる同僚は大変だと訴えた（Hamburger Morgenpost 2007.7.19）。「トゥーム」の警告ストライキには約160人の従業員が参加した。

90.76％の組合員直接投票の賛成を経て7月30日からは連続ストライキが実

図表3-6 ストライキが行われた店舗数（ハンブルク，2007年7月30～8月20日）

上部コンツェルン	企業	7月		8月																		
		30	31	1	2	3	4	5	6	7	8	9	10	11	12	13	14	15	16	17	18	19	20
オットー	ヘルメス（物流）	3	3																				
メトロ	レアル（ディスカウント）			2	2	2			2	2													
	ツヴァイ・リアル（ディスカウント）				2	2			2	2													
	カウフホフ（百貨店）																	2					
レーヴェ	レーヴェ(食品)/ペニー(ディスカウント)						30		30	30	30	30	30										
	トゥーム（ホームセンター）							日曜日			4	6	6	6	5	日曜日					日曜日		
エデェカ	Eセンター（ディスカウント）										1	1		1									
	マルクトラウフ（食品）										3	3		3									
-	トイザラス（玩具店）											1											
プラクティカー	マックス・バー（ホームセンター）							5															7
-	タリア（書店）																			1	1		
アルカンドラ	カールシュタット（百貨店）																			8	8		

(ver.di本部のストライキリストより作成。一部補正)

行された。図表3-6はその詳細である。

　見られるように，ここでver.diは，ストライキを行う企業を順次交代させる戦術をとった。まず確実に動員が見込める「ヘルメス」が開始し，その後ディスカウントショップやホームセンター，食品スーパーでストライキを継続したのち，最後はver.diの牙城である「カールシュタット」を置いた。「カールシュタット」のストライキには従業員の80％にあたる700人が参加した（Hamburger Abendblatt 2007.8.17）。

　ストライキの参加はver.di役員の予想を超えるものであった。「レーヴェ」（食品スーパー）と「ペニー」（ディスカウントショップ）のストライキは当初は2日間の計画であったが，組合員は自主的にストライキを組織し7日間連続となった。「マックス・バー」（ホームセンター）では初めてのストライキが実行された。ver.diハンブルク地方本部のウルリヒ・マイネッケは，こうした今回のストライキの発展は「固有のダイナミズム」を有していると述べた（ver.di Handel 2007/Extra01：3）。

　他方BW州では5月2日，6月15日の交渉を経て，今回の使用者団体の強硬姿勢が通常のものではないことが認識されていた。ver.di BW地方本部の役員は述べた。「使用者たちがこうも強固に固められているので，小売業の〔横断的〕労働協約が成立しないこともありえます。……今年中に締結ができなければ無協約状態ということもありえるでしょう」（Stuttgarter Zeitung 2007.7.5）。使用者団体の交渉担当者は，過度の妥協をすれば使用者団体から脱退するとの圧力を大企業から受けていた（ebd.）。6月15日よりver.diは警告ストライキを組織した。7月13日ハイデルベルク市内の従業員約400人が参加した警告ストライキでver.di書記は演説した。「交渉テーブルが動かないのであれば，まさにわれわれが動かなければならない！」（ver.di Baden-Wurttemberg Fachbereich Handel 2009：8）。他の各州おける交渉と争議も同様の経過をたどった。

　こうしてver.diのストライキは大きな動員力を示した。そこには，伝統的な製造業のストライキとは異なって，多くの女性従業員の参加が見られた。しかし，にもかかわらず，それは使用者側に十分な打撃を与えるまでにはなっていなかった。例外的な場合を除いて，多くの店舗ではストライキへの参加率は従業員比にして5～10％程度であった。これは，前述したパートタイム従業員

比率の高さや各店舗が分散しているためにストライキの伝播が遮断されていることが影響していた。多くのパートタイム従業員が解雇を恐れてストライキに参加せず就業していると報じられた。

それだけではない。小売業各社の使用者たちは，ストライキの効果を無力化するべくスト破りを各店舗に投入した。スト破りの主な供給源は派遣労働者であった。

当時の数多くの新聞記事がこのことを報じている。そのうちのいくつかを挙げよう。

● まずハンブルクで。「ストライキにもかかわらず，これまで〔小売〕各企業は最小の人員の確保と派遣労働者によって営業を開いたままにすることに成功してきた」(Hamburger Abendblatt 2007.8.22)。前述の700人が参加した7月16日の「カールシュタット」のストライキの際でさえ店舗は開店し，閉店が1時間遅れただけであった (Hamburger Abendblatt 2007.8.17)。

● NRW州のクレーフェルト市で実行予定のストライキについて。「昨晩『レアル』〔ディスカウントストア〕は，ストライキが行われてもすべての売り場は開店すると発表した。『レアル』の広報いわく，『時機を逸せずに適切な対応をとっ・・・・・・・・・・・・・・・・・・たので，個々の労組組合員がストライキをしても閉店にはなりません』」「ver.di書記いわく，『ますます多くの派遣労働者が事業所で仕事をしている。もっと強力な手段を私たちはとらなければならない。1日のストライキではなく2日だ』」(Rheinische Post 2007.8.10，傍点引用者)。

● ベルリンで。「争議の影響を縮減するために経営者たちは違法な手段も躊躇しなかった。ver.di によると，ベルリンではいくつかの会社がスト破りとして派遣労働者を投入している。これは労働者派遣法および労働協約に違反している」(junge Welt 2007.10.20)[13]。

この場合，投入される派遣労働者に対する派遣料金は代替される従業員の賃金に比べて安いとはいえ，ストライキに備えて使用者はこれらの派遣労働者を遠方から呼び寄せ，前日に宿泊させなければならず，全体としてみれば割高であった。またこうした派遣労働者は当然現場の仕事に習熟しておらず，しばしば混乱を招いた。

しかし，ストライキにもかかわらず開店しているという状態はストライキ参

加者の士気を著しく削ぐものであった（インタビュー (j), (l), (o)）。派遣労働者の投入によって何がなんでも開店状態を維持しておくことは，やはり重要な意味があった。

使用者団体は交渉内容についての方針を基本的に変更しなかった。前述のように2000年の一般的拘束力宣言が失効以後，協約に拘束されない事業所は手当の支払い義務を逃れることができた。そうした事業所と依然として協約に拘束される事業所との間における制約の格差は，開店時間規制の緩和によって，いっそう認識されるようになっていた（FTD 2007.7.27）。

8月31日のNRW州の交渉は，同州の従業員規模が最大であることから他州の交渉の動向を左右するものとして注目をされていた。しかし使用者団体の提案は，遅番・夜間手当の全廃要求は撤回したが，依然としてその大幅な削減を求め（遅番手当支給開始時間を18：30から20：00へ，夜間手当については20：00から22：00へ），賃上げについてもver.diの要求する4.5％に対して1.7％を提示するものであった。ver.diはこれを拒否した。これ以降しばらく交渉は中断した。

4　小売業争議の展開と妥結

1　新しい争議戦術

どのようにすれば効果的に反撃できるのか。ver.diは新しい争議戦術を模索した。

ドイツには伝統的なストライキを形容する「壁紙張り職人ストライキ」(Tapezierstreik) という言葉がある。これは「壁紙張り職人」がストライキをするという意味ではなく，ストライキが行われる日に大部分の参加者が自宅に待機し，他にすることがないので部屋の壁紙を張り替えているさまを指している。確かに労働組合の組織力が十分に高ければ，そうしたストライキであっても効果が発揮できる。

しかし今回の小売業のような状況において，「壁紙張り職人ストライキ」ではまったく不十分であった。ストライキに際して参加者はたんに就労を放棄するだけでなく，より積極的な行動へと参加した（以下，インタビュー (j), (l), (o)）。たとえば，この争議において参加者たちはストライキと同時に買い物客や一般

市民に自らの主張のアピールを行った。参加者たちは，店舗の前に立ち，旗を振り，歌を歌い，または大通りで人間の鎖をつくった。これは若い組合員の発案によるものであった。ストライキに参加できない従業員は「私たちももっと価値がある！」と書かれたボタンを着用して就労した。

また「フレキシブル・ストライキ戦術」が試みられた。「フレキシブル」とは，使用者に対抗手段を備える隙を与えないように予告せずにストライキを実行する，ということである。シュトゥットガルトでは「出たり入ったり（Raus und Rein）ストライキ」，つまりストライキが終わったと見せかけ，使用者がスト破りを帰してしまった後に再びストライキに突入した。ハンブルクではこの争議を機に「ストライキの儀式」をやめたという。従来，ストライキの実行日には早朝に店の前で集会を行い，その後ストライキに突入するのが慣例であった。しかしそのような「儀式」は使用者に対抗措置を取る時間的余裕を与えてしまう。そこで，ある日は早朝に集会をしてもストライキはせず，またある日は逆に集会なしでストライキに突入し，使用者が予測できない状態を作り出した。

これらの戦術は「ストライキの民主主義化」と結びついていた。確かにこれまでもストライキの意思決定に際して労働組合員は協約委員会の選出や直接投票など手続きに関与しており，その限りでストライキは民主主義的に行われてきた。組合要求に関するアンケートも一般的であった。しかしこの争議では，そうした形式的な参加の水準を超えた，より直接的で具体的な意思決定への組合員の関与が試みられた。ver.di BW地方本部ではストライキ集会が頻繁に開催され，参加者たちは各店舗の情報を交換し，今後の戦術について討議した（Riexinger 2013：7f.）。ハンブルク地方本部ではストライキ指導部に専従職員だけでなく非専従も同等の権限をもって加わり，日々の具体的なストライキ指令を決定した。

こうした「ストライキの民主主義化」は，情勢を正確に把握し参加者の創意を引き出すための有効な手段であった。そしてストライキに参加者が主体的に関わること自体が彼ら／彼女らの士気を鼓舞した。1店舗で20人以上がストライキに参加すれば参加者個人は「保護されて」いるが，それ以下の場合ストライキへ参加することは勇気のいることであった。前述のように，従業員が各

店舗に分散的に就業しているという小売業の特性がそうした困難を増していた。これを克服するためにストライキ参加者は日常的に交流し互いを励ました[14]。

　新しい争議戦術「フラッシュ・モブ」もこの争議において初めて登場した。フラッシュ・モブ（直訳すると「突発的暴民」）とは，一般的にはメールなどによって一般市民に即興の集会やパフォーマンスを呼びかける試みとして知られているが，この場合は，派遣労働者の投入などによってストライキの効果を無力化しようとする使用者に対抗するために，外部の支援者を募りその協力によって合法的に当該店舗の営業を妨害するという戦術であった。

　たとえば2007年12月7日ベルリン市で行われた集会において，ver.diはビラで次のように一般市民に呼びかけた（Renneberg 2011：190）。「フラッシュ・モブ行動に参加する気はありませんか？／私たちに携帯電話番号を教えてください。そうすれば携帯メールに集合時刻を送ります。その時刻に一緒に，ストが行われていて，その中でスト破りが働いている店舗に狙いを定めて買い物に行きましょう。たとえばこうするのです。／多くの人々が同時に少額の買い物をします。そして長時間レジを機能停止にさせるのです。／多くの人々が同時にショッピングカートを一杯にします（生鮮品はやめましょう！！！）。そしてそれを放置するのです」。

　翌日，この呼びかけに応じた支援者約50人は，ベルリン市内にある「レーヴェ」（食品スーパー）の1店舗で約45分間にわたりフラッシュ・モブを実行した。そこではビラに書かれたことが行われた。参加者は少額商品を大量に購入した。レジ担当者がそのデータを読み込むために長時間を要し，レジには長蛇の列ができた。ある女性はショッピングカートに大量に商品を積み上げ，レジでデータ読み込みをした後，現金を忘れたとして商品を再びカートに戻し，それをレジに放置した。こうしたフラッシュ・モブが各地で試みられた。

　これに対して使用者たちは憤激をあらわにした。ライナー・マーシャウス（HDE，BAG合同協約政策委員会委員長）は，冷凍食品が放置されて腐ってしまった例や客の入場が妨害された例などもあったとして，フラッシュ・モブを激しく批判した（Süddeutsche Zeitung 2008.2.26）。前述のベルリン市でのフラッシュ・モブに対しては，違法な争議行為であるとして使用者はver.diを提訴した[15]。こ

うしてフラッシュ・モブは，古典的なストライキを補完する戦術として注目を集めた。[16]

　ver.diはさらに2007年末，クリスマス商戦期間中のストライキを敢行した。小売業にとってクリスマス商戦期間は，年間売上の20％が集中する最重要期間であり，この時期にストライキを行うことは従来タブーであった。迎え撃つHDEのスポークスマン，フーベルトス・ベレンガーはver.diと全面的に闘うことを宣言した。いわく，「クリスマス商戦期間もわれわれはあらゆる手段を用いてそれ〔外部労働力導入による開店の確保〕を試みる」。「われわれは脅迫されない」（Handelsblatt 2007.11.20）。

　12月7日，BW州全域では約1200人の従業員がストライキに参加した。州都シュトゥットガルトの中央駅前の百貨店「カウフホフ」は組合組織率が半数を超えており，正午まで店を開けることができなかった。使用者団体の役員はいった。「われわれはクリスマス商戦期にストライキが行われたことに大変憤っている」。「ストライキが効果を発揮して売上が落ち込めば，雇用の場を犠牲にすることになる」（Stuttgarter Zeitung 2007.12.8）。

❷ レーヴェ暫定協約

　しかし，翌2008年に入っても妥結の兆しは現れなかった。イースター商戦期の3月18日には全ドイツで1万人が参加する警告ストライキが行われた。しかし従来どおりの展開が繰り返された。ver.di中央執行委員・商業部門群担当のマルグレート・メニヒラーネは「部分的には業務遂行に打撃を与えた」と評価しつつも，買い物客にストライキが必ずしも認識されていないことを認めざるをえなかった。このときも派遣労働者の投入が行われていた（Der Tagesspiegel 2008.3.20）。

　そうしたなか，使用者団体の内部から争議の戦線を離脱する企業が現れた。レーヴェ・グループである。レーヴェ・グループは，「レーヴェ」（食料品スーパー），「ペニー」（ディスカウントショップ），「トゥーム」（ホームセンター）を全国展開するコンツェルンであり，従業員8万8千人を擁していた。レーヴェ・グループは，とくに倉庫部門におけるストライキが打撃となって，2007年末からグループ独自にver.diと妥結する意志のあることを表明した。

これにver.diが応じ，レーヴェ・グループ独自の暫定協約（Vorschalttarifvertrag）が締結された（以下「レーヴェ暫定協約」と呼ぶ）。「暫定」とは小売業の新しい横断的労働協約が締結されるまで，という意味である。その主な内容は，①遅番手当，夜間手当は維持する。ただし，土曜日の遅番手当の支給開始時間を14：30から18：30に遅らせる。②2008年1月に遡って3％の賃上げを行う。③賃金協約失効から2007年12月分までの補償として一時金300〜450ユーロ支払う，というものであった（内容は2007年末から明らかになっていたが，締結は翌年4月2日）。この協約締結に伴いレーヴェ・グループ各社に雇用されるver.di組合員は平和義務（協約期間中ストライキを行わない義務）を負った。

遅番手当が完全には維持されていないことや賃上げ額がインフレ率に及ばない3％にとどまったことはver.diとっての譲歩ではあったが，この暫定協約の内容はストライキが一定の効果をもったことの結果であると評価できるものであった。それゆえver.diは，このレーヴェ暫定協約を突破口として位置づけ，その内容を横断的労働協約へと移転することを要求した。

しかし，レーヴェ・グループの独自行動は使用者団体内部で反発を引き起こしていた。使用者団体の大勢——そのなかでもとくに強硬であったメトロ・コンツェルンとアルカンドア・コンツェルン——は，あくまでも手当の廃止または大幅な削減を追及すべきとしていた。HDEのライナー・マーシャルス（メトロ・コンツェルンの代表でもある）は，レーヴェ暫定協約について，横断的労働協約を先取りするような「好ましくないプロセス」として非難し，レーヴェ暫定協約を横断的労働協約の内容とする意志のないことを表明した（Frankfurter Rundschau 2008.5.7）。

こうして，動き出すかにみえた交渉は再び行き詰まった。

他方，レーヴェ暫定協約はver.diの内部にも路線分岐をもたらした。レーヴェ暫定協約の内容に基づく横断的労働協約の締結という方針が実現困難なものと受け止められてゆくなかで，ver.diの内部では，小売業が無協約状態に陥るのではとの懸念が広がっていた。そこで，横断的労働協約の締結をいったん棚上げして，レーヴェ暫定協約と同様に，当面は条件のある企業やコンツェルンごとに暫定協約を締結すべきとする戦術転換が唱えられるようになった。

このことを主張した代表的論者は先に登場したver.diハンブルク地区本部の

ウルリヒ・マイネッケであった（Meinecke 2008）。マイネッケはこれまでの争議を分析してこう述べた。「『このまま続けよう』（weiter so）というのは不可能である。使用者団体は合意を形成する能力がないように思われるし、われわれの集中的なストライキに対して、彼らはこれまでのところ少なくとも表面的には動揺していない。いまこそわれわれは戦術を変更し、横断的労働協約へ向かう迂回路を進むべきである。『1つ、2つ、3つ、4つのレーヴェを』のモットーのもと、われわれはより広い範囲の各企業に対して、〔レーヴェ暫定協約と〕同一内容の暫定協約を締結するよう要求する。そのことを経て、われわれはそれらの暫定協約を横断的労働協約へとまとめ上げることができる」（傍点引用者）。マイネッケは、この新しい戦術によって小売業の使用者内の分裂が促され、自らの存在意義の喪失を恐れる使用者団体が方針転換してver.diとの横断的労働協約交渉テーブルに復帰する、という展望を描いていた。

　これに対して、あくまでも横断的労働協約の締結を追及すべきと説いたのがver.di BW地方本部であった。その機関誌はレーヴェ暫定協約の成果を認めつつもこう述べる。「しかし、〔小売業の〕全体部門に適用される横断的労働協約を維持し擁護することが引き続き最も優先されることである。使用者団体はレーヴェの動きに拒否反応を示している。このことから明らかなように、協約交渉はまだ終わっていない。とりわけ横断的労働協約のための闘いが力強く継続されなければならない」（Wir 2008/1、傍点引用者）。

　同様にver.diシュトゥットガルト（BW州の州都）地区事務所長ベルント・リキシンガーは マイネッケの新方針を批判した（Riexinger 2008）。横断的労働協約の消滅は「カタストロフィ」であり、停滞する小売業の市場状況のなかで賃金や労働条件は「制限なく変更可能な構成要素」となってしまうだろう。マイネッケのいうようにver.diが戦術転換して企業別・コンツェルン別の暫定協約を追求したとしても、それでver.diの闘争力が高まることはない、と。[17]

3　妥　結　へ

　最終的に小売業争議は、ver.di BW地方本部がその主張を貫徹することで終結した。3月28日のNRW州交渉が決裂した以降、4月にかけて各州の交渉も相次いで決裂した。そのなかでBW州のみが交渉を継続し、6月下旬からの無

期限ストライキを経て妥結に至った。

　ver.di BW 地方本部と，州都であるシュトゥットガルト地区は，その戦闘的な組合文化において際立っていた。そのストライキの「独走」が，使用者団体内部にver.diに譲歩することもやむなしとする意見を生み出し，手当を基本的に維持する横断的労働協約を実現させた。同地方本部の争議回顧の記述を要約して，争議の最終局面をみることにしよう(ver.di Baden-Württemberg Fachbereich Handel 2009：32ff.)。

6月23日　シュトゥットガルト市全域，フライブルク市，オッフェンブルク市等でストライキ。店舗は「カールシュタット」，「カウフホフ」，「レアル」，「カウフランド」（食品スーパー），「H&M」（衣料品），「ザラ」（衣料品），「C&A」（衣料品）。

6月24日　ストライキ継続。「カウフランド」の3店舗が新たに加わる。

6月25日　43の店舗でストライキ継続。プフォルツハイム市の「カウフランド」も加わる。

6月28日　州内で2000人がストライキ。シュトゥットガルト市中心部を販売員たちが抗議デモ。ストライキ参加者たちは「良い労働に対するより多くの支払い」，一般協約と手当の維持を要求。

6月29日　ストライキ参加者増大。「イケア」（家具店），「シュレッカー」（ドラックストア）でも。

7月2日　先週からのストライキは30の店舗で継続。

7月3日　ネッカーズルム市の「カウフランド」各店前でデモ。シュヴァルツ・グールプ（「カウフランド」の上部コンツェルン）代表が協約交渉の早期終結と手当についての「公正な解決」を表明。シュヴァルツ・グールプは従来の協約交渉において積極的な発言をしてこなかった。

7月4日　2週間来，日々800人から2000人の従業員がストライキに参加。ストライキと並行して労使の折衝も行われる。

7月8日　ストライキ3週目。労使折衝が進展。7月10日に正式の交渉を行うことが決まる。ver.diの交渉担当者いわく，「合意に成功すると確信します」。

7月9日　北部のライン・ネッカー地区で多くのストライキ。ver.diライン・ネッカー地区事務所長いわく，「前進のための時機は熟した」。

　こうして2008年7月10日，BW州の労使団体は妥結し，横断的労協約（一般協約と賃金協約）を締結した。その内容はおおむねレーヴェ暫定協約を踏襲し

たものであった。すなわち，①遅番手当，夜間手当は維持する。ただし，土曜日の遅番手当の支給開始時間を14：30から18：30に遅らせる。②2008年4月に遡って3％の賃上げを行う。③賃金協約失効期間の補償として一時金400ユーロを支払う（パートタイムは時間比例），というものであった。

BW州の労働協約は各州にほぼ同一内容のものが移転された。約15カ月に及ぶ争議は終結した。ストライキ参加者は約18万人であった。

一般に労働協約交渉は労使どちらかの一方的な勝利ではなく，何らかの妥協として収束する。この争議の場合も妥結内容の両面性を評価しなければならない。確かにこの妥結は横断的労働協約の解体危機を乗り越えて手当廃止という使用者側の主要な目標を阻止したもので，その限りではver.diの勝利であった。しかし，土曜日に関する遅番手当の後退やインフレ率に及ばない賃上げ率などの大きな譲歩も含んでいた。

そしてこの争議を通じて，ver.diの貫徹力の強さだけでなく，同時にその限界も明らかになった。すなわち，労働条件を向上させるのではなく，たんに横断的労働協約とその中の既得権を防衛することだけのために，これだけのストライキの労力を費やすことを余儀なくされたという事実である。使用者側は紛争の危険を冒してでも労働者の既得権に大胆に踏みこむことをもはや躊躇しなくなった。そして労働組合は長期間のストライキでなければ，これに対抗できなくなった。

争議終了時の解説記事を紹介したい。「大きな闘争に伴う小さな影響」と題する新聞記事はver.diの力量の限界を指摘した。いわく，「小売業での協約紛争は戦後最長のものであった。にもかかわらず，それは世間にはあまり気づかれないままにとどまった。その根拠は，小売業におけるストライキの態勢が，たとえば金属産業などと比べた場合，高度なものとはほど遠かったことにある。……小売業における労働争議の貫徹力はきわめて低かった」（Süddeutsche Zeitung 2008.7.12）。

他方，この評価と必ずしも矛盾するものではないが，別の記事はver.diが横断的労働協約を守ったことの積極的な意義を強調した。タイトルは「ダム〔＝横断的労働協約〕はまだ維持されている」である。いわく「生活習慣は変化しており，この流れを労働組合も止めることはできない。都会では多くの人々が

土曜の午後や晩に買い物をしたいと思っている。……しかし小売業での労働が，ほとんど終日にわたって同じ価格で企業に提供されたならば，それでどのような得があるのだろうか？ そうなれば，いつか私たちはいわゆるアメリカ的な状況，すなわち労働者がその家族とともに常に使用可能な状態でいなければならないような，そうした状況で暮らすことになるだろう。そのような状況を防ぐことができるのは横断的労働協約である」(Stuttgarter Zeitung 2008.7.11)。

5 小　括

　前述したように，2001年にver.diが結成された当時，それが組合員の減少傾向を反転させる契機になるという期待が語られていた。だがその後組合員の減少は止まらず，結成時の299万人は2012年には206万人までになった。その意味においてはver.di結成のコンセプトは成功しなかったといえるし，実際そうした論評は多い（たとえばKempe 2011：77ff.）。

　しかし，小売業争議にみられるような経験がver.diに質的な変化を促したことも見逃すべきではない。それは，今日の状況におけるストライキの意義の再確認，再構築であり，社会的パートシップからの離脱である。筆者とのインタビュー（(j), (l), (o)）で，あるver.di役員はいう。「モデルとしての社会パートナーシップは過ぎ去りました。それはすべての労働組合が言っていることで，実際に経験していることです。どの立場に立つかという問題ではありません」。別のver.di役員もいう。「社会的パートナーシップはもはや機能しなくなりました。従業員の利益を明確にするだけでなく，闘わなければならないということは明白です。交渉による決着のみで良い結果がもたらされることは，今日もはやありえないと思います」。

　2013年の小売業部門の協約交渉は，2007/2008年の再来を思わせる展開となった。HDEは夜間手当の廃止やレジ業務の賃金等級引き下げ等を要求したのに対し，ver.diは長期のストライキによってこれを阻止した。それは，協約交渉における対立の先鋭化が，一時的な現象ではないことを改めて示した。

　かつて1960年の著書で，アーサー・ロスとポール・ハートマンは「ストラ

イキの衰退」テーゼを提唱した（ロス/ハートマン1966=邦訳）。すなわち，生活水準の向上によって組合員のストライキ性向が低下すること，使用者側も労使紛争の平和的解決に理解を示すようになること，国家も調停者としての役割を果たすようになること，政治活動領域の拡大によってストライキ以外の手段で労働者が要求を実現できるようになること——これらの歴史的な傾向の結果，今後世界的にストライキは衰退してゆくであろうと予測がなされた。

　しかし振り返ってみて，彼らのテーゼは少なくともストレートには現実化していない。ストライキは歴史の遺物とはなっておらず，むしろ今日その新しい条件が現れていることをver.diの経験は示している。歴史的にストライキ小国であるがゆえに，今日あえてストライキを選択することの必要性は，この国においてとりわけ鮮明に認識されている。

【付記：第2回ストライキ交流集会（2014年10月2日〜4日）参加記】
　この間ドイツではストライキの多様な経験を交流し課題を議論する試みが相次いで組織されている。2013年3月にはシュトゥットガルトにおいてローザ・ルクセンブルク財団とver.diシュトゥットガルト地区事務所共催によるストライキ交流集会「ストライキを通じた再生」が初めて開催され，全国から約500人が参加した。本章で引用した（Riexinger 2013）は，その時の報告である。そして2014年10月2日から4日にかけて，今回はハノーファーにおいて，ローザ・ルクセンブルク財団およびver.diハノーファー地区事務所共催による第2回ストライキ交流集会が開催された。交流集会のテーマは「共同の戦術を発展させ，紛争を主導し，参加を組織する。ストライキを通じた再生　そのⅡ」である。主催者発表によれば前回を上回る約650人が集会に参加し，筆者も参加してきた。
　そこでは興味深い報告，分科会，セミナーが多数開催された。プログラムを抜粋して紹介しよう。

1日目夜：開演報告「困難さと抵抗—労働組合再生の将来」／シンポジウム「困難な条件下におけるストライキ—国際的経験」
2日目午前：全体報告1「守勢と再活性化のあいだにある労働組合—反資本主義における集団的行為」，全体報告2「協約の儀式を超えて—ストライキの社会的意義」。特別報告「難民と労働組合の連帯」。
2日目午後：分科会1「事業所における労働組合—効果的な紛争とストライキのために」，分科会2「ストライキの過去と現在」，分科会3「ストライキにおける連帯活動。同盟を結ぼう！外部からの支援の経験」，……分科会6「金属産業の協約運動における参加と動員」，分科会7「攻勢へ！小売業における効果的なストライキ戦術の諸要

> 素」，……分科会9「聞いたことがない!?—労働組合における35歳以下世代，若年組合員との交流とネットワークづくり」，分科会10「低賃金，有期雇用，パートタイム—困難な条件下でのストライキ」，分科会11「攻撃的な使用者戦術そのⅠ—組合活動家に対する神経戦」，……
>
> <u>2日目夕方</u>：組合別・部門別会合，実践セミナーC「労働争議における連帯活動—どうやって支援者を取り込むか？」，実践セミナーD「労働争議においてPR活動をどう組織するか？」，実践セミナーE「組織化のコンセプト—入門」，……，フォーラム「協約統一法—ストライキ権をどれほど制限することになるか？」
>
> <u>3日目午前</u>：……，分科会14「職業に対するアイデンティティ—ストライキの資源か妨げか？」，分科会15「事業所閉鎖に対する闘い—突如すべてが問題になったら」，分科会16「東地域における新しい勢い—組合組織化・アクティブ化，参加」，……，分科会20「派遣，請負，中核従業員—連帯と共同」，分科会21「攻撃的な使用者戦術そのⅡ　分断を克服する」
>
> <u>3日目午後</u>：全体報告「大紛争の前と後?!—アクション能力を体系的に高め，参加を前進させ，支持を組織する」，全体報告「ストライキ法規制化反対！」，全体報告「ストライキ—選択と必然性—ストライキ能力の構築は可能であり，しなければならない」

　感想を2点ほど記しておきたい。ひとつは，こうした集会が開催されることの意味についてである。もちろん，集会の開催は，現実にストライキが新しく展開していることを受けたものである。しかし報告のいくつかの題目が示しているように，集会の基調を特徴づけるのは高揚感や達成感であるよりも，むしろ危機の意識である。なるほど，ドイツのストライキは増大しているとはいえ，しかし不安定雇用の拡大や労働協約の規制力の全体的な後退に照らしてみれば，ストライキは依然として不足しており，またアマゾン社のストライキ（第1章25頁以下参照）にみられるように，ストライキが起きたとしてもその効力は不十分である，という認識である。ある報告は「かつては，職場で少数しか組織できていない状態でストライキを試みることはばかげたこと（Unding）であったが，今日ではそうではない」と述べていた。これは今日の労働組合がそれだけ追い込まれ，「打って出る」ことを余儀なくされている状況を表しているように思われる。

　筆者はIGメタルの一般組合員である参加者と話す機会があった。彼の勤務する事業所（部品メーカー）は2003年に協約を脱退し，IGメタルは，その後再び協約へ復帰させることを要求しているが，実現できていない。同事業所でのIGメタルの組織は人数としては大きいが，しかし多くの組合員は自ら活動に参加しようとせず，役員任せになっている。彼は，この状況を変える手がかりを得るために，集会に参加したのだという。

　そこで，彼ら・彼女らはどのようにしてかかる状況を克服しようとしているのかが当然問題となる。これが2点目である。「壁紙張り職人ストライキ」では効果は乏しく，多様な戦術が必要であること，ストライキ参加者の頻繁な交流を組織すべきことなどは，

本章でも触れたが，この集会でも改めて強調されていた。今回とくに重視されていたのは「外部からの支援」の問題である。一般市民を動員する「フラッシュ・モブ」もそうであるが，その他にも，学生運動や環境保護運動，反グローバリゼーション運動などの外部の団体・市民からの支援やそれらの運動との連携が，ストライキの成功のために必要であると説かれていた。しかし，そのことはまた，外部団体との相互理解に不熱心であったこれまでの労働組合の「文化」の再考をも迫っている。ある報告は「他団体との連携において私たちは『寛容になること』が必要です」と訴えていた。
　また，労働組合の古典的な課題であるが，職場における組織化の重要性も強調されていた。筆者は「実践セミナーE　組織化のコンセプト─入門」に参加し，組織化を専門とするver.di専従役員のレクチャーを受けた。組織化の出発点は，要求実現のための有効なストライキを実行するという目標と，ただちにはそれが難しいという現状の落差を正確に認識することだ，という。そして，目標に到達すべく，小規模な集会やアクションを繰り返し，アクティブなメンバーの数とその闘争能力を段階的に高めていく，そうした「エスカレーション」が必要だと，講師はわかりやすく説いていた。本章では十分に分析できなかったが，2007/2008年小売業争議も含めて，ストライキに労働者を立ち上がらせるものは，その時点での情勢だけでなく，長期にわたる訓練の結果でもある。そのことを改めて感じた。

1)　ドイツの官庁統計では，ストライキは，10人以上の従業員が参加しかつ1日以上継続するもの（または損失日数が100日を超えるもの）のみを集計するため，小規模または短時間のストライキが把握されない。
2)　1977年の著書においてストライキの国際比較を行った中山和久は，日本のストライキ頻度の相対的な低さを強調するとともに，その際に「異常値」としてのドイツについて言及している。いわく，「日本の労働者がストライキをやりやすい傾向があると断定するに足る資料を手に入れることは至難のわざである。西ドイツに比べれば〔日本のストライキ頻度が〕高いことは明らかであるけれども，それは西ドイツが異常に低いからに他なら〔ない〕」（中山1977：232，傍点引用者）。
3)　DPG（ドイツ郵便労組，結成時組合員数約44.6万人），HBV（商業・銀行・保険業労組，約44.1万人），IG Medien（メディア・印刷・製紙・出版・芸術労組，約17.5万人），ÖTV（公共サービス・運輸・交通労組，約147.7万人），DAG（ドイツ職員労組，約45.0万人）である（計約299万人）。
4)　ストライキの事例については，（Dribbusch 2009b），（Kocsis et al. 2013）所収の諸事例を参照。
5)　女性労働者の増大はサービス産業全体の特徴である。2000年の時点で，ver.diの管轄内の就業者は女性54%，男性46%であった。女性の従業員が60%を超える事業所に注目すると，ver.diの管轄で33.2%の事業所がそれに該当するのに対し，他組合の管轄では5.1%であった（Ahlers/Dorsch-Scweizer 2001：759f.）。もちろん女性労働者はサービス産業全体に均等に分布しているのではなく，特定の職種──たとえば，事務職，小売業における販売員，理

髪師，医療補助員など——に偏っており，それらの職種は低賃金または長期に雇用される見通しが少ないといった特徴をもっている。女性労働者の中でのパートタイムや有期雇用の比率は高く，これは小売業においてとくに顕著である（ebd.）。

6）　2009年にBAGはHDEに吸収された。

7）　公式発表ではないが，そのように報じられている。組織率について（FTD 2007.7.27），協約拘束率について（junge Welt 2005.11.11）。なお2013年時点での協約拘束率は西地域に限っても45％にまで低下している（Welt am Sonntag 2013.11.24）。

8）　なお，2014年の労働協約法改正により一般的拘束力宣言の手続きは変更された。第4章注38参照。

9）　正確にいえば，各州の小売業の横断協約のすべてに一般的拘束力宣言が付与されていたのではなく，また一般的拘束力宣言のすべてが2000年に失効したのではない。半年または1年ごとに発行される連邦労働社会省の一般的拘束力宣言の報告 "Verzeichnis der für allgemeinverbindlich erklärten Tarifverträge" には，その時点での有効な一般的拘束力宣言の一覧が掲載されており，各号を照らし合わせることでそれぞれの一般的拘束力宣言の失効の経過がわかる。以下，一般的拘束力宣言が付与されていた労働協約とそれが上記報告に掲載されなくなった時点を記す。

　BW州：一般協約および賃金俸給協約（2000.10.1）。ブランデンブルク州：一般協約および賃金俸給協約（2000.10.1）。ヘッセン州：一般協約（2001.10）。ニーダーザクセン州：一般協約および賃金俸給協約（2002.1.1）。NRW州：一般協約（2004.1.1），賃金俸給協約（2000.10.1）。ザールラント州：一般協約（2000.10.1）。ザクセン州：一般協約（2000.10.1）。ザクセン・アンハルト州：一般協約（2000.10.1）。

10）　(Hilf/Jacobsen 2000) によれば，90年代中盤までは，開店時間の規制緩和の根拠は「それが小売業全体により多くの売上とより多くの雇用を生み出す」というものであったが，予想された効果は実際には現れなかった。そのため1999年の規制緩和論では，もはやそうした論理ではなく，小売業における特別な開店時間規制は小売業の従業員の「正当化できない特権」であることが問題視された。なお，本論でとり上げる2006年の改正についても，開店時間延長による売上増や雇用増はみられなかったと報じられている（Der Spiegel 2008/51：69）。

11）　2007年1月12日にHDEとBAGが共同で発表した協約交渉要求は全部で5点ある。すなわち，①「現代的な報酬構造を導入すること」，②開店規制の改正を踏まえて，遅番手当と夜間手当をこれに「適合させる」こと，③週労働時間の上限規制を12カ月平均で行えるように柔軟化すること，④労働時間金庫［超過労働を後日休暇として取得する制度］を生涯単位で導入すること，⑤職業訓練生受け入れるための措置をとること，である。

12）　前述したように，遅番・夜間手当は，延長された就労に対する補償であると同時に，開店時間延長そのものに実質的な制限を課すという二重の役割をもっている。それに対応して，手当を守るべきという従業員の要求も二重の論理になっている。すなわち，手当は収入を維持するために守るべきであり，他方で労働時間を制限するためにも守るべきである，となる。しかしインタビュー（j），(l)，(o) によれば，小売業従業員は一般的に低賃金であるため，争議の主要な動機は前者であるという。

13）　労働者派遣法11条5項は，ストライキが行われている派遣先での就労拒否権を派遣労働者に認めている。さらにDGBが派遣元使用者団体と締結した労働協約（補論参照）は，ス

トライキが行われている派遣先への派遣そのものを禁じている（Berg et al. 2013：780）。
14) （Schmalstieg 2013）は2012年の公共サービス部門（連邦と市町村）協約交渉に伴う労働争議を対象として，ストライキにおける新しい「参加」と「民主主義」のあり方について分析している。
15) 最終的に2009年に使用者は敗訴している（Berg et al. 2013：738ff.）。
16) ただしフラッシュ・モブ戦術の評価については，ストライキの当事者のなかでこれに賛同する意見とともに，店舗を混乱に陥れることに対しての抵抗から批判的な意見もあった（ver.di Baden-Württemberg Fachbereich Handel 2009：29）。
17) なお，リキシンガーは2012年6月より左翼党の共同党首のひとりに就任した。

第4章
協約賃金の低水準化
▶NGGと法定最低賃金

1　はじめに

　2008年10月20～24日に開催されたNGG (Gewerkschaft Nahrung-Genuss-Gaststätten, 食品・飲料・旅館業労働組合) の定例大会は，労働協約と法定最低賃金に関して提出されたある動議をめぐって大荒れの展開となった。その動議とは，「今後NGGは時給7.5ユーロを下回る労働協約を締結しない」ことを求めるものであった (NGG2008b, einigikeit 2008/6, インタビュー (p))。

　「時給7.5ユーロ」とは，NGGにとって特別の意味をもつ数値であった。これは，NGGと，NGGも加盟するナショナルセンターであるDGB (ドイツ労働総同盟) が，法定最低賃金が導入された場合のあるべき水準として要求していた額であった。時給7.5ユーロを下回るような賃金は，労働者の生存が保障されない「貧困賃金」であり，そのような賃金で雇用することは社会的公正に反する「賃金ダンピング」に他ならない。それゆえ国家は法定最低賃金の導入によってこの時給7.5ユーロ水準を下回る状況を排除すべきである——このようにNGGは強く主張し，宣伝してきた。

　ところが同時にNGGは，時給7.5ユーロを下回る労働協約を使用者団体 (または個別の使用者) と締結していた。これは稀なケースではなかった。たとえば，旅館・飲食業部門の各地方の横断的労働協約が定める最も低い賃金等級は，そのほとんどが時給7.5ユーロ以下で，5ユーロを下回る地方もあった。パン製造部門の横断的労働協約，食肉産業部門の企業協約の多くもそうであった。そうした傾向はとくに東地域において顕著であった。つまりNGGは，一方では時給7.5ユーロ以下の低賃金の不当性を非難するとともに，他方ではそれを自ら容認していた。

　これは矛盾しているのではないか。動議提出者たちが問題にしたのはこのこ

とであった。提案理由はいう，「稼得労働は最低でも時給7.5ユーロでなければならず，貧困賃金は人間の尊厳に反し，組合員の利益に反すると私たちが確信しているのならば，NGGは貧困賃金を定める労働協約を締結してはなりません」。

しかし，長時間の議論ののち結局，動議は否決された。「7.5ユーロ以下を認めない」という方針は非現実的であって，使用者側の強硬姿勢のもとで不本意にも低賃金の労働協約を締結せざるをえないNGGの現場の実情から乖離している。そのように考える意見が大勢を占めたからである。たとえばある代議員はいう，「もし私たちが何ら妥協に関わらなければ，使用者側は賃金協約交渉を決裂させるでしょう。それは何を意味するのでしょうか？……協約交渉が決裂すれば何が起こるか，私は想像します。私たちは長期にわたって無協約となるでしょう。……あるいは低賃金のさらなる切り下げが起こるかもしれません。……7.5ユーロ以下の賃金は認めないということは，私たちの中期的な目標であるべきです」(傍点引用者)。

法定最低賃金要求と協約政策の関係をめぐるこの論争については，再び詳しく取り上げることにしたい。ここではまず，論争から垣間みえるドイツの法定最低賃金に関する基本的な問題状況について整理をしておきたい。

まず重要なことは，ドイツには法定最低賃金（gesetzlicher Mindestlohn）の制度が存在しないという事実である[1]（2014年に制定された最低賃金法については後述）。これはヨーロッパ諸国のなかでは特殊であり，2013年12月現在，EU加盟28カ国中21カ国に法定最低賃金がある[2]。これが賃金の下限を法的に規制し，労働協約がそれを上回る水準を規制するという構造である。ドイツでも労働時間や休暇，解雇規制などについてはこうした二重の規制構造になっているが，しかし賃金についてはそうなっておらず，労働協約や個別労働契約がどれほど低額の賃金を定めたとしても合法である[3]。

これは，ドイツにおいて労働協約が果たしてきた役割の大きさを反映している。つまり，法定最低賃金が存在しなくとも，労働協約によって労働者の生存を維持する賃金水準は十分に保障されているとドイツでは考えられてきた。労働協約の賃金規制に対する強い信頼を共有する労働組合と使用者団体にとって，法定最低賃金は不要であり，むしろそれは協約自治への国家介入として警

図表4-1 各国の低賃金労働者の比率（2005年）

国	比率(%)
アメリカ	25
ドイツ	22
イギリス	21.7
オランダ	17.6
フランス	11.1
デンマーク	8.5

（Weinkopf 2009：119）

戒されるべきものであった。

しかし，労働協約の定める賃金水準が，労働者と使用者の個別交渉による賃金水準に比べて相対的に高水準となることは一般的にいえるとしても，協約賃金の絶対的な水準が労働者の生存に照らして十分なものである保障は，じつは存在しない。労働協約が定めた賃金であっても貧困レベルの賃金となることがありえる。また，そもそも労働協約の成立自体も制度的には保障されてはいない。つまり，「労働協約がうまく機能することで，労働者の生存維持に照らして十分な賃金水準が保障される」という想定は，もともとある種の予定調和であった。

この予定調和は90年代以降現実に崩れ始め，それは徐々に人々の意識するところとなった。ドイツは「高賃金の国」であり，それを担保しているのが労働協約であると理解されてきたが，そのことが妥当する範囲は着実に狭まっており，これに対して，労働協約が存在しても低賃金である領域や，そもそも労働協約が存在しない領域が拡大している。その結果，むしろ低賃金労働の増大が今日のドイツを特徴づけている。時給換算した賃金分布の中央値を求め，その3分の2以下の賃金を「低賃金」と定義することが多いが，ドイツにおけるその広がりは図表4-1に見られるように国際的にすでに上位に位置している。

このような状況のもと，ドイツの労働組合は法定最低賃金の導入を要求するに至った。これは，協約自治のみに依拠していてはもはや低賃金問題に対抗できないという判断であり，協約自治に対する国家の介入はできるだけ排除すべきであるという従来の立場の転換であった。

その先頭に位置するのがNGGである。NGGが法定最低賃金の導入要求を表明したのは1999年であった。この時点では、他の労働組合も、すべての政党も法定最低賃金に否定的な姿勢を示していた。その状況を出発点に、NGGは徐々に支持者を拡大し、法定最低賃金を実現する運動を牽引してきた。

またNGGは、法定最低賃金要求の内容においても最も徹底的な立場をとってきた。詳しくは後述するが、2000年代中盤から最低賃金規制の導入が政治的テーマとなった際、多くのアクターが構想していたのは、労働協約システムとの整合性に配慮した部門別最低賃金であった。そのなかでNGGは一貫して、部門別ではなく全国一律法定最低賃金を導入すべきであると主張してきた。

こうしたNGGの独自の位置は、他の労働組合と比べてNGGがそれだけ深刻な低賃金問題に直面してきたことの反映である。図表1-4（第1章）でみたように、協約賃金は、同じドイツでも部門によって大きな格差ないし階層性がある。その中でNGGは多くの低賃金部門を管轄している。NGG管轄のなかでも、タバコ産業や砂糖産業などは伝統的に高賃金部門であるが、本章で分析する旅館・飲食業、食肉産業のほか、パン産業、菓子製造業などは労働協約賃金の水準が低い典型的な低賃金部門である（Peter 2006：173f）。[4]

NGGは規模としては小さいが（本書6頁参照）、ドイツにおける低賃金と法定最低賃金問題を考えるうえで最も重要な労働組合であるといってよい。本章は、このNGGに焦点をあてて、法定最低賃金問題の歴史的展開について、分析を行うものである。それを通じて、低賃金問題のドイツ固有の構造とその労働協約システムとの連関を明らかにしたい。

本章はまず、NGGの管轄する旅館・飲食業と食肉産業を取り上げ、それぞれにおける協約政策の低賃金問題を分析し（2および3）、そのうえでNGGが法定最低賃金の導入を要求するに至った経緯と運動の展開、政治への影響について分析を行う（4および5）。なお周知のように、2013年9月の連邦議会選挙の結果を受けて、ドイツでは法定最低賃金の導入が決定され、2015年1月より段階的に施行される予定である。これは現在進行中の問題であり、暫定的な検討とならざるをえないが、このことついても5で触れることにしたい。

2 旅館・飲食業における低賃金と協約政策

「旅館・飲食業部門」[5]は，きわめて多様な業種から構成されている。ホテル，ペンション，レストラン，カフェ，ファーストフードショップ，軽食店，アイスクリームパーラー，ケータリング。これらはすべて旅館・飲食部門に属する。さらに，このなかで，たとえば「宿泊施設」を取ってみても，簡易で小規模なものから5つ星の高級ホテルまである。部門全体の従業員数（社会保険加入，2011年）は約90.8万人が，「宿泊施設」(27%)，「飲食施設」(61%)，「食堂・ケータリング」(12%) に分布している。またこれと同規模の社会保険非加入労働者が83.5万人就業している（NGG 2013：150f.）。

業種構成は多様ではあるが，旅館・飲食業は全体として低賃金労働が蔓延する部門としての特徴を有している。以下ではその構造をみてゆくことにする。

1 協約構造と賃金

旅館・飲食業部門を組織する労働組合であるNGGに対して，使用者側はDEHOGA（ドイツ旅館・飲食業連盟）に組織されている。労働協約は全国18の地方を単位として，NGGとDEHOGAの地方組織間で締結される。またこれとは別に，マクドナルドなど「システム飲食」を単位として全国レベルの労働協約がNGGとBdS（システム飲食全国連盟）との間で締結されている。

先に述べたように，旅館・飲食業部門の労働協約が規定する賃金水準は低い。図表4-2は各地方でNGGとDEHOGAの間で締結された労働協約について，それぞれの最下位の賃金等級の時給換算額を示したものである。

グラフ中で水平に引かれた点線は，NGGの法定最低賃金要求額である時給7.5ユーロを示している。見られるように，この時点でかろうじてバイエルン地方とBW地方の最低賃金等級のみが時給7.5ユーロを上回っている。東地域（ザクセンからブランデンブルクまで）はおおむね低水準である。

これらの最下位の賃金等級は「単純作業労働者」に該当し，具体的には片づけ係，クローク係，厨房や清掃などの補助係，トイレ係などが例示されている（本書11頁参照）。これらは実際に適用されることの多い職種である。他方で，

図表 4-2 旅館・飲食業部門の労働協約における最下位の賃金等級 (2008年3月1日時点)

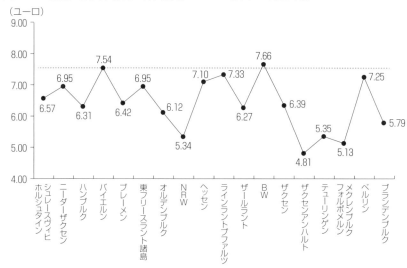

(NGG 2008：116, 数値はBispinck/WSI-Tarifarchiv 2008：35)

　横断的労働協約の従業員ベースの協約拘束率は全国平均で約3分の1であり[6]，これらの低賃金労働協約の規制さえ及ばない領域が広く存在する。以上のことから，旅館・飲食業において時給7.5ユーロを下回る低賃金労働が実際に広く存在することが推測されるが，それを示すのが図表4-3である。

　ここでの産業分類法が，旅館・飲食業と建設業以外は横断的労働協約の締結単位と一致しておらず操作性が悪いが，それはともあれ，旅館・飲食業における低賃金労働の顕著な広がりは明らかである。

　低賃金で働く当事者たちの証言をいくつか紹介したい。
●元ホテル客室係（48歳，女性）：「4つ星ホテルで客室係として働いていました。以前は時給9.7ユーロの固定給でしたが，私のような新入りは〔部屋単価の〕年契約でした。……1時間に2部屋以上を処理することは無理です。だから，私の稼ぎは〔部屋単価導入以前に比べて〕月250ユーロ減るか，それを補うためには超過労働をしなければなりませんでした」（Wallraff et al. 2011：64）。
●ファストフード従業員（30歳，女性）：「時給5.8ユーロで働いています。……労働はきついです。全時間立ってなければならず，常に愛想良くしなければな

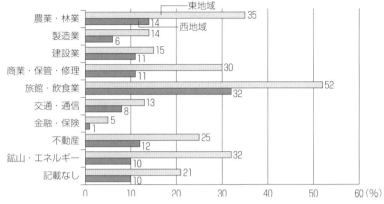

図表4-3 時給が7.5ユーロを下回る従業員の比率（2006年）

（Brautzsch / Schultz 2008：103）

りません。シフト労働です。夜間・日曜・祝日手当はありません。ほとんどの同僚は『上乗せ』〔後述〕をしなければなりません。賃金だけでは生活できないからです。雰囲気は最悪です。店長はいつもいいます。『これ以上は払えない。そうやって採算をとっているんだ』」（ebd.：64）。ここでいう「上乗せ」とは、賃金所得が一定額を下回る場合に公的給付である失業手当Ⅱを合わせて受給する制度を指している（本章5で再び触れる）。上乗せ受給者の存在は低賃金労働のひとつのメルクマールとなるが、その数は旅館・飲食業にとくに多い。[7]

●レストラン従業員（29歳、女性）：「週45時間、時給5.13ユーロです。……私はレストランの管理を任され、人員やサービスのプランの責任を負っています。必要があれば穴埋めもします。……1年半前仕事を始めるとき、店長は『これは新入りの賃金（Einstiegslohn）』だ。仕事が全部できるようになったらもっと支払う』といっていました。……今はこういいます。『気に入らないなら他をさがせ』と。……私の仕事はひどい状況です。家畜のように働け、しかし病気になることは許さない、というものです。……今、私は真剣に新しい仕事を探しています」（Initiative Mindestlohn o.j.）。

2 職場における権威的関係

以上の証言からは、低賃金がその他の困難と複合して存在している実態が浮

かび上がってくる。それは，職場における権威的関係というべきものである。自身もホテル客室係として勤務した経験のあるミヒャエラ・ローゼンペルガーNGG委員長代行（2013年11月から委員長）はいう。「従業員に対する圧力は非常に大きいです。雇っては首にするということ（hire and fire）が，そこではきわめて頻繁に起きています。……何か問題を起こせば，次の日には荷物をまとめさせることができると使用者は思っています。不安が常に存在します」（neues deutschland 2011.7.5）。

　旅館・飲食業部門全体の特性として業務の繁閑が激しいことが挙げられる。宿泊や飲食の利用は特定の時間帯に偏っており，また夜間や休日に及ぶことも普通であり，これをカバーするためのシフト労働が広範に行われている。フレキシブルに就労しなければならないというこの要請は，職場の権威的関係と相まって，従業員にさらなる負荷を強いるものになっている（Maack et al. 2013：105ff.）。たとえば，レストランにおける昼食と夕食の間を実質的に従業員は自由時間として利用できないにもかかわらず労働時間としてカウントされず賃金が支払われない。シフトが急に変更されるため，家庭生活・私生活が犠牲にされる。前述の証言にもあるように，超過労働をしても不払いである。法定労働時間も無視される，等々。従業員には，労働時間外でも呼び出しに応じなければならないことや，「多機能性」を発揮すること――たとえば，小規模のホテルではある時は受付を，ある時は部屋清掃または厨房をこなさなければならないこと――が求められる。

　超過労働の未払いや法定労働時間の超過は，それぞれ労働協約と法律に違反しており，従業員は裁判所に訴えを起こすことができる。しかし解雇や雇止めを恐れる従業員にとって，そのことは容易ではない。[8]

　職場の権威的関係は，各職場で従業員代表委員会の設置が妨害を受けることにも現れている。従業員代表委員会を設置しようとする従業員や選出された従業員代表委員に対して，使用者が嫌がらせ，中傷，監視等々の手段によって，その活動を妨害しようとすることは珍しくない。

　他社，他業種へ転職は，こうした雇用環境のなかで働く従業員たちにとっての最も有力な解決策である。旅館・飲食業の転職頻度の高さを指摘するものは多い。たとえばホテルに関して，フランツヨセフ・メレンベルクNGG委員長

はいう。「ホテルはドイツの低賃金部門です。ホテル従業員の日給はホテル『アドロン』の夕食料金にも満たないのです！　陰険な搾取の方法があの職場この職場と繰り返し新聞に書き立てられています。これは氷山の一角にすぎません！　多くの従業員は職場の圧力に耐えられません。……人員の変動はきわめて頻繁です」(einigkeit 2006/5：4)。旅館・飲食業部門全体の平均的な勤続年数は2年から3年であるという（Maack et al. 2013：97)。

3　NGGの困難

　以上の状況を前提とすれば，旅館・飲食業におけるNGGの活動が大きく制約され，その結果，協約賃金が前述のような低水準となることは，きわめて自然な帰結である。

　まず，そもそもNGGの組織が職場に定着しない。一般に，従業員代表委員会の設立が困難な職場においては，労働組合の組織化も困難である。旅館・飲食業部門におけるNGGの組織率は，大規模経営や西地域においては相対的に高いという傾向はあるが，総じて低く，平均で10%を切っている（Möllenberg 2010：70)。

　従業員の転職が頻繁であることもNGGの組織化を妨げる大きな要因である。それによってNGG組合員は未組織の従業員に継続的に接触できない。またそもそも職場の不満を原因とする転職は，それらの従業員が，職場にとどまって労働組合に結集するのではなく，「個人レベルでの紛争解決」(Pohl 2007：61)を選択していることの端的な現れである。

　NGGの組織が脆弱なもとでは，協約交渉においてストライキを実行することは難しく，また実行したとしても効果は限られている。NGG中央本部で長くこの部門の協約政策を担当してきたゲアト・ポールはいう。「協約の交渉と構造は協約当事者間の力関係に左右される。組合員数，組織率，ストライキ能力は重要な指標である。旅館・飲食業において組織率は伝統的にきわめて低い。組合の強さがないもとで，多くの協約交渉は集団的な物乞いと同様になっている。使用者の協約独裁は効果的なアクションと広報活動によってのみ防ぐことができるが，しかし実際には，せいぜいのところ孤立した領域で短期のアクションと警告ストライキしかできていない」(ebd.：64)。

NGGに対する使用者団体DEHOGAは，協約交渉においてしばしば攻撃的である。2007年の時点で全国18地方（交渉単位）のうち10地方では，DEHOGAが労働条件の引き下げを求めていたため，新規の協約締結が長らく行われていない状態であった（einigkeit 2007/3：7）。また協約交渉において，DEHOGAの交渉担当者に中小企業経営者がなることが多く，このこともDEHOGA側の姿勢を強硬なものにしている。[9]

　ただし，利用者の評判を強く意識せざるをえないという旅館・飲食業の特質が，NGGの劣勢をある程度は補っている。つまり，短期のアクションや警告ストライキであっても，イメージダウンを嫌う使用者にとっては脅威となる。NGGの組織力が脆弱なもとでも横断的労働協約が全面的な崩壊に至らないのは，この要素に負うところが大きい（インタビュー (p), (t)）。もっともそのことは，この部門における使用者側の優位とその結果としての低賃金の広がりという基本的な状況を変えるものではない。

　このような旅館・飲食業部門の労使関係は，第３章で分析した小売業部門と共通するところが多い。使用者団体の攻撃性，労働組合の組織力の脆弱性がそうであるし，また低価格競争が労働条件への圧力となっていることや，小規模経営の多さが労働組合の組織化を困難にしていることも共通している。しかし，2007/2008年の小売業争議のような展開は旅館・飲食業部門では考えられず，旅館・飲食業部門の方が問題はいっそう深刻であるいえよう。

　以上を要するに，旅館・飲食業部門がドイツの代表的な低賃金部門であるのはすぐれて労使関係の結果である。しかし，「賃金を引き上げたいのであれば，労働組合を組織し，ストライキを組織し，労働協約によって要求を実現せよ」という，金属・電機部門などで典型的に実践されてきた労働組合の定石はここでは通用しなかった。NGGが法定最低賃金を必要としたのは，こうした状況を前提にしていた。

3　食肉産業における低賃金と協約政策

　食肉産業もNGGの管轄する低賃金部門として頻繁に言及される部門である。部門全体では，社会保険加入従業員約14.3万人，非加入従業員約４万人が就

労している（NGG 2013：130，2011年時点）。

　しかし旅館・飲食業とは異なって，食肉産業は伝統的な低賃金部門ではない。そこで働く際の特有の負荷――血を浴びながら家畜を処理することのストレス，刃物を扱う危険性，低温での作業など――は相対的な高賃金によって報われてきた。また食肉産業では，横断的労働協約がバイエルン地方とヘッセン地方のみにしか存在せず，企業協約が支配的であるが，このことも自動的に低賃金を意味するものではなかった。

　食肉産業が低賃金部門へと変容したのは2000年代である。多くの報道がそのことに言及している。いわく，「彼らのかつての贅沢な賃金は自由落下の状態にある」（FAZ 2007.3.6，傍点引用者），「ミレニアムの始まり〔＝2000年〕では，ドイツの屠畜工場の従業員にとって，世界はまだ正常だった。骨の折れる労働に対してはまともな価格が支払われていた。……かつてはそうであった」（Süddeutsche Zeitung 2009.7.23，傍点引用者）。

　急激な変化を引き起こしたものは，東欧諸国からの低賃金請負労働者の大量流入であった。

1　「サービス提供の自由」

　ここでいう「東欧の請負労働者」とは，東欧国，たとえばポーランドの請負会社が雇用する労働者のことである。このポーランドの請負会社にドイツの企業が発注して自社の工程の一部を請け負わせた場合，請負会社の従業員（＝請負労働者）は，元請のドイツ企業に直接雇用はされていないが，ドイツ国内の工場で就労することになる。これはドイツからみれば外国人の就労である。このような外国人就労を可能とする制度は以下のように変化してきた（Czommer/Worthmann 2005：2ff.）。

　まず，東欧諸国がEUに加盟する以前から技術移転や経済協力を目的として，各国とドイツの2国間で「請負協定」が締結されていた。これに基づき，国ごとに割り当てられた請負労働者の数の枠内で，ドイツの企業は各国の請負企業に工程を請け負わせることができた。また請負協定は，請負労働者の手取り賃金額が同一労働に従事するドイツの労働者と同一になるように定めていた。これらの規制は，請負労働者の流入によるドイツ国内の労働市場への影響を防ぐ

●東欧労働者のドイツ国内就労に関する制度の推移

・1988〜95年：トルコおよび東欧12カ国（ポーランド，ハンガリー，チェコ，ルーマニア，ブルガリア等）各国とドイツの2国間で「請負労働者の雇用に関する協定」（請負協定）が締結される。
・2004年5月1日：ポーランド，ハンガリー，チェコ等東欧10カ国がEU加盟。これらの国民に対して「サービス提供の自由」が保障される。
・2007年1月1日：ルーマニアとブルガリアがEU加盟。両国民に対して「サービス提供の自由」が保障される。
・2011年5月1日：ポーランド，ハンガリー，チェコ等東欧10カ国民に対して「労働者の移動自由」が保障される。
・2014年1月1日：ルーマニアとブルガリア国民に対して「労働者の移動自由」が保障される。

ことを意図していた。ただし多くの実態としては，請負協定のこれらの規制は遵守されておらず，すでにこの段階で，請負を通じて低賃金の東欧労働者をドイツで就労させる仕組みが形成されていた。

その後EU加盟に伴い，ドイツと東欧諸国との関係は「サービス提供の自由」の新段階に移った。ポーランド，ハンガリー，チェコ等は2004年，ルーマニアとブルガリアは2007年である。これによって，すでに遵守されていなかったとはいえ，それまで存在した請負協定の規制（数量の割当と賃金水準）は失効し，ドイツ企業は，東欧の請負労働者を全面的に活用できるようになった。

もう少し詳しく説明しよう。周知のようにEUは加盟国間の経済的障壁を撤廃し統合を深化させることをその目的の1つとしている。就労に関しては最も高い統合が「労働者の移動自由」である。これがA国（EU加盟国）の市民に保障された場合，A国市民は，B国（EU加盟国）内でB国籍の労働者と同様に，許可なしに就労することができる。しかし，新規にEUに加盟した東欧諸国の市民に対してただちに労働者の移動自由を認めることは労働市場に混乱を引き起こすとして，旧加盟国，とくに東欧と国境を接するドイツはその実施の猶予を求めてきた。そこで労働者の移動自由については，EU加盟後最大7年間停止することが可能になった。ドイツはそれを最大限活用し，EU加盟を経たのちも当面は，たとえばポーランド人労働者が自由にドイツの企業に雇われて就労することはできなかった。

しかし他方で，EU加盟によって，ドイツ企業から発注を受けたポーランドの請負企業が一時的に自社の労働者をドイツ国内に送り出して就労させることは可能になった。このポーランド請負企業のEU法上の権利を「サービス提供の自由」と呼ぶ（サービス提供の自由を行使する企業は「サービス産業」に限られない）。

この枠組みのもとで，法定最低賃金が存在しないというドイツの特徴はきわめて重要な意味をもつことになった。なぜならば，請負労働者が他のEU加盟国に送り出されて就労する場合，EU法上，請負労働者の賃金に対する規制権限は原則として送り出し国の側にあるが，ただし受け入れ国が国家による最低賃金規制を有する場合には，それが強行規範として送り出し国の請負労働者にも適用される，という仕組みになっているからである。たとえば，ポーランドの請負会社が労働者を他国に送り出すとき，フランスのように国家による最低賃金規制を有する国が受け入れ国である場合には，フランスの最低賃金規制がこの請負労働者にも適用され，したがってポーランド国内基準の賃金では就労させることができない。しかし，ドイツのように国家による最低賃金規制を有しない国が受け入れ国である場合，請負労働者はポーランドの賃金水準で合法的に就労することができる。[11]

こうしてドイツは，東欧請負労働者を低賃金で活用することについては，突出した「好条件」を提供できる国となった。

❷ 食肉産業における東欧請負労働者の流入[12]

この「好条件」を全面的に活用したのが食肉産業であった。具体的には，食肉加工工程ではなく，熟練やドイツ語能力をさほど要しない屠畜工程において，低賃金の東欧請負労働者が大量に投入された。

主な送り出し国は，まずはポーランド，ハンガリー，チェコであり，その後ルーマニア，ブルガリアに移った。社会主義体制崩壊後，これらの国々を貧困と失業が襲った。これらの国々の人々にとって，ドイツで就労できることは魅力的な選択であった。現地の請負企業は労働者を勧誘し，バスに詰め込んでドイツへと送り出した。工場はとくにドイツ北部のオルデンブルク周辺に展開していた。

しかし彼ら・彼女らの境遇は劣悪をきわめた。母国で約束された賃金は支払

われず，支払われたのは時給3～5ユーロという極端な低賃金であった。さらにこの賃金から作業衣や作業用具の代金，家賃が天引きされた。就労時間は，たとえば1日14時間労働，15分の休憩時間が1日2度だけということが普通であった。

彼ら・彼女らは不衛生で劣悪な住居に住まわされた。1つのベッドを交代で使用していることや，40人で1つのトイレを使用していることなどが報道されている。病気や労災の際の保障もなかった。しかし不平を言うものは解雇され，滞在許可は剥奪，母国へと送り返された。

また，この場合の「請負」はしばしば実態を伴わない違法なものであった。工場のラインでは常用労働者（Stammbelegschaft）と請負労働者は混在していた。東欧現地の請負会社を取材に訪れると，そこにあるのは実体のない「郵便受け会社」であった。つまり，ドイツの企業がドイツの労働法や労働協約の適用を回避するために現地に形だけ設立した疑いが濃厚のものであった。

これらの事態は，「現代の奴隷」，「人身売買」，「食肉マフィア」などと評された。この仕組みによってドイツの食肉産業は強力な国際競争力を享受した。食品産業大国であるフランスはドイツにシェアを奪われ，2007年には食品輸出額はドイツが追い抜いた。ドイツ国外からもこの恩恵に与ろうと，デンマークの食肉会社ダニッシュ・クラウン社は，母国デンマークの工場を閉鎖して「低賃金国ドイツ」に進出した。ドイツの高賃金を嫌って低賃金国へと工場を移転する現象は，第2章のジーメンス社が試みたようにドイツの製造業で広くみられるが，食肉産業ではまったく反対のことが起こっていた。[13]

3 流入の影響——解雇と賃金引き下げ圧力

食肉産業における東欧請負労働者の大量流入は，それまで就労していたドイツ国内の常用労働者の労働条件に大きな影響を与えた。

まず，常用労働者の削減である。コスト上圧倒的に低廉である東欧請負労働者に常用労働者の職は次々と代替された。NGGは2001年から2005年前半までの間，請負協定とサービス提供の自由の濫用によって食肉産業において削減された従業員数を2.6万人と見積もっている（FAZ 2005.5.17）。2012年にNGGが行ったアンケートによれば，屠畜工程で働く労働者の90％が東欧の請負労働

者になっていた。

　こうした極端な賃金格差から発する常用労働者の削減に対して，NGGはほとんど抵抗するすべがなかった。解雇保護法もほとんど無力であった。[14]

　他方，雇用の削減に至らなくても，低賃金労働者への代替可能性は常用労働者に対する賃金引き下げ圧力として作用した。

　たとえばヴェストフライシュ社は，リュベッケ市にある屠蓄工場の常用労働者80人に対して，年1人1万ユーロの賃金放棄を要求した（einigkeit 2005/3）。同業他社が東欧からの請負労働者を導入したため，競争条件が不利になったことがその理由であった。これに対して従業員代表委員会は賃金放棄を1人あたり約3000ユーロであればのむと譲歩を示したが，使用者は当初の要求を譲らなかった。そこで従業員代表委員会は，対価として複数年にわたる雇用保障が認められれば，さらなる賃金放棄をのんでもよいと表明した。しかし，この提案も使用者に拒否された。

　つまり，ここでもまたNGGは，現場の労使関係のなかではとうてい押し戻すことができないような圧力に直面した。それゆえNGG地区事務所長のベルント・マイヴェクはこう述べた。「法定最低賃金か，もしくはそれに相当する一般的拘束力を付与された横断的労働協約のみがこの進展を阻止できる（ebd., 傍点引用者）。

　ところで，ここでNGGが直面した問題は，拡大する移民労働者に対してどのように規制することが可能であり，また望ましいのかという，労働組合運動にとっての古典的な難問でもあった。

　これに対するひとつの答えは，「われわれの職を奪っている移民労働者を排斥すべき」というものである。歴史上繰り返し登場したこうした憎悪感情に今回のドイツも無縁ではありえなかった。2004年8月の『ヴェルト』紙の記事は，次のような証言を紹介している。いわく，「屠蓄工場のトイレにはますます多くのハーケンクロイツが落書きされている」（Die Welt 2005.2.22, 傍点引用者）と。衝撃的な証言ではあるが，現実に職を脅かされている国内労働者のなかに極右的な意識が生まれることには，客観的な基盤があるといわなければならない。

　しかし，ナチズムの歴史を負うドイツの労働組合にとって，外国人労働者排斥論には対決するという原則は絶対である。[15] メレンベルクNGG委員長は，食

肉産業における東欧請負労働者の投入によって大量の解雇が生じていることを指摘した後ただちに,「このような発言は外国人敵視とはまったく関係ありません」と強調している（Neue Westfälische 2007.5.4）。実際にNGGは東欧請負労働者に対して母国語のパンフレットを配布し,相談窓口を設置している。東欧請負労働者はあくまでも支援し,組織すべき仲間であった。

　流入する東欧請負労働者を排斥してはならず,しかしその結果引き起こされる国内労働者の雇用と賃金への圧力に対抗しなければならない。これらの要請をさしあたり満たす論理が「低賃金競争の規制」であった。ある賃金水準以下では働かせてはならないという規制こそが,労働者同士の対立を収束させ,搾取を押しとどめることができた。労働協約がその役割を担えないのであれば,法的な介入が必要であった。

4　NGGの法定最低賃金導入論——「協約自治」の壁

　このような,NGG管轄の部門で低賃金の広がりがとくに顕著であるという事態は,NGGを,法定最低賃金導入要求の急先鋒へと押し上げた。そこで次に,やや歴史を遡って,NGGが法定最低賃金の要求を提起するに至った過程を追い,その際のNGGの主張の特徴を明らかにしたい。

1　NGGによる全国一律法定最低賃金の要求

　前述したように,NGGが法定最低賃金を要求したのは1999年である。その前史をたどると,NGG本部労働法担当ガブリエレ・ペーターによる1995年の著作『法的最低賃金——女性の低賃金に対するひとつの対策』に嚆矢を見出すことができる。この文献は,労働協約にもっぱら依拠してきた従来の賃金規制のあり方を再検討し,労働協約から独立した法的な賃金規制,すなわち法定最低賃金の必要性を明らかにするドイツで初めての試みであった。

　副題からわかるように,同書は女性労働者の低賃金問題を中心に論じたものであった。ペーターはまず,ドイツの女性労働者が労働市場のなかで何重にも構造的な賃金差別を受けていることを明らかにした（Peter 1995：37ff.）。すなわち,第1に女性労働者は,医療,小売,旅館・飲食業など低賃金の産業部門に

集中しているために低賃金である。第2に，同一部門であっても女性労働者の仕事は低い賃金等級に格付けされるために低賃金である。第3に，たとえ男性労働者と同一の仕事をしていたとしても，女性労働者は諸手当等の支給で差別されている。それゆえ，「適切な水準で（angemessen）生存が保障され，可能であれば家族を養える賃金を受け取るという，男性にとっては自明なことが，大部分の女性にとって拒絶されている」（ebd.：142）。

そこで次にペーターは，この女性労働者の低賃金問題に既存の労働協約のシステムが有効に対処しうるかについて検討を行った（ebd.：72）。そして，協約システムには大きな限界があるとの結論を導き出した。なぜならば，協約システムは協約当事者間の交渉と妥協に基づくものだからである。協約システムは交渉と妥協に基づくものであるがゆえに，そこで「適切な水準で生存を保障する協約賃金」という要求はまったく，または不十分にしか貫徹されないリスクがある。実際，これまでの協約政策は賃金差別を温存してきた。

さらに，協約システムが社会全体ではなく，各部門を単位としていること（Branchenbezogenheit）が，より大きな制約となっている（ebd.：72f.）。ある部門において低廉な女性労働から得られる使用者の経済的メリットが重要である場合，この「部門の利益」を労働協約が変更することは困難である。外部からの介入によって，こうした協約政策を変更することはできない。かといって内部から，つまり協約当事者自身がこれを変えようとしているかといえば，当面その兆しはない。労働組合も——本来そうあってはならないが——女性労働者の利益はせいぜい躊躇を伴って，または部分的にしか擁護していない。

それゆえにペーターは，協約賃金の有無や水準にかかわらず，労働者の最低賃金額を強行的に規律する法定最低賃金の導入がドイツにおいても必要であると主張した。「すべての就業する女性に対して，資格や年齢に関わりなく最短で生存保障を与えるひとつの方法は，法定最低賃金の導入である」（ebd.：143）。これまで通常の賃金決定では，労働の成果，課された職務，資格，市場相場などを基準とすることが正義にかなうものとされていた。これに対して，法定最低賃金は「すべての従属労働者が，フルタイムに労務を提供して，適切な水準における生存の維持が可能となる対価を受け取る」ことを実現するものであって，通常の賃金決定とは異なる正義の概念を導入するものであった（ebd.：

226ff.)。

　同書でペーターはさらに，法定最低賃金の憲法上の問題，協約自治との連関，最低賃金の決定機関のあり方，雇用への影響など，その後最低賃金論争で争点となる問題をほとんど網羅して論じている。女性労働者の問題を端緒としながらも，ペーターの議論は，それにとどまらない，低賃金労働一般に対抗するための法定最低賃金の意義を明らかにするものであった[16]。

　かたや同時期にWSI（経済社会科学研究所）の研究員クラウス・シェーファーは，ドイツで拡大しつつある低賃金問題についての研究に着手していた（Bispinck/Schulten 2013）。法学の立場から法定最低賃金を取り上げたペーターに対し，シェーファーは低賃金問題の社会学的分析において地平を切り開いた。インタビュー（t）はいう。「ペーター氏はドイツにおける最低賃金論争の産みの母であり，シェーファー氏は父である」。

　1990年代初頭からEUの低賃金問題に関する専門家委員を務めていたシェーファーは，ドイツの低賃金に関する鑑定書を執筆し，多数の低賃金労働者が80年代からすでに存在することを発見した。そして他のヨーロッパ諸国の経験から，ドイツにおける法定最低賃金の導入を検討するに至った。1996年，シェーファーはゲアト・ポールNGG協約政策部長との共編著『低賃金──知られざる現実　働いても貧困』を発刊した。同書は，ドイツの低賃金についての統計的分析とともに，小売業，建設業，旅館・飲食業，被服産業，家事サービスといった個々の低賃金部門の具体的な実態を，歴史的分析を含めて，初めて明らかにした著作であった。

　同書の序文においてポールとシェーファーは，全国レベルでの法定最低賃金の必要性を提起した。「フルタイム就業者の低所得を引き上げるためには，新しい手段として，全国レベルの最低賃金が必要である。それは，協約当事者の部門横断的な合意か〔この意味については後述──引用者〕，もしくは法律的な規制に基づくものである」（Pohl/Schäfer 1996：12）。また同書ではペーターも述べた。「昨今の労働市場と経済の展開を踏まえるならば，『ワーキングプア』現象に対抗することが必要である。そのためには，基準値として，賃金構造の適切な起点水準を形成するところの法定最低賃金がふさわしい」（Peter 1996：249）。

　NGGの内部で法定最低賃金導入の是非をめぐる議論が始まった。ヨーロッ

パ諸国のなかでは，イギリスが1999年4月に法定最低賃金を導入した比較的新しい経験を有していた。NGGはイギリスの労働組合にその実施状況，とくに法定最低賃金によって労働市場に否定的な影響が起きていないことを照会した。

これらの検討を経て1999年10月，NGGは正式に法定最低賃金の導入を要求することを表明した（Frankfurter Rundschau 1999.10.25, Berliner Morgenpost 1999.10.25）。NGG中央執行委員ヴェルナー・ヴェックは述べた。「ますます多くの人々がフルタイム職にもかかわらず，社会扶助〔日本の生活保護〕以下の所得に沈んでいる。フルタイム就業に専念する人は，それによって自らの生存をも保障できなければならない」，「貧困状態における就労は，ドイツにおいて旅館・飲食業や菓子製造手工業といった部門ですでに現実となっており，ますます拡大している」。

この「貧困状態における就労」に対する最も適切な対応策が統一的な法定最低賃金であった。それは，すべての部門に適用されるものであり，すべての労働者に対して適切な水準の賃金を受け取る法的な請求権を保障するものである。法定最低賃金導入の有効性は国際的な経験でもある，とヴェック述べた。

このときNGGは法定最低賃金の要求額を，「週35時間勤務で月額2500マルク」とした。この額は，当時の平均賃金，貧困ライン，適切レベルの最低賃金に関する一般的なイメージ，欧州社会憲章4条（労働者に「労働者本人および家族がディーセントな生活水準を営める報酬を請求できる権利」を保障）などを参照して検討したものであった（インタビュー（t））。

ここで，法定最低賃金の要求額についてまとめて整理しておきたい（インタビュー（t））。NGGの当初の要求額である月2500マルクは，時給に直すと15マルクであり，これをユーロに換算すると約7.67ユーロであった（当時はユーロへの移行期間）。NGGはその後2002年に，平均賃金を算出し直し，要求額を月1500ユーロ，時給9ユーロに引き上げた。しかし，2006年3月にNGGがver.diと共同して法定最低賃金要求のキャンペーン「最低賃金イニシアチブ」を開始する際（後述），パートタイム労働者を動員したいver.diの意向に基づき，要求額を時給7.5ユーロとし，これが2006年5月以降DGBの要求額にもなった。この額の算出にあたっては，民事訴訟法上の債権者に対する差押限度額が重要

な基準となった。これは国家が認めた最低限の生活保障水準だからである。このあと2010年5月，DGBは，他の欧州国の法定最低賃金の上昇と適合させるため，要求額を時給8.5ユーロに引き上げた。

2 全国一律法定最低賃金と部門別最低賃金

　NGGの要求は，統一的＝全国一律の法定最低賃金の導入であった。ここで，最低賃金規制における2つの方式，すなわち「全国一律法定最低賃金」と「部門別最低賃金」の両者の対照関係について若干立ち入って検討を加えておきたい。

　全国一律法定最低賃金とは，すべての部門をもれなく包括して最低賃金額を規制するものであり，これに対して，部門別最低賃金とは，特定の部門についてのみ最低賃金額を規制するものである。おおまかにいうならば，最低賃金規制に関する政策のヴァリエーションは，「最低賃金規制の原則的拒否」論と「全国一律法定最低賃金の導入」論が両極に位置し，両者の間に様々な種類の「部門別最低賃金の導入（拡張）」論が位置するという構図になる。実際，後述するように，ドイツの最低賃金をめぐる論争では，両極の立場が衝突するなかで，どれだけの範囲に，またはどのような手続きに基づいた部門別最低賃金を認めるかが，妥協形成の重要な争点として繰り返し浮上してきた。

　制度的な解説を簡単にしておきたい。1999年当時，部門別最低賃金を実施するための制度として，すでに図表4-4の2種類が存在していた。

　これらはいずれも，すでに締結された労働協約に対して連邦労働社会省が一般的拘束力を付与する制度，すなわち当該部門（協約対象領域）において使用者団体に加盟していない使用者と労働組合に加盟してない労働者に対しても労働協約の規範的効力を拡張適用する制度である。一般的拘束力を付与された労働協約が賃金の最低水準を規定している場合，この賃金水準は当該部門においては法的にそれを下回ることができない下限となり，その部門の領域においてのみ限定的に適用される部門別最低賃金として機能する。

　労働協約法に基づく一般的拘束力宣言については第3章（102頁以下）で説明した。かたや「労働者送出法」とは，その名が示すように，本来は国外の請負企業がドイツ国内に労働者を「送り出す」ことを規制対象とした法律である（根

図表 4-4 部門別最低賃金の制度 (1999年10月時点)

	労働協約法に基づく 部門別最低賃金	労働者送出法に基づく 部門別最低賃金
国外請負労働者への適用	なし	あり
対象部門	限定なし	法律に限定列挙。建設業のみ
必要条件	50%以上の協約拘束率が必要	50%以上の協約拘束率は不要
BDAの拒否権	あり	なし
罰則と税関当局による監督	なし	あり

(筆者作成)

本 2009:87f., 齋藤 2012:33f., Berg et al. 2013:597f.)。1990年代，ポルトガルなどEU諸国から低賃金の請負労働者がドイツの建設業へと大量流入し，それに伴う国内労働者の失業が社会問題となっていた。しかし，労働協約法に基づく一般的拘束力は国外企業が送り出す請負労働者の賃金に対しては効力を有さず，それを行うためにEU指令の規定に適合する新しい法律が必要であった。また，建設業の横断的労働協約はそもそも労働協約法に基づく一般的拘束力宣言がなされていなかった。そこで，これらの問題を解決する制度として1996年に労働者送出法が制定され，翌年，同法に基づき建設業において部門別最低賃金が導入された。これは国外の請負労働者だけでなく国内の労働者にも適用された。

1999年時点での両制度の主な相違は図表4-4のとおりである。労働協約法に基づく部門別最低賃金は対象部門の限定がない代わりに，その導入のためには高いハードルが課されていた。元となる労働協約が従業員ベースで50%以上の拘束率を有している必要があり，さらに労使の頂上団体の代表者各3名による委員会の承認を経る必要があるため，BDA（ドイツ使用者連盟）は拒否権を行使できた。実際，当該部門の使用者団体が部門別最低賃金の導入を望んでいても，BDAが反対して実現に至らないというパターンが頻繁に発生した（第3章の小売業の例が代表的）。他方で労働者送出法は，これらの制約を免れているという特徴をもっていたため，国外請負労働者の規制という法律本来の目的を超えて，より簡便な手続きによって部門別最低賃金を導入できる制度としての意義を見出されるようになった。ただし，建設業以外を対象とするためには法改正が必要であった。

労働協約法と労働者送出法のどちらに基づくものであっても，部門別最低賃金とは，要するに特定の部門にのみ最低賃金規制が行われる制度である。それは，いかにも中途半端な制度であるようにみえる。しかし，にもかかわらず，ドイツの最低賃金論争では全国一律法定最低賃金ではなく部門別最低賃金が繰り返し選好されてきた。

　その最も大きな理由は，部門別最低賃金が協約自治の延長として理解することが可能である，という点にある。部門別最低賃金の制定を提起するのは当該部門の協約当事者であり，その額を決定するのも協約当事者である。協約当事者は，当該部門に特有の経済環境や労使の力関係を熟知したうえで，当該部門の経営を悪化させないよう責任をもって交渉して協約賃金を決定する（少なくともそのように決定できると期待されている）。このような協約賃金を基礎としている部門別最低賃金は，国家の介入によってではなく，自治的に決定された最低賃金規制ということになる。「労働者送出法は協約自治の側面を固める（flankieren）もの」と表現される場合もある。ここに部門別最低賃金の利点がある。

　しかし，協約自治との衝突が少ないという部門別最低賃金の利点は，そのまま，NGGにとって，部門別最低賃金ではなく全国一律法定最低賃金の導入こそが必要となる根拠でもあった。論点は2つある。

　ひとつは範囲の問題である。NGGにとって深刻なことは，その管轄する低賃金部門において部門別最低賃金を導入する展望がないという事情であった。部門別最低賃金を導入するためには元となる横断的労働協約が必要であり，そのためには当該部門に使用者団体が存在し，それが労働組合との交渉に応じる必要がある。しかし，食肉産業には交渉の相手となる使用者団体はなく，旅館・飲食業部門には横断的労働協約はあるが，DEHOGAは，部門別最低賃金の導入を一貫して拒否していた。

　つまり，部門別最低賃金の拡張によって新たに規制が及ぶ部門があるとしても，NGGの管轄部門はそこから最も遠いところに位置していた。それゆえNGGにとって，最低賃金規制は，労働協約を基礎とした部門別最低賃金ではなく，国家が全部門に対し包括的に導入すべきであった。「使用者が交渉に出てこないのであれば，立法者が責任を果たすべき」と，NGG委員長フランツ

ヨセフ・メレンベルクは繰り返し強調した。

　もうひとつは水準の問題である。部門別最低賃金の水準は労働協約に基づいているため，前述のペーターもいうように，労働者の生活を保障する適切な水準である保障はない。そのため，たとえ部門別最低賃金がNGGの管轄部門で実現可能になったとしても，むしろ旅館・飲食業にみられるような低水準の協約賃金が最低賃金化される危険があった。

　最低賃金の絶対額を保障するためには，最低賃金が，各部門の特殊事情を考慮せずに，各部門の協約自治のレベルを超えた国家レベルにおいて決定されることが必要であった。最低賃金額がそのように外在的に決定されて初めて「生活を保障する賃金水準の実現」という政策意図が担保される。それゆえ，全国一律法定最低賃金が必要であった。[20]

　以上の理由から，NGGは，部門別最低賃金を拡張することではなく，全国一律法定最低賃金を導入することを要求した。NGGのパンフレットは建設業における労働者送出法の適用について紹介したのち，こういう。「上記の部門において当時危険とみなされたことは，今日多くの経済部門において，そしてより大きな範囲において差し迫ったものになっています。したがって今必要なことは，細かな彌縫的対応を続けること〔＝労働送出法の対象部門の拡張〕ではなく，普遍的に妥当する戦略〔＝全国一律法定最低賃金の導入〕です」（NGG 2004）。

　あくまでも全国一律法定最低賃金が必要であるとするNGGの立場は，協約自治の不可侵性が基本的人権のように議論されてきたドイツにおいて，きわめて独特かつ挑戦的なものであった。部門別最低賃金が協約自治の延長とみなされるのに対して，全国一律法定最低賃金は協約自治に対する侵害とみなされたからである。

　なお，最低賃金規制の方式については他にも多くの論点があるが，ここでは２点にのみ言及しておきたい。

　第１に，部門別最低賃金は協約自治の延長という論理によって正当化されているとはいえ，「労働協約から部門別最低賃金への移行」に抵抗や障害がないわけではない。それは，強制加入の社会保険が任意加入の民間保険の延長として観念されながらも，両者の間には飛躍があることと似ている。使用者は，使

用者団体への加入を強制されない自由，したがってまた横断的労働協約の拘束を強制されない自由（「消極的団結自由」）を有している。しかし横断的労働協約の定める賃金水準が部門別最低賃金となった場合，横断的労働協約に拘束されていなかった使用者にも，その拘束が強制されることになる。また，部門別最低賃金の導入によって，当該部門においてそれまで存在した協約拘束企業と非拘束企業とのコスト競争が制限され，賃金水準が高どまりすることが起こりえ，部門内でシェアを維持したい既存企業が労働組合と結託して新規参入企業には支払い困難な水準に部門別最低賃金を制定することも起こりうる。こうした点を捉えて，BDAのフント会長などは「部門別最低賃金は全国一律法定最低賃金よりも有害である」と批判してきた。

第2に，協約自治との衝突を回避するための方法として，全国レベルで労使の頂上団体であるDGBとBADが，最低賃金を定める労働協約を締結し，それに一般的拘束力を付与することが，90年代後半にDGB内で議論されたことがある（インタビュー（t））。しかしこの「全国一律協約最低賃金」方式は，自分たちの協約規制の領域が侵害されることを恐れたIGメタルやIG BCEの反対により，実現することはなかった。

なお，本章注1でも述べたように，ドイツでたんに「法定最低賃金」という場合には，通常「全国一律法定最低賃金」のことを指しており，以下でも引き続きその意味で用いる。部門別最低賃金も法律上の制度であるが，これは「協約定最低賃金」（tariflicher Mindestlohn）とされ，「法定最低賃金」（gesetzlicher Mindestlohn）とは通常いわない。

3 ミュンテフェリング構想—「鎮痛剤」としての法定最低賃金

さて，1999年のNGGの法定最低賃金要求は確かに重要な一歩であったが，しかしこの時点においては社会的に少数派意見に過ぎず，しばらくは労働政策をめぐる議論において注目されてこなかった。NGG以外の労働組合もこの問題に関心を示さなかったし，NGGの機関誌"einigkeit"でも，法定最低賃金について言及されるのは年に1～2度に過ぎなかった。

政党では，PDS（民主社会主義党）がドイツの政党では最も早く2002年の連邦議会選挙公約で法定最低賃金の導入を要求した。PDSがそうした方針を採

択したのは NGG の説得によってであった (Der Tagesspiegel 2013.11.11, インタビュー (t))。しかしこれも，議会内では少数意見にとどまっていた。

　こうした状況が変化し，法定最低賃金の導入問題が大きな政治的テーマとなるのは2004年である。とくに SPD（社会民主党）党首のフランツ・ミュンテフェリングが法定最低賃金の導入を提唱したことが議論を一挙に加速させた。

　この時期にミュンテフェリングがそうした提案を行うに至った事情は若干複雑である。それは，当時における大問題であり，また2000年代のドイツを通してみても最大の政治問題といってもよい「ハルツ改革」に関わっていた。

　1998年9月の連邦議会の勝利を受けて SPD と緑の党の連立政権が発足し，SPD のシュレーダーが首相となった。それは16年に及ぶ CDU/CSU（キリスト教民主同盟／キリスト教社会同盟）と FDP（自由民主党）との保守連立政権（コール政権）からの大きな転換であった。しかし，「新しい中道」を目指すシュレーダーは，むしろ新自由主義的改革路線に傾斜し，徐々に労働組合との距離をおくようになった。2003年にシュレーダーが労働協約の適用除外について，それをより容易にする立法的介入を検討していたことはすでに触れた（第2章49頁以下）。そして労働市場政策，社会保障政策の全面的な改革を目指したシュレーダーは，2002年にフォルクスワーゲン社の人事担当役員ペータ・ハルツを委員長とする諮問委員会を発足させた。そして，その答申に基づき4本の労働市場改革の関連法，「ハルツⅠ」から「ハルツⅣ」を成立させた。

　そのなかでもとくに重要なのが失業保障制度の全面再編を行ったハルツⅣであった。制度の詳細については他の文献に譲り（田畑2011など），ここでは2点についてだけ触れておく。第1に，これまで失業者は，失業保険の給付ののち失業前の所得に比例した「失業扶助」を無期限で受給できたが，ハルツⅣによって，失業扶助は廃止され，失業前の所得とは無関係に世帯（ニーズ共同体）の構成などから算出される「失業手当Ⅱ」を受給することになった。多くの受給者にとってそれは給付額の大幅な引き下げを意味した。第2に，失業手当Ⅱの受給者に就労を促進する措置が導入された。受給者は，官庁（雇用エイジェンシー）の紹介する「就労要求可能な」(zumutbar) 再就職先を拒否すれば，制裁として給付の減額・廃止が課された。賃金額が協約賃金または「その地で通常の賃金」を下回っても，それが30%以下であれば，その職は「就労要求可能」で

あるとみなされた。

　これはよく知られた「ワークフェア」政策のドイツ版であった。その前提となる認識は、「これまでの手厚すぎる失業保障によって、失業者は低賃金労働を忌避することが可能になっている。そのことが失業率の高止まりと財政支出の悪化を招いている」というものである。そうであれば、失業者が低賃金労働を受容せざるをえなくなるように失業保障制度を改革しなければならない。これがハルツIVの論理であった。その意味において、低賃金労働の拡大はハルツIVの副作用や弊害ではなく、政策的に意図されたものであった。[21]

　ハルツIVは2005年1月より施行されることになっていた。それを前にして2004年には、ハルツIVにより直接不利益を被る失業者、低賃金労働の拡大による全般的な賃下げ圧力を危惧する労働組合員、社会国家（福祉国家）の解体を危惧する人々などによって、ドイツ各地で抗議行動が広がった（近藤 2011：87ff.）。7月下旬から東地域を中心に各地で毎週「月曜デモ」が自然発生的に繰り返された。月曜デモの規模は拡大し、8月30日には全国で19万人が参加した。伝統的なSPDと労働組合の連携関係も動揺をきたした。労働組合内の左派活動家の一部はSPDから離脱し、知識人らとともに7月に新党WASG（労働と社会的公正のための選挙オルタナティブ）を結成した。これは後に2007年にPDSと合同して左翼党となった。[22]

　こうした危機を前にして、SPDのとくに左派において、また労働組合の内部において、法定最低賃金の導入を検討すべきとの意見が現れるようになった。それによって、これから拡大するであろう低賃金労働に対して、一定の制限を設けることができるからである。7月にはver.di中央執行委員会が法定最低賃金の要求を決定した。NGGと同じくver.diも警備業、理髪業、コールセンター業、小売業など低賃金部門を抱えていた。

　ミュンテフェリングが法定最低賃金を提案したのはこうした文脈においてであった。ミュンテフェリングは、協約自治との緊張関係について慎重に配慮すべきとしながらも、法定最低賃金の導入の検討を行いたいと表明した。労働組合と協議して秋までに党内の意見を集約し、SPDの法定最低賃金についての政策を明確化すると述べた（Deutschlandfunk 2004.8.22）。

　NGGとver.diはミュンテフェリング構想を支持した。もっともここでミュン

テフェリングがきわめて党略的な観点から法定最低賃金を提唱したことは明らかであった。それは，ハルツⅣの実施をあくまでも前提として，同時にその打撃を緩和し，SPDを危機から救出する解決策であった。だからミュンテフェリング構想に対しては，労働組合に対する「鎮静剤」であるとか，批判をそらすための「陽動作戦」である，といった論評がなされていた（Die Welt 2004.8.24）。一方NGGとver.diはハルツⅣを容認したわけではなかったが，しかしこれを好機として，法定最低賃金導入に向けて政権への働きかけを強めた。

与党党首であるミュンテフェリングの発言によって，法定最低賃金が現実化する可能性がにわかに高まった。しかし結果からいうと，ミュンテフェリング構想は，様々な方向からの反発を受け，実現することはなかった。

予想どおり使用者団体は強くこれに反対した。失業削減のためには賃金格差のさらなる拡大こそが必要であって，そのための改革に最低賃金はまったく逆行するものであった。BDAのディーター・フント会長はそのように述べ，低賃金労働者の生存保障には，稼働所得と社会的移転（公的給付）のコンビネーションによって対応すべきであると説いた（FAZ 2004.8.26）。のちにいう「コンビ賃金」である。

政権内においても経済大臣のヴォルフガング・クレメント（SPD）がミュンテフェリング構想への反対をただちに表明した。シュレーダー首相もこれに続き，法定最低賃金の導入を支持しないことを表明した。低賃金労働を受容させて失業を減少させるというハルツⅣ改革の政策意図を忠実に徹底しようとするシュレーダーやクレメントにとって，法定最低賃金の導入は改革に対する逆行に他ならなかった（Der Spiegel 2004/36：75）。

それだけではない。労働組合もNGGとver.di以外は，法定最低賃金に反対した。とくに重要なのは最大の組合員数を擁するIGメタルの主張であった。IGメタル副委員長ベルンホルト・フーバーは端的に「それ〔法定最低賃金〕は協約自治に対する危険を意味する」と批判し（direkt 2004/18：4），またIGメタル機関誌も述べた。「なぜ労働組合が，協約によって貫徹できなかったことを，立法者を通じて達成すべきなのでしょうか？／部門横断的な最低賃金は，個々の部門の異なる条件を考慮することはできません。それによって金属産業のような比較的高い協約賃金の水準を有する部門に対しては圧力が生じることにな

ります」(diekt 2004/4：6)。「圧力」とは賃金引き下げの圧力のことである。代替案としてIGメタルは法改正によって一般的拘束力を容易にすること，つまり部門別最低賃金の拡張によって対応すべきことを説いた。

　SPD内部と労働組合内部の意見対立は収束しなかった。11月にSPDは，党首と党籍をもつ労働組合委員長から構成される労働組合評議会を開催し，法定最低賃金問題について審議したが結論は出なかった。シュレーダー政権は，翌2005年4月に全部門が適用対象となるよう労働者送出法の改正案を閣議決定したが，しかしこの時点で与党は連邦参議院（各州の代表から構成）の過半数を失っており，法改正は実現しなかった。2005年9月18日の連邦議会選挙でSPDは議席を後退させて第一党の座を失い，シュレーダー首相は退陣した。[23]

5　運動の展開と政治の変化

　以上，私たちはドイツにおける法定最低賃金要求の出発点を確認してきた。そこで次に，2005年末から最終的に最低賃金法が成立する2014年7月までの期間に視野を移し，NGGを先頭とする法定最低賃金要求運動の具体的な展開とその政治に対する影響について検討したい。

■1 最低賃金キャンペーンの開始

　ミュンテフェリング構想の挫折はNGGとver.diに重要な教訓を残した。法定最低賃金に対する関心の高まりと同時に，それを実現するための政治的な条件の不足が浮き彫りとなった。法定最低賃金を押しとどめたものは使用者の経済的利害だけではなく，広く労働組合の中にも根付いている協約自治介入に対する警戒論であった。労働協約のみをもってしては対処できない程度にまで低賃金労働の拡大が進行しているという認識は，まだNGGやver.diの範囲を超えた広がりをもってはいなかった。

　そうであれば，NGGやver.diは，たんなる見解表明や調査研究，シンポジウムの開催などにとどまらず，もっと世論に直接働きかける運動を組織することが必要であった。2006年3月，NGGとver.diは共同して，法定最低賃金を実現するためのキャンペーン「最低賃金イニシアチブ」(Initiative Mindestlohn)

を開始した。

キャンペーンのスローガンは「働いているのに貧困？　時給7.5ユーロ以下の賃金をなくそう」（Arm trotz Arbeit? Kein Lohn unter 7,50 Euro pro Stunde）である。[24] ver.di役員のガブリエレ・シュタルケルはキャンペーンの意義を次のように説いた。「政治的な決定権限者が関心をもっているのは，私たちが主張する論拠がもっともかどうかについてだけではない。彼らがまさに気にしていることは，この要求〔法定最低賃金導入の要求〕が労働組合幹部のたんなる妄想なのか，それとも諸組織がこの要求を共有し支持しているのかどうか，そして公共的な圧力が生じうるのかどうか，である」（Sterkel 2006：25）。

もちろんドイツの労働組合が法律の制定を目指して運動することは，これが最初ではない。これまでもDGBや各組合は，経営組織法や疾病時賃金継続支払法の改正などでキャンペーンを組織してきた。しかし最低賃金キャンペーンは，賃金決定という協約政策の最も重要な内容に関わる法律制定を要求している点で，これまでの法律制定（改正）運動とは質を異にしていた。最低賃金キャンペーンにおいてNGGとver.diは，自分たちの組織的な弱さを公然化し，それを補うために国家の介入が必要であることを訴えた。

最低賃金キャンペーンは，全国の100都市の4000カ所に巨大ポスターを配置した。街頭宣伝では，低賃金職種であるレストラン給仕や警備員，看護士に見立てた3メートルほどの巨大な人形を建てた。2007年からは，各地をキャンペーンのスローガンを掲げた巨大なトラックが全国を回った。街頭だけでなく職場でも最低賃金の導入を訴える集会が組織された。また，政治家への圧力を強めるべく，各種選挙の際には候補者に対して法定最低賃金導入の賛否を問う公開質問状を突きつけた。

最低賃金キャンペーンは，それまで労働組合に組織されていなかった労働者とつながる試みでもあった。インターネットサイトを通じキャンペーンは運動の情報を発信するとともに，低賃金労働の実態についての情報提供を呼びかけ，各種相談を実施した。これは未組織労働者たちが組合に加入するひとつのルートになった。さらに最低賃金キャンペーンを通じて，労働組合は社会保障受給者の支援団体や教会などと連携を強めた。

時給7.5ユーロの全国一律法定最低賃金要求はDGBの方針となった。2006

年5月22～26日のDGB大会決議がそれである。ただし前述したように，DGB加盟組合のうちIGメタルやIG BCEなどでは，法定最低賃金への警戒論が根強く，そのため決議文は，IGメタルなどに配慮して，実質的には時給7.5ユーロの全国一律法定最低賃金要求を謳いつつもきわめて婉曲的な論理構成となっていた。[25] 最低賃金キャンペーンの主力はその後もNGGとver.diであった。

2 最低賃金規制批判と反批判

　最低賃金キャンペーンが展開し，徐々に世論に影響を及ぼしてゆくことに比例して，それに対する批判もより強力に主張されるようになった。

　そこでの最大の論点は最低賃金規制（法定最低賃金と部門別最低賃金の両方）と失業の関係である。最低賃金反対派が用いるのは「低すぎる賃金を人為的に引き上げる規制は，良き意図に基づくものであっても，生産の縮小，国外移転，企業の倒産，より資本集約的な生産方式への変更などを経て，最終的には失業の増大という結果を招く」という，よく知られた論理である。ドイツで時給7.5ユーロの法定最低賃金を導入した場合にどれだけの失業が発生するかについては，様々なシンクタンクや経済学者が400万人や110万人といった予測を発表した（Bispinck/Schulten 2008:155）。本章で先に紹介した図表4-3は時給7.5ユーロを下回る従業員の比率を部門別に示したものであるが，これを算出した論文（Brautzsch /Schultz 2008）の著者の意図は，時給7.5ユーロの最低賃金導入によって発生するであろう失業者の分布と規模を示すことであった。こうした議論は最低賃金規制に反対する有力な根拠となった。[26]

　これに対する最低賃金キャンペーンの側からの反論は多岐にわたる。まず理論的には，最低賃金反対派が依拠するモデルははたして妥当なのか，という点であった。「現在支払われている賃金水準は市場賃金に対応しており，個々の従業員の生産性に対応している」という仮定に基づけば，最低賃金規制による賃金水準の人為的な引き上げによって「賃金＞生産性」となり失業が発生する，という結論が自動的に導かれる。しかし，労働市場が買い手独占状態であればそうした仮定は成り立たないし，また賃上げによる需要拡大効果を考慮すれば，むしろ雇用の拡大となる，という反論がなされた。

　また他国の最低賃金規制の評価も争点となった。とくに最低賃金キャンペー

ンの側が重視したのは，1999年に法定最低賃金を導入したイギリスの経験である。イギリスではこれによる雇用の縮小は起こっていなかった。かたや最低賃金反対派は，柔軟な労働市場であるイギリスとドイツでは比較ができないことや景気の影響を挙げて反論した。

　さらに，ドイツですでに導入されていた部門別最低賃金の雇用への影響も議論となった。とくに重要なのが，郵便サービス業における部門別最低賃金の影響である。2008年1月の郵便サービスの完全自由化に伴い，かつての事業独占業者であるドイツポスト社に対して，新規参入事業者が低賃金を武器にして競争を挑むことが予想されていた。これに対して競争の激化を恐れたドイツポスト社とver.diの両者は2007年9月に最低賃金を定める労働協約を締結した。これを受けて，メルケル政権は2007年12月に労働者送出法を改正して郵便サービスにも対象部門を拡大し，完全自由化を前に上記労働協約を部門別最低賃金とした。最低賃金額は東西別，郵便配達人とそれ以外の従業員について定められたが，その水準は比較的高く，たとえば西地域の郵便配達人は時給9.8ユーロであった（桜井 2008）。この郵便サービス業における部門別最低賃金の導入に対して，新規参入の郵便業者であるPIN社は強く抵抗し，部門別最低賃金が導入されれば従業員を解雇せざるをえないと2007年末から宣言し，そして2008年に実際に全従業員の4分の1にあたる2770人の解雇を敢行した[27]。最低賃金反対派は，これこそまさに最低賃金規制が雇用への否定的影響を引き起こすことの証左であると，その後繰り返し主張した。これに対してver.diは，解雇はあくまでも経営上の失策によるものであると反論した。

　ところで，「最低賃金規制は失業を引き起こすか」という問題と並ぶ重要な論点となったのは，「そもそも低賃金労働者の最低生活保障の責任を負うのは国家か企業か」という問題であった。

　最低賃金規制，とりわけ法定最低賃金の要求は，低賃金労働者が最低水準の生活を営めるように，企業が責任をもって賃金を支払うべきだという考えに基づいている。これに対して，最低賃金反対派は，従業員の最低生活保障は雇用している企業の責任ではなく，国家が必要に応じた給付を行うことで対応すべきと主張する。この論理は「最低賃金規制⇒失業」論と結びついて，「企業は低賃金であっても，とにかく多くの数の雇用機会を生み出すべきであり，その

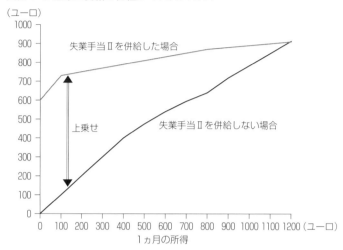

図表4-5 上乗せ受給の仕組み（単身者の場合）

（Luchtmeier./Ziemendorff 2007：796より筆者作成）

賃金で生活できない労働者に対しては国家が必要な分の給付をすればよい」という主張になる。

　こうした「国家の責任」の論理は，日本でも法定最低賃金の引き上げに反対する議論としてしばしば登場する。ただし，日本では就労者の生活保護受給がきわめて厳しく運用されていることは周知のとおりであって，そうした状況のもとで国家の責任を理由として企業の責任を免除する（＝法定最低賃金を引き上げない，または引き下げる，さらには廃止する）ことは，結局のところ，国家も企業も責任を免れて，低賃金問題は当該労働者の自己責任として放置される可能性が高いといわなければならない。

　しかしドイツでは，この「国家の責任」が日本よりも実際に機能しており，そのため，問題は複雑である。それが「上乗せ受給者」（Aufstocker）の問題である。

　ハルツⅣ改革によって，失業者は「就労要求可能」とされる職を低賃金であっても受容しなければならなくなったことは前述した。しかしこのような労働者の賃金が一定の水準に達していない場合には，就労しながら失業手当Ⅱを受給することができる。これが「上乗せ受給」である。

図表4-5は単身者が就労した場合のケースである。下の線は就労者（労働者または自営業者）の1カ月の所得から社会保険料を差し引いた額を示している。上の線がこの就労者が失業手当Ⅱを併給した場合の総所得であり，両者の差が上乗せ分となる。つまり，日本では低賃金がほとんど自動的に低所得に直結するが，ドイツでは失業手当Ⅱの上乗せによって，低賃金労働者に対する一定の所得保障が機能している。

2008年以降，この上乗せ受給者の数は130万人程度で推移している（うち自営業者は1割弱）。旅館・飲食業では，低賃金労働が遍在している結果，上乗せ受給者がとくに多く見られることについてはすでに述べた。

最低賃金規制反対派は，こうした最低生活保障のあり方を望ましいものと評価した。そして，低賃金問題がなおも深刻であるというなら，最低賃金規制ではなく，国家給付の仕組みを拡大することに対応すべきであると説いた。これは「コンビ賃金」——つまり企業から受け取る賃金と国家から受け取る給付のコンビネーション——と呼ばれた。

これに対して最低賃金キャンペーンは，この130万人の上乗せ受給者の存在を問題視した。なぜならば，それは，従業員を低賃金で雇用して利益を得る企業に対して国家が補助金を支給していることを意味するからである。「最低賃金イニシアチブ」のパンフレットはいう。「ハルツⅣによって，ますます多くの人々が生存最低水準以下の賃金で働くことを強いられています。しかし，そのような賃金ダンピングに補助金を出すことは，国家の，それゆえにとりわけ納税者の責務ではありえません。……従業員に生存を保障する賃金を支払うのは企業の責務です」(Initiative Mindestlohn 2007：12)。そしてフランクリン・ルーズベルトの1938年の演説を引用する。いわく，「生存に十分な賃金を従業員に支払わないことにもっぱら依拠して存在しているような企業は，この国において営業を継続する権利をもたない」。この一節は最低賃金キャンペーンの街頭プラカードにもよく引用されている。

また，「上乗せ」は上乗せ受給者当人の尊厳の問題でもあると，最低賃金キャンペーンは主張した。上乗せが可能であるといっても，そのために受給者は，定期的に官庁に出向き，生活状況について審査を受けなければならない。自分の生活に必要な所得を自分自身の労働よって稼ぐことができないという恥の意

識によって，彼ら・彼女らは，対外的にも上乗せを公然化することを憚っている。実際，こうしたスティグマやジョブセンターの侮辱的対応，制度に対する無知が相まって，上乗せの資格があっても実際には権利を行使していない人々が，2013年に行われた推定によれば310万人から490万人存在するという（Der Tagessiegel 2013.7.1）。したがって，やはり企業こそが従業員の最低生活を保障する責任を負うべきであり，それを担保するのが最低賃金規制である，とされた。

3 法定最低賃金と協約政策

さて，改めて確認すれば，法定最低賃金の要求とは，協約自治を基本とするドイツの賃金決定システムに大きな修正を加えようとするものであった。そのために法定最低賃金要求は多くの抵抗に遭遇した。しかし抵抗にもかかわらず，NGGらによってその実現が執拗に追求されたのは，これも改めて確認すれば，生存保障水準以下の低賃金が，抗しがたい勢いで現実に広がっていたからであった。この状態をこれ以上許容できるのか，と最低賃金キャンペーンは世に問うた。

しかし，「生存保障水準以下の低賃金は許容できない」というこの批判は，労働協約に対しても向けられるはずであった。低賃金は無協約の領域に存在するだけでなく，労働協約の定める賃金自体が低賃金である場合も少なくないことはすでに見てきた。これは，労働組合にとってのひとつの矛盾であった。実際，最低賃金反対派はしばしばそのことを問題にした。低賃金を批判している労働組合が低賃金の労働協約を締結しているではないか，と。

もちろん，労働協約のみでは低賃金に対抗できない状況に繰り返し直面してきたからこそ，労働組合は，もはやこの問題には国家が責任をもって介入すべきであるとして法定最低賃金を要求してきた。しかし，だからといって，そのように国家の責任を追及することによって，労働組合自身の責任が免除されるのだろうか？

本章冒頭で紹介したNGG2008年大会の論争は，まさにそのことを問題にした（NGG 2008b，einigikeit 2008/6，インタビュー（p））。大会で動議を提出したのはNGGルール地区事務所長のイヴォンヌ・ザハトエである。ザハトエの動議

の要点は「NGGは今後，協約賃金が時給7.5ユーロを下回るような労働協約を締結しない」というものであった。

　動議の提案理由としてザハトエが強調したのは，NGGの「信頼性」の問題であった。いわく，「稼得労働は最低でも時給7.5ユーロでなければならず，貧困賃金は人間の尊厳に反し，組合員の利益に反すると私たちが確信しているのならば，NGGは貧困賃金を定める労働協約を締結してはなりません。……私たちが，貧困賃金を公然とスキャンダルとして非難するのと同時に，そのような賃金を引き続き協約として締結するのであれば，これは不必要な矛盾です。……私たちの協約政策の限度を定式化することが必要です」。

　ザハトエはありうる反論にも触れた。それは「悪い協約であっても無協約よりはましである」という主張である。7.5ユーロを下回る協約締結は，そうした論理によって正当化されてきた。しかし，それは本当に正しいのか？と彼女は問うた。もしそうであれば，低賃金協約を締結している部門，たとえば旅館・飲食業やパン製造業において組合員は増えているはずだが，そうではない。やはりそのような労働協約はNGGを守っているのではなく，NGGの信頼性を損なうものだ，とザハトエは述べた。

　ザハトエの動議をめぐって大会代議員は長時間の議論を闘わせた。議事録から訳出しよう。なお，「白い地帯」（weiße Flecken）とは「誰も調査に入っていないため地図上で空白になっている地帯」の意味で，転じて労働協約の拘束が及んでいない部門領域のことを指している。

　A（賛成）：「イヴォンヌの動議を支持します。……私が外に出て，デモをして，またフランツヨセフ〔NGG委員長〕やその他の人々が政治家と話して，『私たちは納得できない。7.5ユーロを』というとき，それはまったく信用性の問題です」

　B（反対）：「もし私たちが何ら妥協に関わらなければ，使用者側は賃金協約交渉を決裂させるでしょう。それは何を意味するのでしょうか？……協約交渉が決裂すれば何が起こるか，私は想像します。私たちは長期にわたって無協約となるでしょう。……あるいは低賃金のさらなる切り下げが起こるかもしれません。……7.5ユーロ以下の賃金は認めないということは，私たちの中期的な目標であるべきです。この目標はたえず議題に乗せられるべきです。たとえ私たちが労働協約を締結したとしても，使用者を公然と非難にさらさなけれ

ばなりません」
　C（反対）：「協約政策に責任をもつのであれば，協約を締結する義務があります。私たちの仲間を見捨てることはできません。……私たちはザクセン・アンハルト地方本部でこの間，議論してきました。労働協約がザクセン・アンハルト地方の旅館・飲食業に何をもたらすのか？，と。賃金は時給7.5ユーロを大幅に下まわる劣悪な賃金です。しかし私たちは，5年間労働協約の交渉ができませんでした。そして5年後，時給5ユーロから再開したのです」
　D（賛成）：「〔7.5ユーロの法定最低賃金要求とそれを下回る協約締結の〕この分裂は誰も理解できません。……私たちの組合員にも……組合員になってもらいたい人々にも，です。……矛盾が存在しないかのように行動することはもうできません」
　E（反対）：「私は長い間協約活動に従事してきました。私に起こりうることのなかで最も悪いことは，自らに足かせをはめてしまうことです。ストライキに無理をして突入したら，失敗するでしょう。だから，私をフレキシブルに放っておいてください！　……水車にゆっくりと粉をひかせてください！　それでも水車は粉をひいているのです。これが私にとってきわめて重要なことです」
　F（反対）：「悪い協約は無協約よりましだという主張に私は惹かれません。……しかし，無法地帯や白い地帯においてなされることを，この悪い協約はずっと上回っていることも，私たちは知らなければなりません」

　さて，以上の論争について留意すべきと思われることは，ここで「協約政策としての7.5ユーロ要求」と「法定最低賃金としての7.5ユーロ要求」との両者の間にありえる形式論理上のトレードオフ——つまり，一方が実現すれば他方は不要になるという関係——が問題になっていないということである。両者が同時に追求されるべきものであることは，NGGにとって自明の前提であった。だからこの論争はサンディカリズム的な自治重視派と国家依存派の対立ではなかった。法定最低賃金要求を不可欠とする方針も，それが自らに折り返って，NGGの協約活動自身が自己反省を迫られるという緊張関係も，代議員全体に共有されていた。
　ここでの争点は，7.5ユーロを上回る労働協約を現実に締結できない状況のもとでどう対応するのか，ということであった。そこで締結自体を断念することが，NGGの信頼を維持するために必要であると考えるのか，それは組合員を見捨てることになると考えるのか，という問題であった。
　両者にはそれぞれの実践的な根拠がある以上，明快な解は存在しなかった。

議論を受けて，NGG・NRW地方本部長トーマス・ガウガーは動議について以下の妥協案を提出した。「地方本部執行委員会および中央執行委員会は，どの労働協約において時給7.5ユーロ以下の協約賃金が締結されているかについて現状調査を行い，短期的または中期的に7.5ユーロを上回る時給を貫徹するための戦略を確定しなければならない。そして，時給7.5ユーロ以下の協約賃金を排除するという目標に基づき，すべての協約領域において労働協約を貫徹するための前提をつくり出さなければならない」。この再修正動議はザハトエの支持も得て，大会決議として採択された。

大会決議を受けて，その後NGGは，以下の労働協約締結の手続きを制定している（NGG 2013 : 88f.）（なお前述のように2010年5月のDGB大会以降，法定最低賃金の要求額は時給8.5ユーロに引き上げられた）。

1 　原則は次のとおりである。時給8.5ユーロ以下の賃金等級を定める労働協約を締結してはならない。
2 　この原則の適用除外（Abweichung）は調整を必要とし，それゆえ以下の機関の同意が必要である。
　　　複数の地方にまたがる，または全国レベルの労働協約の場合は常任中央執行委員会。
　　　一地方の横断的労働協約および企業協約は管轄の地方本部。
3 　原則は次の場合にのみ適用除外できる。
　　　現在8.5ユーロというわれわれの最低賃金要求が，場合によっては段階的に，協約において確定されている場合。
　　　組織的な理由によりやむをえない場合。
4 　原則の適用除外はすべて，協約部に文書で通知されなければならない。

「1」が8.5ユーロ以下は締結しないという原則，「2」と「4」が原則を適用除外して8.5ユーロ以下を締結する場合の手続き上の条件，「3」が内容上の条件である。「組織的な理由によりやむをえない場合」とは，協約を締結しないとNGGの組織としての打撃が重大である場合を指している。つまり，この手続きは，法定最低賃金要求額を下回る協約政策上の妥協を可能としながらも，あくまでも例外として位置づけ，その場合の妥協を客観化し，締結する当事者にその説明責任を課すものである。これは，第1章でみたIGメタルの「協約

適用除外交渉ハンドブック」ときわめてよく似ている。妥協をせざるをえない労働組合の弱さを認めたうえで，それをできるだけ「コントロール」しようとする試みである。[28] その結果，2010年から2012年11月にかけて，調査した74の横断的労働協約において，時給8.5ユーロ未満の賃金等級が179から85へ減少した，という (ebd.)。

NGGの法定最低賃金要求は，たんに国家に向けられたものではなく，協約政策における「信頼性」を回復するこうした努力と一体のものであった。

4 メルケル政権（第1次〜第3次）における法定最低賃金問題

では以上の運動の成果はいかなるものであったか。つまり最低賃金キャンペーンの結果，政治はどのような変化を遂げたのか。このことを本章の最後に検証したい。最低賃金キャンペーンの開始から現在（2014年8月）まではメルケル政権の時期と重なっている。メルケル政権は，連邦議会選挙とそれに伴う連立の組み換えによって，第1次から第3次までに分けられる。さらに第1次

図表4-6　最低賃金規制についての各政党の政策

2006年（第1次メルケル政権前期）

左翼党-PDS	●SPD	●CDU/CSU	FDP
法定最低賃金の導入。時給8ユーロ。	「段階プラン」。当面は部門別最低賃金の拡大。その後法定最低賃金の導入。額は明示せず。	最低賃金規制全般に否定的。部門別最低賃金の拡大も原則拒否。	最低賃金規制全般に反対。

2008年（第1次メルケル政権後期）

左翼党	●SPD	●CDU/CSU	FDP
法定最低賃金の導入。時給8.44ユーロ。	法定最低賃金の導入。時給7.5ユーロ。DGB要求と同一。	部門別最低賃金の一部拡大。	最低賃金規制全般に反対。

2012年（第2次メルケル政権）

左翼党	SPD	●CDU/CSU	●FDP
法定最低賃金の導入。時給10ユーロ。	法定最低賃金の導入。時給8.5ユーロ。DGB要求と同一。	「賃金下限」の導入。実質的には法定最低賃金。額は明示せず。無協約領域にのみ適用。	部門別最低賃金の拡大。

（筆者作成）●は与党。

メルケル政権期は変化が複雑なので、2007年秋を境に前期と後期に分けることにする。

各時期の検討に入る前に、まず、おおまかな流れをみておきたい。最低賃金規制についての各政党の政策の推移を整理したものが図表4-6である。なお緑の党はSPDと似通った軌跡をたどっており、最低賃金政策について独自の位置を占めていないので、ここでは取り上げない。

先に述べたが、PDSが法定最低賃金導入を掲げたのは2002年であり、これにはNGGからの働きかけがあった。したがって、最低賃金規制については、すべての政党の政策が2000年代以降変転を遂げてきたことになる。

しかも、図表に明らかなように、この政策変化は完全に一方向的なものであった。各政党は、時期を経るごとに、列をなすかのように左側から順番に、最低賃金規制について否定的な立場からより徹底的な立場へと移っていった。つまり、NGGの立場へと接近していった。

なぜこのような変化が起きたのかは、政党や政治家のことだけをみていたのでは理解できない。そこで、最低賃金規制についての世論の推移をみる（図表4-7）。総計にのみに数値を記してある。

政党支持者別の差異を保ちながらも、全体として、最低賃金規制を全般的に拒否する意見が減少したこと、最低賃金規制を支持する意見の内部でも、部門別最低賃金への支持から全国一律法定最低賃金への支持のシフトが進行したことが見て取れる。これは、最低賃金キャンペーンの運動の端的な成果といってよい。このことこそが、法定最低賃金導入をめぐる政治過程を規定した最も基本的な要因であった。

各政党の果たした役割は基本的に受動的なものであった。確かに、これからみるように、法定最低賃金要求に対する各政党の反応はじつに多様性と変転に富んでいた。あるものはこれを敏感に受け止めて賛成の立場をとり、あるものは拒絶し、またあるものは動揺した。どの程度国家介入に対して寛容であるのか、またどの程度自らを低賃金労働者の利益代表として位置づけているのか、といった各政党の政策思想の違いが、法定最低賃金要求に対する感度の違いを生み出していた。立場を異にする政党は互いに激しく争った。しかし、長期的にみれば、感度の違いは相対的なものであって、遅かれ早かれ、すべての政党

図表 4-7　最低賃金規制についての世論の推移

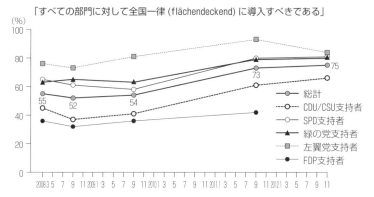

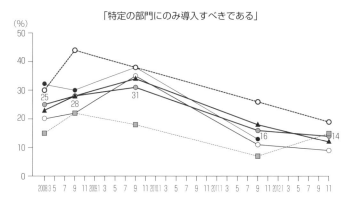

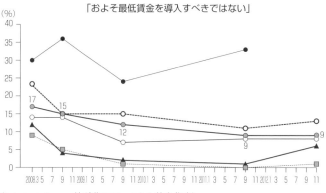

（infratest diamap 社所蔵のデータから筆者作成）

が法定最低賃金を容認する方向へと変化を余儀なくされた。

●第1次メルケル政権前期：SPDの変容[29]

2005年9月18日の連邦議会選挙の結果は，CDU/CSU226議席，SPD222議席，FDP61議席，PDS54議席，緑の党51議席であった。新政権はCDUのアンゲラ・メルケルを首相とする，CDU/CSUとSPDの大連立政権となった。この政権を通じて，最低賃金政策は両与党間の重要な紛争案件であり続けた。

連立協定では，最低賃金について検討のため作業グループを設置することが定められ，具体的な政策はその後の協議に委ねられた。また労働者送出法の対象部門の拡大については，ビル清掃部門については合意されたが，その他については，労働者送り出しによる「社会的歪み」が認められる場合に検討を行う，と定められた。ミュンテフェリングは労働社会大臣に就任した。[30]

当初，CDU/CSUは最低賃金規制の導入に対して全般的に否定的であった。法定最低賃金はもちろん，労働者送出法を改正して部門別最低賃金の対象を拡大することについても，連立協定にいう「社会的歪み」が生じている部門についてのみ，あくまで例外的に認めるべきであるとしていた。その論理は，すでにみたような，協約自治の尊重論であり，「最低賃金⇒失業」論であり，労働者の生活保証は企業ではなく国家が担うべき，というものであった。

SPDの方は若干複雑である。前述したように，SPDの法定最低賃金についての方針はシュレーダー政権期には確定しなかったが，第1次メルケル政権になっても，さしあたりは部門別最低賃金を拡大することを方針としていた。

しかし，部門別最低賃金のみの政策はDGBおよびDGB加盟組合からの批判を繰り返し受けた。なぜSPDはDGBの要求する時給7.5ユーロの法定最低賃金導入に踏み切らないのか，という不満である。SPDの政治家がメーデーに呼ばれなくなった，ということも起きていた。そして政党レベルでは，法定最低賃金を導入する立場からSPDの妥協的な姿勢を厳しく批判する左翼党が勢力を伸ばし，SPDの党員や支持者を奪っていた。

要するにこれはハルツ改革以後の，SPDとDGBの離反問題の続きであった。こうした状況のもとSPDでは2007年に入ってから，本来目指すべきは全国一律法定最低賃金であり，部門別最低賃金はその出発点であるとの位置づけがな

されるようになった。2007年3月，SPDは与党でありながら，最低賃金導入を求める署名活動を開始した。ただしその際には，なお最低賃金の方式（部門別か全国一律法定か）や額（DGB要求額の時給7.5ユーロに合わせるか，それよりも低くするか）は明確にはしていなかった。4月には，これまで部門別最低賃金を選好してきたミュンテフェリングが法定最低賃金を要求するようになったが，ここでも額についてはまだ明示されなかった（Berliner Zeitung 2007.4.20）。こうした不徹底さや動揺を伴いながらも，SPDは確実に「時給7.5ユーロの法定最低賃金導入」へと近づいていった。そのようにしなければ，支持者をさらに失う状況にSPDは追い込まれていた。[31]

　CDU/CSUはSPDと異なった地点で動揺を続けていた。一切の最低賃金規制に反対することは世論の手前好ましくなく，したがってCDU/CSUの側からSPDに一定歩み寄り，何らかの低賃金対策を講じることは避けられなくなっていた。そうであれば，考えられる落としどころは，やはり部門別最低賃金の拡大を一定の範囲で容認することであった。

　しかし，CDU/CSUとSPDの政策がたんに隔たっているだけでなく，SPDがますます自らの要求を急進化していくことが両党の妥協形成を困難にしていた。CDUの労働政策担当ラルフ・ブラウクジーペは，ミュンテフェリングが次の連邦議会選挙までに全国一律法定最低賃金を導入したいと主張し始めたことに対して，「一方が1本指を出して，他方が手全体を取ることを妥協とはいえない」と怒った（Handelsblatt 2007.4.23）。「1本指を出したら手全体が取られる」とは，「甘く対応していると相手がつけあがる」ことの例えである。

　2007年の前半に何度も決裂を繰り返したのち，2007年6月18～19日の協議において，CDU/CSUとSPDは最低賃金規制についての合意をようやく成立させた。その内容は，労働者送出法を改正し対象部門を拡大すること，その対象部門は協約拘束率の50％以上（従業員ベース）の全国レベルの労働協約労使を有し，労使が適用を申請することが前提であること，協約拘束率が50％以下の部門について「最低労働条件法」[32]の改正によって対応すること，であった。ここに一応の妥協が成立した。

　しかし，この連立与党合意は，やっとCDU/CSUを譲歩させて成立したものではあったが，他方でDGBの期待を裏切るものであった。とりわけ，旅館・

飲食業や食肉産業など使用者団体の部門別最低賃金導入への協力が見込めない部門を管轄するNGGにとっては，労働者送出法改正によって対象部門が拡大したとしても，それに該当することはなく，低賃金問題の解決にはならなかった（einigkeit 2007/3）。

　こうした批判を意識せざるをえないSPDは，連立与党合意に対する強い不満をアピールした。ミュンテフェリングはCDU/CSUの消極姿勢に怒り，ミュンテフェリングとSPD議員団長のペーター・シュトルクは法定最低賃金導入のためにさらに闘うことを表明した（FAZ 2007.6.20）。

　政治学者ペーター・レッシェはこの時点でのSPDの反応を次のように分析している（Deutschlandfunk 2007.6.20）。ミュンテフェリングは2006年の段階では部門別最低賃金が望ましいと発言していたにもかかわらず，今ではそれでは不満だと主張するようになった。こうした発言の矛盾は，SPDの支持率が低下し，大連立政権のなかでのSDPの独自性をアピールすることを迫られていることの現れである，と。

　論評をもうひとつ紹介したい。当時「最低賃金は最大限のナンセンス」として最低賃金規制全般に強硬な反対の論陣を張っていたFDPのディルク・ニーベルは，連立与党合意について次のようにコメントした。「両党ともおそるおそる左側をみているのです。最低賃金問題で左翼党はSPDを追い立て，SPDはCDU/CSUを追い立てています」（Die Welt 2007.6.19）。このコメントはこのときの政党間力学を的確に分析していた。しかし，このときには事態を達観していたFDPものちに「左側をみる」ことを余儀なくされることまでは想像が及んでいなかった。

　さて，法定最低賃金導入のために闘うとタンカを切ったSPDが，最低賃金政策をめぐるDGBとの緊張関係に決着をつけるのは時間の問題であった。2007年10月26〜28日のSPD大会は，DGBと同一の方針である時給7.5ユーロの法定最低賃金の導入要求を決議した。またこの大会では，SPD内で法定最低賃金の導入をいち早く2003年から主張してきたアンドレア・ナーレスが党首代理となった。それらは，起死回生をめざすSPDの左旋回の試みであった。

● 第1次メルケル政権後期：SPDとCDU/CSUの攻防

　2007年10月の党大会でSPDが時給7.5ユーロの法定最低賃金導入要求を採択したことは，DGBとの関係をようやく修復するものであったが，他方でCDU/CSUとの関係をいっそう険悪にするものであった。

　11月21日よりミュンテフェリングの後任としてオラフ・ショルツ（SPD）が労働社会大臣に就任した。ショルツはNGGの組合員でもある。ショルツは，2007年6月の連立与党合意を法案に具体化する作業を担ったが，これをめぐって政権運営はさらに紛糾をきわめた。当時，ショルツと経済技術大臣ミヒャエル・グロス（CSU）との対決がさかんに報じられた。

　争点は大きく2つあり，ひとつは新しく導入可能となる部門別最低賃金の範囲についてであった。ショルツはこれをできるだけ拡大しようと考えていた。2008年3月末，労働者送出法の対象部門の申請が締め切られ，8部門，すなわち警備業，鉱山特殊業，業務クリーニング業，廃棄物処理業，継続職業教育業，介護業，派遣労働，林業の労使からの申請がなされた。これは10部門程度といわれていた当初の予想を大きく下回るものであった。ショルツはさらに申請部門を募ろうとしたのに対し，グロスは申請の少ないことを歓迎し，部門別最低賃金の構想そのものに疑問を投げかけた。またショルツは，地方単位で（たとえばNRW州のみで）締結された労働協約も対象にしようとしたのに対し，グロスは全国単位の労働協約に限るべきと主張した。

　もうひとつの争点は，労働協約が競合する場合の処理方法であった。これは，一見テクニカルな問題ではあるが，実質的にいえば，ある部門においてDGB系の労働組合が締結した相対的に高水準の最低賃金協約と非DGB系による低水準の最低賃金協約が併存する場合の問題である。その場合，どちらの労働協約の賃金水準について一般的拘束力を付与し，部門別最低賃金とするのかが問題となる。ショルツは，競合する労働協約のうち最も高い水準の労働協約に一般的拘束力を付与することを提案した。それが「国家の財政的利益」に適合する，つまり上乗せ受給者をより多く削減できるから，という論理であった。他方，グロスは最も低い水準の労働協約に一般的拘束力を付与すべきだと主張した。なぜならば，高い方が部門別最低賃金として一般的拘束力を付与されれば，低い方は無効となり，後者の協約自治を侵害することになるからである。

ショルツの姿勢は，先に述べたように，SPD全体がDGB寄りに変化したことの反映であった。ショルツは，労働者送出法の改正過程において，部門別最低賃金をできるだけ全国一律法定最低賃金に近づけたものにするべく，またその水準をできるだけ高いものにするべく，努力を傾けた。つまり，ショルツらSPDにとって部門別最低賃金の拡大は，全国一律法定最低賃金に至る橋頭堡であった。

　他方，これとは反対に，CUD/CSUにとって部門別最低賃金は全国一律法定最低賃金を阻止する防波堤であり，したがって，できるだけ限定的な制度として決着をつけるべきものであった。CUD/CSU内では，政権の最低賃金政策がショルツないしSPD主導で進行することに対して不満が沸き起こっていた。CDU/CSUの「経済派」と呼ばれる有力者たちは，批判をついにメルケル首相に向けた。ヨセフ・シュラーマン（CDU）は，「この経済秩序政策上の失敗の責任は，ひとりメルケル首相にある」とまで断じた。閣内ではグロスの懸念が無視され，これまで党内で正式に議決されてもいない「協約自治への深刻な侵害」と「労働市場政策における国家の優位」が法制化されようとしている，とシュラーマンは怒りをあらわにした（Handelsblatt 2008.6.18）。BDAのフント会長も「国家的賃金独裁」に反対することを繰り返し表明し，また2008年3月12日には，8つの経済研究所所長が連名で法定最低賃金にも部門別最低賃金にも反対する声明を発表した。声明のタイトルは「最低賃金ではなく雇用のチャンスを」であった。

　なおこの時期に，経済専門家委員会（政府に経済政策を答申）の議長で経済学者のベルト・リュルプが「時給4.5ユーロ程度の低水準の全国一律法定最低賃金の導入」という提案を行っている（Saarbrücker Zeitung 2007.12.27など）。これは，全国一律法定最低賃金の導入に頑なに反対するCDU/CSUへの戦術転換のすすめであった。CDU/CSUはいたずらに全国一律法定最低賃金阻止の線で頑張るのではなく，それを認めてしまえばいい。ただし，雇用への否定的影響がない低水準にすればよい，という「妙策」であった。「部門別最低賃金のパッチワークに比べれば，控えめの水準の〔法定〕最低賃金の方が望ましい」とリュルプは述べた。

　しかしこの提案は，与党間の攻防に何ら影響を与えなかった。CDUのロー

ランド・コッホは，いったん全国一律法定最低賃金が導入されてしまえば，その額をコントロールすることはできず，ただちに政党間の引き上げ競争が始まるという見通しを根拠に，リュルプ提案を退けた（Deutschlandfunk 2007.12.27）。

さて，連立与党間の対立は続いたが，2008年7月16日には，前日夜にメルケル首相の指示のもとで急遽成立したショルツとグロスの合意を受けて，労働者送出法と最低労働条件法の改正方針が閣議決定された。労働者送出法の対象業種はまだ確定されなかったが，当該部門の労働協約の拘束率が従業員ベースで50％を超え，かつ労使が共同で申請した場合に限るとした。地方単位の労働協約も対象から外された。労働協約が競合する場合については，高い水準の協約も低いものも自動的に選定されることはなく，法律が定める「考量基準」にしたがって連邦政府が決定することになった。ショルツとグロスはそれぞれに自身の成果を誇った。

ところが，この閣議決定をもってしても，なお連立与党内の争いは収束しなかった。閣議決定後ただちにギュンター・エティンガーBW州首相（CDU）は，法案が連邦参議院（各州の代表が議員となる）で採択される際には反対することを，つまり造反することを表明した。シューラーマンらも批判を緩めることなく，法案が上程されたのちも撤回を要求し続けた。

かくして改正2法案の成否は，採決に際してCDU/CSUから何名の造反者が出るかにかかってきた。しかし，反対派の勢いは法案成立を阻止するまでには至らなかった。採決を前にしてフォルカー・カウダーCDU/CSU院内総務は——自身もかつては最低賃金批判の論陣を張っていたが——，選挙のことを考えればもはや抵抗をやめなければならないと訴えた。いまや有権者の80％が最低賃金を支持しているということは，「われわれの人々」もそうなのだ，と（FAZ 2009.1.23）。これが，このときにCDU/CSUのおかれた客観的状況であった。最終的に2009年1月，2法案は連邦議会で可決，2月に連邦参議院で可決，成立した。

こうして，SPDやDGBからみればきわめて限定された不十分なものであったが，部門別最低賃金を拡大する枠組みが成立した。改正労働者送出法は，従来からある建設業・建設関連業，清掃業，郵便サービス業に加え，申請があった部門のうち派遣労働と林業を除く，警備業，鉱山特殊業，業務クリーニング

業，廃棄物処理業，継続職業教育業，介護業を，同法に基づく部門別最低賃金が可能となる対象部門として限定列挙した。複数の労働協約が競合する部門において一般的拘束力を付与する労働協約を選定する場合には，法律の目的〔＝適切な水準の労働条件の創設と貫徹，公正かつ機能的な競争条件の保障等〕を踏まえて，各労働協約が拘束する従業員数および組合員数を基準とした各労働協約の「代表性」を考慮しなければならない，と規定された。これら諸規定の異様な複雑さは，その成立に至るまでの長く激しい攻防を表していた。[33]

●第2次メルケル政権：CDU/CSUの変容

　2009年9月の連邦議会選挙の結果（CDU/CSU239議席，SPD146議席，FDP93議席，左翼党76議席，緑の党68議席），下野したSPDに代わって与党入りしたのはFDPであった。選挙で時給7.5ユーロの全国一律法定最低賃金の導入を公約していたSPDに対して，FDPはきわめて原理的な「小さい政府」論を信奉し，先にも触れたように，最低賃金規制全般に対して反対の急先鋒に立っていた。つまり第2次メルケル政権は，CDU/CSUとFDPという，最低賃金規制に最も不熱心な政党の組み合わせによる連立政権であり，この分野については第1次政権の政策からのむしろ後退が予想された。事実，連立協定では，全国一律法定最低賃金の導入拒否はもちろん，既存の部門別最低賃金についても雇用への影響を再調査し，問題があれば廃止することになっていた。

　しかし振り返ってみると，連立政権の組み合わせにもかかわらず，第2次メルケル政権においてそうしたバックラッシュは起きなかった。むしろ逆に，法定最低賃金の導入に向けて全政党を通じたコンセンサスが形成されたのがこの時期であった。

　まず，労働社会大臣のウルズラ・フォンデアライエン（CDU）は，確かに全国一律法定最低賃金の導入には反対したが，しかし逆にそれ以外の最低賃金規制には至って積極的であった。フォンデアライエンは改正労働者送出法に基づく新規の部門別最低賃金を次々と導入し，[34]既存の部門別最低賃金の引き上げも裁可した。2011年4月には労働者派遣法を改正し，その後同法に基づき派遣労働についても同年12月に部門別最低賃金を導入した（派遣労働については補論を参照）。

フォンデアライエンは，規制の一層の拡大にも意欲をみせた。最低賃金の水準は国家ではなくあくまでも労使が決定するという前提のうえで，「遅かれ早かれすべての部門において最低賃金が導入されると私は確信します」と述べるに至った（Spiegel Online 2011.9.11，傍点引用者）。そして，これまで部門別最低賃金が導入されたのはすべてCDUの首相（コールとメルケル）のときであったとして，最低賃金規制への熱心さをアピールさえした（Deutschlandfunk 2011.10.31）。第1次メルケル政権期におけるCDUの労働者送出法改正への猛烈な抵抗を忘れたかのような発言であるが，CDU首相云々の事実自体は確かにそのとおりである。

こうして，第1次メルケル政権期にはSPDとCDU/CSUが最低賃金をめぐって激しく争っていたのとは対照的に，政治状況は最低賃金規制に対してむしろ好意的に変化していた。「ドイツにひたひたと忍びよる最低賃金」と題する記事はこう述べた。「かつては社会主義的な危険物として考えられていたものを，いまやCDUの多くの政治家も，さらにはFDPの若干の政治家も検討に値するものとみなすようになった」(Spiegel Online 2010.3.18)。

これら政治の変化と並行して，使用者の内部においても最低賃金規制を支持する意見が現れるようになった。たとえば，ディスカウントショップの大手であるリディル社は，2010年2月小売業部門における（部門別）最低賃金導入を提唱し，同年末にはその額を時給10ユーロにすべきと主張した。それは自社のイメージアップを狙ったものであったが，そうしたイメージアップ戦略が成り立つこと自体が最低賃金についての世論の変化の反映であった。また2011年5月にポーランド，ハンガリーなどの東欧各国からの「労働者の移動自由」が解禁され，それに伴うドイツ国内企業の淘汰が危惧されたことも最低賃金規制を拡大すべきとの議論を後押しした。[35]

2011年11月14〜15日に開催されたCDU党大会は，最低賃金政策に関して，いっそうの規制強化に向けた新方針を決議した。CDU党内ではフォンデアライエン労働社会大臣だけでなく，最低賃金規制の拡大に意欲的な議員の発言力が増大していた（「労働者派」と呼ばれる）。FDPに配慮して「最低賃金」(Mindestlohn) の語を周到に避け，「賃金下限」(Lohnuntergrenze) の政策として，大会決議は次のように述べた。「CDUは，協約によって確定された賃金が存在

しない領域において，一般的で拘束力をもつ賃金下限を導入することが必要であると考える。賃金下限は，協約当事者の委員会によって確定され，一般的拘束力を宣言された協約上の賃金下限に準拠する。委員会の責任において個別性や追加的な差異が確定される。われわれは協約当事者によって規定され，それによって市場経済的に組織された賃金下限を求め，政治的な最低賃金を求めない」。翌2012年4月25日，CDUとCSUはこの決議に基づく「一般的拘束的賃金下限」の基本方針を発表した。

この賃金下限構想の内容は，CDU/CSU内の意見対立と様々な方向への対外的な配慮が反映して，かなり難解である。

ここでいう「賃金下限」とは，従来の部門別最低賃金のパッチワーク的な拡大方式から決別して，「白い地帯」を一掃するべく「一般的」に賃金の下限についての規制を導入するものであるから，名称が違うだけで実質的には法定最低賃金とほとんど変わらないものとも受け取れた。実際，新古典派の経済学者たちはそのように評価し，CDU/CSUの政策転換を非難した。

しかし，そうした非難は「誤解」だとCDU/CSUは弁明した。法定最低賃金と異なり，賃金下限は「国家から離れた」(staatsfern)，協約自治を侵害しない賃金規制だと，彼らは強調した。

それはまず，この賃金下限は労働協約が存在しない部門にのみ適用される点に表れていた。すでに存在する労働協約については，その賃金額が賃金下限を下回っていても無効とはならず，その意味において協約自治が保障されていた。また賃金下限は地域や部門の特殊事情を配慮しない一律の額ではなく「個別性や追加的な差異」が認められていた。これもSPDやDGBのいう法定最低賃金との違いであった。

そして，この構想の真骨頂ともいえるのが，賃金下限額の決定機構であった。労使の代表——具体的にはDGBとBDA——からなる「賃金下限委員会」が，毎年，外部からの具体的な指示を受けることなく賃金下限について審議し，多数決でその額を決定し，政府はその決定をそのまま法規命令として発令するとされた。賃金下限委員会で合意に達しない場合は，仲裁人を労使委員の合意によって選定し，仲裁手続きを行うとされた。そして，この仲裁人の選定に労使委員が合意できないときは，労使がそれぞれ候補者を立て，抽選によって仲裁

人を決定するとされた。これはおそらく世界に類のない独特の決定機構である。

　そもそも，どの国の法定最低賃金制度においても，その決定機構のあり方はひとつの論点である。とくに重要なのが，労使団体の決定過程への関与の形態と程度である。

　最低賃金研究者のトロステン・シュルテンの整理（Schulten 2014：10ff.）に依拠して諸モデルを説明しよう[36]。まず，労使団体がまったく関与しない，または限定的にしか関与しないモデルがある。物価上昇率や協約賃金上昇率などの客観的指標にほぼ自動的に対応して最低賃金を決定する「指標化モデル」（ベルギー，オランダ，ルクセンブルク，フランス），または交渉や諮問を経ずに国家が最低賃金額を裁量的に決定する「一方的決定モデル」である（ギリシャ，アイルランド，ルーマニア，チェコなど）。これに対して，労使団体が実質的に最低賃金の決定に関与するモデルとして，労使代表者（場合によってはプラス専門家）による審議会を設置し，審議会の諮問を受けて，最終的に国家が裁量的に最低賃金を決定する「諮問モデル」がある（イギリス，ポルトガル，スペインなど。日本もこれに相当する）。NGGやDGB，SPDが選好するのもこのモデル，とくにイギリスの審議会方式（労使団体および学識者から構成される低賃金委員会が最低賃金額を勧告，政府が決定）である。この「諮問モデル」よりもさらに労使団体の関与が強い「自治的」な決定機構として，労使の交渉によって決定された最低賃金を国家が裁量を加えずにそのまま法定化する「交渉モデル」がある（ブルガリア，エストニア，ポーランドなど）。ただしこの「交渉モデル」でも，合意が不成立の場合には，指標または国家の裁量による決定が規定されている。

　CDU/CSUの賃金下限構想は，この「交渉モデル」よりもさらに「自治的」な決定機構といえる。すなわち，それは，「労使代表委員による賃金下限の交渉に対して国家が介入することを徹底的に排除しつつ，しかし同時に，確実に賃金下限についての決定がなされることを担保する」という難問に対して，抽選による仲裁人選定方式という解決策を提示するものであった。ここに私たちは，ドイツの最低賃金議論において「協約自治との整合性問題」がいかに強力な呪縛であるかを改めてみることができる。

　DGBはこの賃金下限構想を「最低賃金もどき」（Als ob Mindestlohn）と非難した。理由はいくつもあった。賃金下限は労働協約がない部門に限定されるの

で,多くの低賃金協約は残る。賃金下限を適用させようと労働組合が協約を解約したとしても,他の御用組合が低賃金協約を締結する危険がある。賃金下限の絶対額についての保障はなく,国家は責任をもって介入しない。しかも賃金下限は一律額ではなく様々な差異がある,等々。したがって,この賃金下限構想は,DGBが要求する一律時給8.5ユーロの法定最低賃金とは多くの相違があった。

　しかしながら,これら諸々の限界にもかかわらず,この賃金下限構想が,法定最低賃金の容認に向けたCDU/CSUの歴史的な方針転換であることもまた明らかであった。その点では,賃金下限とは要するに法定最低賃金のことだと非難した新古典派経済学者たちの指摘はあたっていた。つまり,この転換は,ドイツにおける法定最低賃金導入の政治的条件が成熟したことを意味していた。

　そして,これまで最低賃金規制を徹底して拒否してきたFDPも政策転換を遂げた。

　フォンデアライエン労働社会大臣が新たな部門別最低賃金を次々と導入しようとした際,FDPはそのたびに反対を表明してきた。部門別最低賃金の認定は閣議を経ると連立協定に定められていたので,FDPがその気になれば,それらを阻止することができた。しかしFDPは結局その立場を貫徹できず,部門別最低賃金の拡大を容認していった。そしてFDPの内部から,最低賃金規制に対する「ドグマチック」な従来の反対姿勢を見直すべきとする意見が広がってきた。FDPの支持率の低下が背景にあることは明らかであった。グイド・ヴェスターヴェレ外務大臣(FDP)は,そうした方向を「自由市場的」に正当化してみせた。いわく,「FDPは成果に基づく公正性(Leistungsgerechtigkeit)の党である。時給3ユーロは成果に基づく公正性に合致しない」と(Die Welt 2013.2.19)。2013年5月3〜4日の党大会において,FDPは,引き続き法定最低賃金は拒否しつつも,部門別最低賃金を全部門において可能とすることを正式の方針とした。

　このFDPの変化は,同党のもともとの市場原理主義的立場からすれば,じつに思い切った飛躍であった。部門別最低賃金の拡大を全部門において可能にするという政策は,第1次メルケル政権期のCDU/CSUの立場に比べても,ずっと規制強化に向けて踏み込んでいた。ところが,きわめて皮肉なことに,FDP

が政策転換した時点では，CDU/CSUはもっと先に進んでしまった。CDU/CSUの賃金下限構想からみれば，FDPの政策は「白い地帯」が残ってしまう不十分なものであった（繰り返し述べているように，部門別最低賃金はいくつかの条件が揃わないと実現しない）。CUDのペーター・ヴァイスは「FDPはCDUが必要と思うほどには動いていない」と嘆いた（Die Welt 2013.5.7）。

野党となったSPDは，法定最低賃金導入要求の「本家」として，以上のCDU/CSUやFDPの最低賃金政策の不徹底さや曖昧さを厳しく批判し続けた。そして，政権奪還を目指すべく，SPDは2013年の連邦議会選挙において，時給8.5ユーロの法定最低賃金の導入を政権公約の目玉に据えた。左翼党は時給10ユーロの法定最低賃金導入を主張した。こうして諸政党は，互いに反目しながらも，客観的には法定最低賃金導入に向けて政策的に接近していった。

●第3次メルケル政権（2014年8月まで）：法定最低賃金の実現へ[37]

2013年9月の連邦議会選挙の結果（CDU/CSU311議席，SPD193議席，左翼党64議席，緑の党63議席）は，評価の難しい，複雑なものとなった。どちらが首相を輩出するのかというCDU/CSUとSPDの争いに関しては，確かにCDU/CSUの，またはメルケルの圧倒的な勝利であった。ところが第2次政権の連立相手のFDPは，5％条項が適用された結果議席を完全に失った。大勝したとはいえ単独では過半数を確保できなかったCDU/CSUは，再びSPDと大連立政権に向けた交渉をしなければならなくなった。

SPD，とくに幹事長のアンドレア・ナーレスは，この条件を最大限に活用し，CDU/CSUとの連立交渉において，法定最低賃金に関しては一切の妥協の隙を与えない強硬な姿勢で臨んだ。ナーレスは「時給8.5ユーロの全国一律法定最低賃金が実現しなければ，SPDは連立に参加しない」と繰り返し表明した。先に触れたように，ナーレスは，SPD内で早くから法定最低賃金導入を主張していた一人であり，また第1次メルケル政権においては，党首代理として前述の最低賃金関連法案をめぐる紛争に最前線で立ち会ってきた。

こうして，選挙に負けたはずのSPDがその公約の目玉である全国一律法定最低賃金を実現しようとしていた。CDU院内総務ミヒャエル・フックスは，選挙で勝利したのはわれわれであって，われわれは脅迫されない，と息巻いた

(Deutschlandfunk 2013.10.18)。

　しかし前述したように，表面上の対立ほどには両党間の隔たりはすでになかった。CDU/CSUは，税制問題などでSPDが譲歩することと引き換えにSPDの要求をのみ，12月16日，連立協定が締結された。ナーレスは新政権の労働社会大臣に就任した。

　連立協定に基づき，その名も「協約自治強化法」と題する労働関連の一括改正法案が，2014年7月3日連邦議会において，7月11日連邦参議院おいて可決され，成立した。

　協約自治強化法に含まれる最大の目玉が「最低賃金法」である。同法は，2015年1月から時給8.5ユーロの全国一律法定最低賃金を導入することを明記した。ただし2017年末まではこれを下回る部門別最低賃金も有効とする経過措置が設けられた。労使の全国団体が推薦する各3名と労使が共同で推薦する議長1名，投票権のない学識者2名で構成される最低委員会は2年ごとに最低賃金額を改定する。議長について労使が一致しない場合は，交互にそれぞれの推薦する者が議長となる。法定最低賃金は18歳以下の労働者には適用されず，長期失業者には雇用から半年間適用されない[38]。

　連邦議会選挙をはさんで食肉産業においても重要な変化が起きた。かねてからの「請負労働者＝現代の奴隷」批判の中で，請負労働者の住宅火災による死亡事故やベルギーやフランスなどからの国際的非難の高まりを受け，主要な使用者たちは部門別最低賃金の導入をやむなしと判断した。それまで協約交渉を行ってこなかったANG（食料・飲食使用者連盟）とNGGとの間で交渉が行われ，2014年1月，両者は最低賃金協約を締結した。時給7.75ユーロから開始し，段階的に8.75ユーロに引き上げるものである。これが労働者送出法に基づく部門別最低賃金となり，8月1日より実施された[39]。

　いまSPDは，厳しい連立交渉のなかで全国一律法定最低賃金の実現を勝ち取ったことを誇っている。なるほど，その資格はあるだろう。しかしすでに述べたように，政党や政治家の主張やかけ引きは本質的なことがらではない。ナーレスらSPDはなぜ，かくも強硬な立場をとったのか。そしてCDU/CSUはなぜ，法定最低賃金を最終的にのんだのか。その最も重要な要因は，法定最低賃金を要求する運動とそれが形成した世論であった。

6 小　　括

　低賃金労働を抑制するためには法定最低賃金を導入しなければならず，その限りで協約自治に対する国家介入を認めなければならないということ。この認識にドイツで最初に到達したのはNGGであった。それはやがて他の労働組合にも波及し，最低賃金キャンペーンの運動は世論に働きかけ，最終的に政治を動かした。このことの意義について改めて考えてみたい。
　かつて，協約自治への国家介入問題は所得政策について論じられた。すなわち，協約自治に基づく賃金決定は，協約当事者の「無責任な」決定が可能であるがゆえに，国家の政策的立場と齟齬をきたす可能性があり，それが現実化した場合には，国家は交渉のプロセスまたは交渉結果に対して介入する動機をもつ。60～70年代に問題となったのは，協約賃金の上昇が価格に転嫁される，いわゆるコストプッシュインフレが昂進し，それに対して国家が所得政策をもって押さえる，という問題であった（Weitbrecht 1969：153ff.）。ただしドイツでは，協約当事者が生産性上昇を基準とした賃上げとなるように自制することで，所得政策の導入は回避されてきた。
　他方で，法定最低賃金も協約自治への国家介入である。実際，「ドイツの誇るべき協約自治の原則は不可侵であるべき」という論理が，かつては所得政策に対して，今日では法定最低賃金に対して，同じように立ちはだかった。ただし法定最低賃金は，所得政策とはまったく逆に，「下がりすぎた賃金」に対して国家が規制を及ぼそうとするものである。
　しかしながら，賃金決定に対して上方から介入するのか，下方から介入するのかという違いは，もちろんたんなる方向の違いではない。国家にとって，所得政策よりも法定最低賃金の方がより多くの介入根拠を必要としている。「過度な」賃金上昇は，利潤を圧縮して投資環境を悪化させ，またインフレーションの結果，通貨の信任――これは戦後ドイツにとって，とくに重要な政策目標である――が損なわれる問題であるのに対して，低賃金は，確かに低賃金⇒需要の縮小という連関はあるとはいえ，当事者がそれを自己責任として甘受している限り，政治的な問題とはなりにくい。個別使用者にとっても法定最低賃金

の方が，受容するための抵抗はより強い。

　したがって，法定最低賃金の実現はすぐれて労働者側の運動にかかっているといわなければならない。低賃金の実態を社会的に認知させ，それを減少させることを国家の責任とさせる意識的・継続的な運動によって初めて，国家を動かすことができる。ドイツの経験はそのことを確認したといえるであろう。

　しかし他方で，こうした運動の役割はなるほど決定的ではあったが，それを過大評価すべきではないとも思われる。アメリカでさえ法定最低賃金が存在することからも明らかなように，法定最低賃金の欠如というドイツの状態は特異なものであった。現在から振り返ってみれば，その状態は，ドイツの労働協約システムが曲がりなりにも高賃金を実現しているという前提があればこそ維持可能であった。つまり，現実の協約賃金がどのような水準であろうとも協約自治の不可侵性それ自体を擁護するという立場は，「理論家」はともあれ，少なくともドイツの一般的な意識においてはもともと希薄であったと推測される。だからこそ，最低賃金キャンペーンが低賃金の実態を広く明らかにした結果，ドイツの世論は政党支持を超えて法定最低賃金の導入支持に傾いた。政治がそれに対応せざるをえなくなるのは時間の問題であった。

　最後に，もうひとつ論点として重要と思われるのが，労働市場規制における労働協約と国家法のそれぞれの特徴と両者の差異についてである。

　第1章で触れたように，労働協約はその成立が労使当事者の任意に基づいているがゆえに規制が及ぶ範囲も限定されているのに対して，国家法は強行的に領土全体に対して規制を及ぼすものである。このことに加えて，本章の内容から，もうひとつ重要な点を指摘することができる。すなわち，労働協約の内容は労使の力関係をストレートに反映したものであるのに対して，国家法の内容はその反映が「鈍い」ということである。それは，国家法が，労使関係とは独立した公共圏を通じて，具体的には民意を反映した議会によって制定されるからである。

　歴史的には，この国家法の鈍さは労働組合にとって利用価値のあるものではなかった。まずは労働組合が労働協約を通じて成果を獲得し，国家法はそれを後追いする関係にあった。たとえば疾病時の賃金継続支払い制度が典型的である。しかし低賃金問題においては，国家法の鈍さこそがむしろ重要であった。

労働組合は，直接の労使関係を通じては実現できない賃金規制を，別の回路を通じて，つまり一般市民の正義感情を動員することによって，国家法のレベルにおいて実現させようと試み，そしてそのことにまずは成功した。法定最低賃金の導入とはそのようなものであったと総括できる。

　しかし，問題はこれで終わらないであろう。労使関係に対する鈍さとはいっても，それあくまでも相対的なものであって，国家法が現実の労使関係の力関係から大きく乖離した規制を長期にわたって続けることはやはり想定しにくいからである。また今日の低賃金労働の拡大の基本的要因のひとつである労働力・資本・商品・サービスの国際移動は，むしろ増大している。そうであれば，低賃金労働の規制――もう少し広くいえば，雇用における最低限の尊厳の担保――を追求する運動はなお続かなければならず，なお発展しなければならない。

1）「法定最低賃金」という場合，通常「全国一律（flächendeckend）法定最低賃金」のことを指す。"flächendeckend"の原義は「平面を漏れなく覆っている」である。たとえば，民間の宅配業者が全国どの地域にも配達できるネットワークを有している場合，この宅配サービスは"flächendeckend"である。最低賃金が"flächendeckend"であるという場合，制度がすべての産業部門を横断して包括的であるだけでなく，その額においても一律であることが通常含意されているので，本書でもその意味で用い，これを「全国一律」と訳す。ただし，本書では立ち入らないが，「全国」と「一律」は当然別個の問題となりうる。たとえば，「最低賃金制度は全国を包括して設けるが，西地域と東地域で額は異なるべき」という議論がなされることがある。「最低賃金」に付される形容詞として他に"branchenübergreifend"（部門包括的），"allgemein"（一般的），"generell"（一般的），"einheitlich"（統一的），"national"（全国レベルの，または国家の）などがある。厳密にはそれぞれの含意は異なるが，これらも通常は「全国一律」と同義に用いられている。なお最低賃金規制には，全国一律法定最低賃金と並んで，「部門別最低賃金」がある。これも法律上の制度であるが，後述するように，労働協約を基礎として範囲や額が決定される最低賃金規制であるため，通常「法定最低賃金」とはいわない。
2）EU加盟国中法定最低賃金が存在しない諸国のなかでもドイツの最低賃金規制の弱さは際立っている。北欧諸国（スウェーデン，フィンランド，デンマーク）は労働協約拘束率が90％を超えている（ドイツは60％弱）。またイタリアでは，憲法36条1項「労働者は，自身の労働の量と質に対応し，いかなる場合でも自身とその家族に自由で尊厳のある生活を保障できる賃金を請求する権利を有する」の規定により，各職種の労働協約が該当するすべての労働者に対して拡張適用される。オーストリアでは，個別使用者に経済会議所への加入義務があり，これによって労働協約の包括的な拘束が担保されている。キプロスはいくつかの職種についてのみ法定最低賃金が存在する。
3）ただし低賃金を定めた労働契約が，民法138条の「著しい不均衡」に該当し良俗違反とし

て無効になる場合がある。判例上の基準は一定していないが，一般に当該部門の協約賃金の3分の2を下回る賃金が良俗違反になるといわれている。(根本2009：85ff.)，(Berg et al.2013：618ff.) を参照。
4) なおこの他にも，ver.diの管轄する理髪業，警備業，小売業，IGメタルの管轄する衣料産業，IG BAUの管轄する庭園建設業なども低賃金部門として指摘される。
5) "Hotel- und Gaststätten"，"HOGA"，"Gastgewerbe"，"Gastronomie"などと称される。
6) 2010年の協約拘束率は，宿泊施設37.6％，飲食施設37.8％，ケータリング26.7％である（Maack et al. 2013：89）。
7) 従業員数全体に占める旅館・飲食業の割合は3.1％であるが，上乗せ受給者数全体に占める旅館・飲食業の割合は11.9％である（社会保険加入従業員について。2011年）（Maack et al. 2013：90f.）。
8) NGGは協約違反の使用者を組合として直接訴えることのできる「団体訴権」の制度を要求している（einigkeit 2004/2：2）。
9) メレンベルクNGG委員長は「〔旅館・飲食業部門の〕協約交渉において，大規模経営者は小さな飲み屋の背後に隠れています」と指摘している（Die Welt 2008.8.11）
10) （大重2003）は，1999年の時点で食肉産業における労働協約と事業所レベルでの利益代表の実態ついて調査・分析を行ったものである。
11) 後述するように，ドイツでも建設業など特定の部門については「労働者送出法」に基づく最低賃金規制がある。
12) 以下については，引用したものの他に主に次の資料を参考にした。(Der Spiegel 2005/7)，(FAZ 2005.5.17)，(Süddeutsche Zeitung 2007.5.18)，(NGG2012)，インタビュー(s)。
13) なお，このような請負のドイツ企業にとっての多大なメリットゆえに，その後東欧諸国との間に最終的に労働者の移動自由が認められたこと（ポーランド，ハンガリー，チェコ等は2011年，ルーマニアとブルガリアは2014年）は，少なくとも食肉産業についていえば，じつは大きな意味をもたなかった（インタビュー (s)）。
14) インタビュー (s) いわく，「解雇保護法はネーミングが間違っていて，実際には『解雇期限法』です」。
15) 2011年のドイツ在外研究中に筆者は，「右派」と評されるある労働組合幹部が，演説のなかで,ヨーロッパに拡大している極右政党をきわめて厳しい口調で糾弾しているのを聞き，極右・排外主義との対決がドイツの労働組合にとって普遍的・根本的なものであることを強く印象づけられた。
16) 最低賃金問題とは関係はないが，ペーターは1998年に「ドイツと日本の有給休暇」という論説を書いている。そこで彼女は，日本では労働組合の弱さと従業員間の競争によって有給休暇が半分しか請求されていない実態を紹介している（einigkeit 1998/3：20）。
17) これは前述した2000年代の食肉産業における請負労働者の流入と同様の構造である。しかし建設業が1996年に労働者送出法の対象となったのに対して，食肉産業は2014年まで対象とはならなかった点に大きな相違がある（Czommer/Worthmann 2005：2）。
18) 「建設業」には塗装業，屋根ふき手工業などの建設関連部門も含まれる。
19) 後述するが，2009年の労働者送出法の際，当時の政権が，協約拘束率50％を超える労働協約を有する部門を対象として，新規の対象部門を募集した経緯がある。しかし，労働者送送出法そのものには50％要件はない。この立法上の問題と法適用の問題がしばしば混同さ

れて,「労働者送出法による部門別最低賃金は協約拘束率50％以上を要件としている」という説明がなされることがあるが,これは誤りである。また,図表4-4でも触れたように,労働者送出法に基づく部門別最低賃金の特徴として,税関当局による監督と違反した場合の罰則がある。低賃金部門はおおむね職場での労働組合の組織力が弱いため,この特徴も重要な利点である。部門別最低賃金未払い容疑に基づく捜査はしばしば報道されるところである。(Süddeutsche Zeitung 2013.4.25)は,2012年の部門別最低賃金違反件数が建設業で1690件であったこと,監督する税関当局の人員が不足していることを伝えている。

20) 最低賃金の絶対額への執着という点で,NGGの立場は,労働組合のなかでも際立っている。たとえば2004年9月24日DGB協約委員会は,最低賃金問題についての方針について協議し,法定最低賃金について検討を行うとしつつ,導入する場合のその水準は既存の労働協約に基づかなければならず,政治的に決定・算出されてはならない,とした。しかし,そのなかでNGGのみが,「経験的に〔平均賃金水準などから〕算出される貧困レベル」を額の決定要素に含めるべきであると主張した (junge Welt 2004.10.12)。

21) シュレーダー首相は2005年1月のダボス会議において,「私たちは労働市場を自由化しなければならなった。そして自由化した。……私たちは機能する低賃金セクターを構築した」と演説している。

22) 第2章 (69頁) で登場したIGメタルのクラウス・エルンスト,第3章 (119頁) で登場したver.diのベルント・リキシンガーはこうした運動の中心人物である。ただし,労働組合内部における左翼党の勢力は限定的である。DGB加盟組合の現役の中央執行委員で左翼党員であることを公表している者は現在のところいない。他方で,左翼党の内部における労働組合活動家の勢力も優勢ではなく,民営化問題への対応やベーシックインカムの評価などをめぐって党内でしばしば衝突が起きている。このあたりの事情はさしあたり (岩佐 2011) を参照。

23) 「法定最低賃金の導入はできなかったとはいえ,その導入議論を起こすことで労働組合のハルツIVへの反対を巧みに鎮静化できたのであるから,ミュンテフェリング構想はその目的を達したといえる」という辛辣な評価もある (junge Welt 2004.12.1),(FAZ 2007.1.30)。

24) "Arm trotz Arbeit" は "working poor" の訳語としても用いられる。

25) 決議の該当部分は以下のとおりである。「DGBは労働協約を基礎とし部門を単位とした最低賃金を可能にする法規制を要求する。それぞれの最下位の協約賃金がその賃金額の基礎となるが,その賃金額は立法によって確定される必要な統一的法定最低賃金を下回ることができない。協約賃金がその水準以下となる場合,もしくは部門に協約が存在しない場合に,法定最低賃金が効力をもつ。それは時給7.5ユーロを出発点とすべきである」。この決議とシンプルな「時給7.5ユーロの全国一律法定最低賃金要求」との違いは微妙である。決議では,部門別最低賃金が主であり,法定最低賃金は副次的という位置づけになっており,法定最低賃金がただちに効力をもつのではなく,それが効力をもつのはあくまでも「協約賃金がその水準以下となる場合,もしくは部門に協約が存在しない場合」に限るとしている。しかし,およそ規制が効力を実際に発揮するのはそれに対する違反がなされた場合なのだから,これは表現の問題にすぎない。にもかかわらずこの決議の表現は,この時点でなお全国一律法定最低賃金への警戒がDGB内で根強かったことを示している。

26) 上記の「規制⇒失業」の論理を徹底すれば,労働協約も自由な労働力取引を規制して失業を引き起こすという主張になるし,実際そういう主張はある (第1章35頁以下参照)。し

かし，最低賃金規制を批判する文脈では，最低賃金反対派は，むしろ協約自治がいかに優れているかを強調するのが常である。
27) なお，PIN社はこの部門別最低賃金の無効を求めて提訴し，2010年1月28日連邦行政裁判所は無効を判示した。
28) ver.di中央執行委員会も2008年10月に「低賃金の協約上の規制に関する協約政策基本原則」を制定し，NGGと同様の内部規制を行っている。
29) この項と次項につき，（根本 2009：89ff.），（横井 2009：14ff.），（齋藤 2012：36ff.），（Berliner Zeitung 2007.12.18）も参照。ここでは政治過程の大まかな流れをみることが目的なので取り上げないが，第1次メルケル政権期には最低賃金に関わる多くの政策が検討された。コンビ賃金，良俗違反賃金規制の法定化，落上防止（Auffang）最低賃金などである。前述の郵便部門についての部門別最低賃金の制定も，この時期に行われた。また政治家の発言がその時々の州議会選挙の動向と関係している場合があるが，これについても割愛する。
30) 労働社会大臣の時期，ミュンテフェリングはSPD党首ではない。2005年から2009年にかけてのSPD党首は党内対立を反映して変転が激しい。
31) インタビュー（t）は，「今から振り返ると，2006年が法定最低賃金支持へと世論が大きく変化した年であった」と回顧している。
32) 最低労働条件法は1952年の制定後一度も適用されずに死文化していた法律である。同法は，労働協約とは別個の最低労働条件規制について，政労使の代表によって構成される中央委員会および専門委員会の審議を経て，連邦労働社会省が法規命令を告示できることを定めていた。2007年6月の連立政権合意は，この適用を容易にするために，要件の簡略化，中央委員会の常設化などの法改正を決定し，2009年1月に改正された。なお本章注33，38も参照。
33) 同時に最低労働条件法の改正も行われた。その後，コールセンター部門などについて，同法の適用が審議されたが結局適用は行われていない。
34) 介護業（2010年7月15日），警備業（2011年5月5日），職業継続教育（2012年8月1日）。日付は法規命令（労働社会省が発令する部門別最低賃金の認可）の発令日。フォンデアライエンの労働社会大臣就任以前に，業務クリーニング業（2009年10月21日），鉱山特殊業（同前），廃棄物処理業（2009年12月12日）の部門別最低賃金が導入されている。
35) ただし実際には，解禁に伴う外国人労働者流入は予想を大きく下回った（FAZ2011.12.14）。
36) また（神吉 2011）は英仏日を対象として，最低賃金決定制度における実体的正当化と手続的正当化について検討しており，参考になる。
37) この項につき，（大重 2014），（Kitagawa et al. 2014）も参照。
38) なお協約自治強化法には，最低賃金法の他に労働協約法と労働者送出法の改正も含まれている。労働協約法については，一般的拘束力宣言の要件のうち「50％基準」が撤廃され，申請は協約当事者の双方によること（これまで　方でも可）が定められた。他方，労働者送出法については，対象部門の限定が撤廃された。また最低労働条件法は廃止された。
39) 労働者送出法は，前注の改正に先立つ2014年5月24日，食肉産業を対象部門に追加する法改正が行われている。
40) ワイマール共和国時代に導入された労働協約の強制仲裁制度が使用者側からついに受容されることなく最終的にナチスによって葬られた歴史は，極端ではあるが，このことを示す重要な事例である。この問題については（西谷 1987：第5，6章），（岩佐 2001）を参照。

補論
派遣労働と労働協約

　昨今の日本では派遣労働をめぐる争議や裁判が相次ぎ，派遣法の改正も大きな政治的テーマとなっているが，じつはドイツにおいても派遣労働は大きな問題である。

　問題の構造は日本と同様であると考えてよい。つまり，派遣労働の特徴である三角的雇用関係のもとで，労働条件の決定や雇用保障において企業側は優位に振る舞うことができ，その裏面として労働者側に困難が押しつけられる――このような構造はドイツにおいても基本的に変わりはない。

　したがってドイツの派遣労働問題は，日本と同じく，不安定雇用・低賃金労働の代表的な問題として捉えることができる。第4章では低賃金労働が旅館・飲食業などの特定の産業部門に偏在していることを述べたが，かたや金属・電機部門などの伝統的な高賃金部門では，派遣労働の投入という形で低賃金労働の拡大がみられる。

　また，ドイツの派遣労働は労働協約との関連においても独特の問題を発生させた。すぐあとで説明するように，派遣労働に関しては労働協約によって法律上の労働条件規制の基準を引き下げることが可能となり，このことが労働組合に難題を課すことになった。

　この補論では，ドイツの派遣労働に関する制度，派遣労働者の現状，協約政策，労働組合の対応などについて検討をしたい。[1][2]

◼ 2002年派遣法改正と労働協約

　1972年の制定以来何度かの改正を経てきたドイツの派遣法は，シュレーダー政権（SPPと緑の党の連立政権）期の2002年改正によって転機を迎えた（詳しくは大橋2007：67ff.）。改正の柱のひとつは，派遣労働に対する従来の規制を全般的に緩和することであった。派遣労働は失業者の受け皿として有効であり，またその後の常用労働者への「定着効果」が期待できるというのが規制緩和の理

由であった。

　具体的には，まず派遣期間の制限が撤廃された。派遣最長期間は法制定当初の３カ月から徐々に延長され，2001年の改正で24カ月にまでなったが，それが最終的に撤廃された。また期間同一化（派遣就労期間と労働契約期間を同一にすること。日本でいう登録型派遣）は，派遣先のリスクを労働者に負わせるものとして禁止されていたが，これも自由化された。他にも雇用終了後の派遣労働者を派遣会社が再雇用することを禁止する規定が廃止された。

　しかし改正にはもうひとつの柱があった。均等待遇規定の導入である。規制緩和と引き換えに改正派遣法には，派遣労働者の賃金などの主要な労働条件は派遣先における比較可能な常用労働者のそれを下回ってはならないことが定められた。これは派遣労働を差別的な労働力として使用することに歯止めをかけるきわめて重要な規定である。当時政府は，この規制緩和と均等待遇が一体となって派遣労働が社会的に受容されるものになり，その質が高められる，と説明した。

　ところが，じつはこの均等待遇規定には大きな例外規定が用意されていた。均等待遇規定については，労働協約を締結することによってその適用を除外することが可能とされ，法律が定める均等待遇の基準を下回る賃金額を労働協約は定めることができた（3条1項3号および9条3項）。これは，労使の集団的自治は法的規制に優先するという伝統的な考え方に基づいていた。またこの労働協約による均等待遇の適用除外は，組合員である場合だけでなく，その内容が合意されていれば非組合員でも可能であった（3条1項3号）[3]。

　改正派遣法は，均等待遇規制の部分については2004年1月1日，それ以外の部分は2003年1月1日に施行されることになった。つまり2003年末までに均等待遇を適用除外する労働協約が締結されなければ，2004年以降，派遣労働者と派遣先の常用労働者との均等待遇が実現する仕組みになっていた。均等待遇の適用でコストが上昇し，それによって売上が減少することを恐れた派遣会社は，均等待遇を回避するため，使用者団体を通じて労働組合と労働協約を締結することを目指した。

　ここで，DGBおよびDGB加盟組合には，労働協約の締結を拒否する選択もあった。実際，そうすべきという意見は当時あった[4]。しかし，DGB加盟組合

はDGBのもとに統一交渉団を結成して，派遣会社の使用者団体と労働協約の締結を目指した。DGBにとっては，それは従来労働協約がなかった分野に規制を及ぼし，派遣労働者を組織するチャンスであり，「協約自治の優位」を発揮すること自体が肯定的に考えられた。均等待遇がデフォルトルールであり，労働協約を締結した場合に限りそれを免れるという改正派遣法の構造はDGBの交渉上の優位を担保すると認識されていた（Schröder 2009：91f.）。[5]

このDGBの認識は，その後の展開を知る者からみれば，過度に楽観的であったといわざるをえない。ただし，少なくとも協約交渉の当初は——正確にいうと2003年2月20日までは——協約締結を目指すDGBの方針がはらむ危険性・問題性はなお限定的なものであった。DGBと大手派遣会社を組織する使用者団体BZA（派遣・人材サービス全国連盟）は2月20日に，労働協約の「基本方針」（Eckpunkte）について合意した。「基本方針」は，長期失業者に対する引き下げの余地を残しながらも，派遣労働者の最低賃金等級を原則時給8.4ユーロとし，そして，その賃金水準を派遣先の部門ごとに均等待遇となるよう，派遣期間に応じて段階的に引き上げてゆくことを定めた（「部門別割増賃金」）。これを受け，正式の労働協約締結に向けて段階的な移行プラン等の詰めの作業を進める予定であった。低賃金労働の固定化にDGBが承認を与えるというような事態は，この時点では，想定されていなかった。

しかし「基本方針」合意後，情勢は暗転する。

ここで，派遣労働部門における使用者団体について整理しておこう。以下にみられるように乱立状況ではあるが，ポイントは，BZAが経営的に余裕のある大手の派遣会社を中心とした使用者団体であり，それ以外の使用者団体はよ

●派遣労働部門における使用者団体

・BZA（派遣人材サービス全国連盟）
・iGZ（ドイツ派遣会社利益団体）
・MVZ（派遣中小企業連合）
・INZ（北バイエルン派遣企業団体）
・BVD（ドイツ人材サービス全国連盟）
・AMP（中小人材サービス使用者団体）2005年MVZとINZの合併により設立
・BAP（人材サービス全国使用者連盟）2011年BZAとAMPの合併により設立

りコスト削減志向の強い中小の派遣会社を中心としているという点である。

　DGBとBZAの「基本方針」に対しては，まず，BZA以外の使用者団体から不満が噴出した。iGZは，BZAと同じくDGBと協約締結に向けて交渉を進めていたが，DGB-BZAの「基本方針」の賃金水準は高すぎ，中小の派遣会社には受容できないものであると反発した。他方MVAは，改正派遣法は「協約の強制」であるから憲法裁判所に提訴すると主張した（Handelsblatt 2003.2.24）。

　そして，ここに「キリスト教労働組合」が登場する。キリスト教労働組合とは，DGBとは独立したナショナルセンターCGB（キリスト教労働組合総同盟）に加盟する労働組合のことである。「キリスト教」を掲げてはいるが，教会との連携・援助関係はない（CSUとの連携はある）。キリスト教労働組合の組合員は30万人で，DGBの770万人（2003年時点）に比べれば少ない。しかしキリスト教労働組合は，DGBの労働協約に比べて，より低賃金で柔軟な「お好みの労働協約」（Gefälligkeitstarifverträge）を使用者（団体）と締結する「実績」をあげてきた。たとえば1998年，キリスト教労働組合のひとつCGM（キリスト教金属労働組合）は，東地域において，IGメタルとの労働協約を回避すべく使用者団体を脱退した使用者たちと，「フェニックス」と名づけた労働協約を締結した。その内容はIGメタルとの労働協約に比べて広く柔軟に個別事業所ごとの賃金，労働時間の変更を認めるものであった（Buchholz 2006：99ff.）。

　今回，キリスト教労働組合は加盟組合の統一の交渉組織CGZP（派遣・人材サービスのためのキリスト教労働組合協約共同体）を結成し，派遣部門に参入する意欲をみせた。INZがそれに応じ，2月24日，CGZPとINZは派遣労働部門についての横断的労働協約を締結した。その内容は最低時給が西地域6.3ユーロ，東地域5.7ユーロという，DGB-BZAの「基本方針」を大幅に下回るものであった。CGZPはのちにMVZ，BVDとも同様の横断的労働協約を締結し，いくつかの派遣会社とはさらに低水準の企業協約を締結した。

　CGZP-INZ協約のインパクトはてきめんで，ただちにDGBとBZAの協約交渉に影響を与えた。BZAは「基本方針」の見直しを表明した。BZAは会員企業の脱退が相次いでいた（Berliner Zeitung 2003.3.8）。DGBはCGZPの動きに強く憤慨したものの，CGZP-INZ協約に近い水準でDGBとBZAが合意しなければ，CGZP-INZ協約が派遣労働部門を席巻する恐れがあった。こうしてDGB

側が一挙に劣勢に追い込まれたのち，5月27日，DGBとBZAは横断的労働協約を締結した。最下位の賃金等級は「基本方針」時の時給8.4ユーロから大幅に低下し，時給6.85ユーロ（西地域）と5.93ユーロ（東地域）となった。部門別割増賃金は見送られた。つまりDGBは，当初の見通しに反して，派遣労働における低賃金を固定化する労働協約に署名することを余儀なくされた。DGBはiGZともこれと同様の横断的労働協約を締結した。その後，労働協約は改定され，また使用者団体も統合再編されるが，CGZPの低賃金協約にDGG協約も引っ張られる関係は継続していった。

2 派遣労働者の実態

2002年派遣法改正後，派遣労働者の数は飛躍的に増大した（図表補-1）。

こうした派遣労働者の増大は，もちろん2002年派遣法改正と密接な因果関係にある。期間制限の撤廃と期間同一化の解禁は派遣労働者の活用の余地を大きく拡大した。そして均等待遇規制が労働協約によって適用除外されたことが，派遣労働者を活用する使用者の大きなメリットとなった。推計では，派遣労働者の賃金は常用労働者に比べて平均で48.1％も低い（arbeitsmarkt aktuell 2013/2：2，2009年時点，西地域）。

2008年の金融危機後，グラフにもあるように派遣労働者数は約3分の2に急減した。つまりドイツにおいても「派遣切り」が大規模に行われた。金融危機に伴う雇用の削減はこの部門に集中的に現れており，2008年10月から翌年9月にかけての部門別の離職率（ひと月あたり，平均）は比較的高い旅館・飲食業でも平均1.7％，製造業で0.6％であるのに対し，派遣業では6.1％と突出していた（Adamy 2010：9）。その後の景気回復にともない現在，ドイツは失業者の大幅な減少を記録している。しかし「新規雇用の3分の1が派遣労働」であるといわれ，派遣労働への依存はいっそう強まっている。

派遣先の業種としては，従来から主要であった製造業に加え，サービス産業においても，競争圧力の増大や民営化のもとコスト節約の手段として派遣労働が広く導入された。企業が派遣会社を子会社として設立する手法も広がった。とくに社会的な注目を浴びたのは，2009年から翌年にかけて大手ドラッグストアのシュレッカー社が常用労働者を派遣労働者に大量に入れ替えた問題であ

図表補-1　派遣労働者数の推移

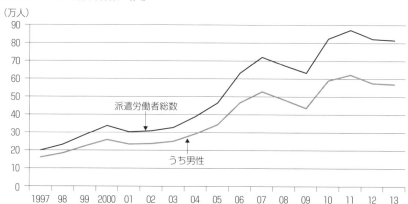

(Bundesagentur für Arbeit, Leiharbeitnehmer und Verleihbetriebe - Zeitreihe ab 1973 (2014.7.22 版) より筆者作成)

る。シュレッカー社は，従来の店舗約4千店を閉鎖して従業員を解雇するとともに新規店舗の開設し，そこに解雇した従業員を別途設立した派遣会社を通して就労させた。その際，労働者の賃金は約半分に切り下げられた。

　こうして，ドイツで派遣労働者は「2級労働者」といわれ，「不安定雇用」と「低賃金セクター」の典型として繰り返し言及されるようになった。派遣労働者たちはいう。「2日，3日と何も食べることのできない状態に転落したことが何度かあります。お金がなかったのです。……常に戦争です。この不安に耐えることは困難です」(54歳女性，調理場，プラスチック工場などに就労)。「労働契約をみて仰天しました。常用労働者は倍以上稼いでいます。……どうやって生活すればいいのか？　私は追加収入のため他の仕事を探しました」(43歳男性，造船所，スーパーに就労) (Schröder 2009：80, 87)。

3　「派遣労働の機能転換」と「排他的連帯」

　派遣労働の急速な拡大にともない，その雇用社会全体への影響についての研究がいくつかなされている。労働問題研究者のクラウス・デェレやハヨ・ホルストなどイェナ大学を中心とする研究者グループは，研究報告書『派遣労働の機能転換』(2009年) を発表し，事例調査に基づいて，派遣労働の機能・形態

には歴史的に次の3つの類型があることを明らかにした（Holst et al. 2009）。

　まず派遣労働が拡大する初期においては，派遣労働は短期的な欠員の補充として用いられていた。そのため派遣期間は短く，導入される範囲も限られていた。これは「アドホックな補充としての派遣労働」である。これに続く第2類型は「フレキシビリティの緩衝としての派遣労働」であった。ここで派遣労働は，季節的要因または景気循環的要因などによって受注量が変動することへの「緩衝」として導入された。しかしこの段階ではまだ派遣期間は短期であり，労働過程において派遣労働者の作業は常用労働者と分離していた。

　こうした従来の類型に対して，今日，第3類型として「派遣労働の戦略的活用」が登場している。そこでは派遣労働の導入は一時的ではなく恒常的なものになる。そして労働過程では常用労働者と派遣労働者が同一の労働に従事して混在して働くようになり，その導入の範囲は全面化する。それによって，派遣労働は資本収益を安定的にコントロールするための重要な「企業のセイフティーネット」になった（ebd.：23）。

　この段階で「規律化」（Disziplinierung）が展開する。「規律化」は，まず派遣労働者に対するそれである。すなわち，安定した雇用とよりよい報酬を求める多くの派遣労働者は，派遣先に常用労働者として雇い入れられることを希望している。それに対して派遣先の企業は高い「パフォーマンス能力」を示した派遣労働者を常用労働者として雇い入れる。そうした可能性は量的には限られているが，その限られた可能性を期待するがゆえに，派遣労働者は企業への忠誠競争に駆り立てられ，アトム化し，従順になる。そして同時に，このことは常用労働者への「規律化」としても作用する。常用労働者と派遣労働者が同じ仕事に従事することで，前者がより低コストの後者に代替される可能性は具体的で直接的なものになる。そのため，派遣労働者に代替されことを恐れる常用労働者もまた企業に対して従順にならざるをえない。こうした現象が広くみられることを報告書は紹介している。

　デェレらの研究グループは，さらにその後，金属・電機部門における常用労働者の派遣労働者に対する意識の調査と分析を行っている。そして，そこから常用労働者の派遣労働者に対する「排他的連帯」(exklusive Solidarität)というテーゼを導き出した（Holst/Matuschek 2013：97）。

常用労働者たちの多くは確かに派遣労働についての社会的批判をもっている。しかし，とくに2008年金融危機を通じて，彼ら・彼女らは自分たちの勤務先をたんなる「近接圏」ではなく，より積極的なアイデンティティや帰属感をもつ場所とみなすようになっている。このように企業への依存を強めることと対応して，常用労働者たちは，派遣労働者の犠牲を必要なものとみなし，自分たちの範囲の利益のみを確保しようとしている。「常用労働者と同じく派遣労働者は事業所の家族に属している」という質問項目に対して，42.9%の常用労働者が同意しない旨回答している（ebd.：98）。そして実際，2008年金融危機後の大規模な派遣労働者の解雇に対して労働組合から強い抵抗は生じなかった。こうした常用労働者の派遣労働者に対する関係が「排他的連帯」である。

4 派遣労働の規制へ

　以上のことから，まず私たちは，派遣労働問題におけるドイツと日本との共通性を確認することができる。ドイツにおいても派遣労働は，労働者の尊厳と主体性を奪い，賃金を引き下げ，雇用保障を脆弱なものとし，そして労働組合の規制力を削ぐものであった。正規－非正規の関係についても日本との共通性は明らかである。「派遣労働者は『事業所の家族』ではない」というような意識は日本に限ったことではない。また「日本とは異なりドイツを含む欧州では同一労働同一賃金原則に基づく正規－非正規の均等待遇が実現している」という理解も，同様に正しくない。

　しかし他方で，日本との相違も重要である。2002年派遣法改正以降しばらく続いていた派遣労働における日独の類似状況は，2010年あたりを境にして乖離が現れている。大きくいえば，日本における派遣労働がいっそうの規制緩和へと向かっているのに対して，ドイツでは一定の規制強化がみられる。それとともにDGBとDGB加盟組合のなかで，「規律化」や「排他的連帯」に対抗する流れが生まれた。

　派遣労働の予想外の展開を受けて，DGBは，2006年5月の大会以降，労働協約による均等待遇の適用除外を認めないよう法改正を要求するようになった。2007年以降，SPDもそれに同調した。しかしそれをただちに実現できる議会状況はなく，そこで，主に次の3つの戦略が追求された。

第1は事業所レベルでの派遣労働規制である。これは派遣労働の導入が著しい金属・電機産業を管轄するIGメタルが中心となった。前述のように，2002年の派遣法改正に際して行われた派遣元との労働協約交渉は，労働側にとって不十分なものに終わった。このことを教訓としたIGメタルは，組織化と交渉の重心を派遣先へと移す方針を打ち出した。2007年にIGメタルは次のように表明している。「派遣元との労働協約によって……賃金ダンピングの拡大を阻止しようとする試みは失敗に終わった。協約が貫徹する見込みは不十分であったし，派遣元の使用者団体には派遣労働を社会的観点に則して共同で解決しようとする態勢が欠けていた。そのためにIGメタルは，その事業所政策・協約政策上の重点を派遣先企業およびその部門に移すことが必要となった」と。こうした方針に基づきIGメタルは，派遣問題についての研修の実施，派遣労働者との対話を組織している。法制上，派遣労働者には派遣先企業の従業員集会への参加が認められ，従業員代表委員の選挙権が与えられていること（3カ月以上派遣されている場合）が，こうした活動を支える重要な基盤となっている。そしてIGメタルの各地域組織によって「派遣労働を人間的なものに」，「同一労働同一賃金」などのキャンペーンが展開され，2004年には派遣労働に関する情報交流のインターネットサイト"ZOOM"（Zeitarbeitnehmer ohne Organisation machtlos 組織なき派遣労働者は無力）が開設された。2008年にはIGメタルの全国的キャンペーン「同一労働同一賃金」が開始された（緒方 2008，北川他 2014）。

　こうした運動の結果，派遣先との交渉によって労働協約または事業所協定を締結し，派遣労働の規制を行う事例が現れている。たとえば，①エアバス社（航空機製造）では，派遣から4カ月経過後，常用労働者と同様に金属・電機部門の横断的労働協約に基づく支払いがなされることが，②スティル社（フォークリフト製造）では，派遣初日から横断的労働協約に基づく支払いがなされ，かつ派遣最長期間を6カ月にすることが，③クルップ・マンネスマン製鋼所では，派遣労働者の人数を100人に限定し，かつ常用労働者との均等待遇にすることが，それぞれIGメタルと当該企業との間で合意された（Berg et al.：216）。

　第2の戦略は派遣労働における部門別最低賃金の導入である。CGZP協約による派遣労働者の低賃金化に歯止めをかけるために，DGBはこのことを要求してきた。第1次メルケル政権期（2005～2009年）に部門別最低賃金の拡張を

めぐって連立与党内で激しい争いがあったことは第4章でみたが，派遣労働の扱いはその際の焦点のひとつであった。DGBとBZA，iGZは早々と2006年5月には最低賃金についての労働協約を締結し，部門別最低賃金の導入に向けて政権へ働きかけた。だがCDU/CSUの強い反対にあって，2009年の労働者送出法改正では派遣労働は新規の対象に含まれなかった。しかし第2次メルケル政権期に入り，フォンデアライエン労働社会大臣のイニシアチブのもと，前述のシュレッカー事件の影響もあり，部門別最低賃金を可能とするよう労働者送出法ではなく派遣法が2011年4月に改正され，それに基づき，同年11月派遣労働における部門別最低賃金が導入された。

第3にCGZPの協約能力を裁判所に否認させることである。第1章（17頁）で若干触れたが，「協約能力」の認否はドイツにおける労働組合の資格認定の一種といえる。判例上，「社会的実力」が不十分であると判断された労働組合はその協約能力が否認され，法的に有効な労働協約を締結することはできない。歴史的にDGB系組合は何度かCGB系組合の協約能力の否認を求めて提訴しているが，それぞれのケースにおける裁判所の判断は分かれていた（ebd.：310ff.）。2008年10月ver.diは，ベルリン市州と共同で，CGZPに協約能力がないことを確認する訴えを起こした。最終的に2010年12月14日，連邦労働裁判所はCGZPの協約能力を否認した（ただしその理由は，CGZPの「社会的実力」についてではなく，協約管轄の設定が不適切であることによる）。これによってCGZP協約は無効となり，これまでCGZP協約が適用されてきた派遣労働者は均等待遇との賃金と社会保険料の差額（最大3年間）を請求できることになった。たとえばチューリンゲン州では，2013年3月時点で約90件のそうした訴訟が起こされている。ただし職を失うことを恐れて提訴に踏み切らない派遣労働者も多いという（Thüringer Allgemeine 2013.3.14）。

このように，日本とは対照的に，2010年以降ドイツでは派遣労働に対する規制の強化が様々な側面から進行している。2013年11月のCDU/CSUとSPDの連立協定ではさらなる規制強化（最長派遣期間を18カ月にすること，派遣後遅くとも9カ月後以降に均等待遇とすることなど）が盛り込まれている。

とはいえ，間接雇用を活用しようとする企業の要求は依然として強力であって，派遣法改正等を受けて，企業が請負によって規制を回避しようとする現象

が広がっている。たとえばBMW社（自動車製造）のライプチヒ工場では，常用労働者3800人，派遣労働者1000人に対して請負労働者が4000人就労しており，これらの請負労働者は無協約である（Der Spiegel 2013/47）。それゆえ今日問題の焦点は派遣労働の規制から請負の規制へと移行している。

5 おわりに：2013年協約交渉の意味するもの

　以上，ドイツの派遣労働の現状をかいま見てきた。第4章では，低賃金労働を規制するためには労働協約のみでは限界のあることを労働組合が認識し，その認識が法定最低賃金要求を生み出す過程を分析した。派遣労働の場合においても，確かにその特殊な制度的枠組みを無視できないが，しかし問題をより一般的に捉えるならば，同様の過程がみられる。つまり，派遣労働についても労働組合（DGB）は，労働協約による規制の限界を認識して国家法による規制を必要とするようになった，といえる。

　しかしながら，このまとめ方にはただし書きをつけなければならない。DGBの内部では，この「派遣労働の規制における労働協約の限界」という問題にじつはまだ決着がついてない。

　それは2013年にDGBが派遣労働の労働協約を改定したという問題に関わっている。2010年の連邦労働最高裁判決によってCGZPの協約能力が否認されたことは，これまでDGBを不本意な低賃金協約の締結に追い込んできた「重し」が取り除かれたことを意味した。したがって，判決後初めてとなる2013年の協約交渉において，DGBは協約締結を拒否して均等待遇を貫徹せしめるという選択をすることができた。ところがDGB執行部は，2013年9月，BAPおよびiGZとの間で派遣労働についての労働協約を改定した。つまり，労働協約によって均等待遇規定を適用除外する状態はその後も継続することになった。

　このDGB執行部の方針には，DGB内部から強い批判があった。一部のDGB系組合の役員や一般組合員はキャンペーン「派遣労働　労働協約による低賃金？　もうやめだ！」を組織して，署名運動や抗議活動を展開し，DGBが派遣労働協約を改定しないことを求めた。

　協約を改定すべきというDGB執行部の主要な根拠は法解釈上のものであった。すなわち，執行部批判派＝協約締結拒否派は，派遣労働協約を改定せずに

失効させれば，ただちに派遣法上の均等待遇規定が効力をもつと主張したのに対して，DGB執行部は，派遣労働協約失効後も余後効（第1章注10参照）が働くため，自動的に均等待遇にはならず，余後効が働かないことを確認するためには少なくとも長期の裁判を経なければならない，と主張した（ver.di Druck + Papier 2013/3：7）。こうした法解釈を根拠に，DGB執行部は，内部の反対論を押し切って，派遣労働協約の改定に踏み切った。

　しかし，この論争の根底には，たんなる法解釈論の対立ではない，労働組合の路線上の対立が存在すると推測される。実際そのような指摘はある。貧困問題研究者のクリストフ・ブッターヴェーゲは，DGBがあくまでも派遣労働協約の締結を求める動機として次の2点を指摘している（Süddeutsche Zeitung 2013.5.10）。ひとつは，労働協約に代わって法律のみの規制になると，労働組合の役員は「面目を失った」と感じるであろう，という点，もうひとつは，労働組合役員は，いざ経済危機となったときに労働組合の中心的なクライエントである常用労働者の雇用を守るフレキシビリティとして派遣労働者をみている，という点である。

　このブッターヴェーゲの指摘の妥当性を検証するだけの材料を筆者はもっていない。[7]しかし，もしこの指摘——とくに後者——があたっているとするならば，いうまでもなく問題は深刻である。それは，「排他的連帯」の論理が，言い換えれば日本にもみられるような正規―非正規の対立が，この国においてもなお根深いことを示しているからである。

1）「派遣労働」または「労働者派遣」を意味するドイツ語は複数ある。法律上は"Arbeitnehmerüberlassung"であるが，これはあまり用いられず，多く用いられるのは"Leiharbeit"と"Zeitarbeit"である。"Leiharbeit"（直訳：貸与労働）は否定的，"Zeitarbeit"（直訳：一時的労働）は肯定的または中立的なニュアンスがある。2002年派遣法改正について，それを推進したSPDのクラウス・ブランドナーが「LeiharbeitはZeitarbeitに発展しました」と述べたのは，そうしたニュアンスの差をよく表している（Deutschlandfunk 2003.9.24）。しかし本書ではこの差異をいちいち訳し分けることはせず，すべて「派遣労働」と訳す。
2）以下，引用したものの他に，主に次の文献を参考にした。(Weinkopf/Vanselow 2008), (Wiedemuth/Dombre 2008)。
3）第2章でみたプフォルツハイム協定は，補完協約を用いて横断的労働協約上の規定を適用除外（Abweichung）するものであったが，ここで問題となっているのは，労働協約を用いて派遣法上の均等待遇規定を適用除外することである。

4) たとえば (junge Welt 2003.2.7) では，派遣労働者の組織率は非常に低いので，DGBは協約を締結すべきではないとの主張が紹介されている。またプロレイバーの労働法学者として著名なヴォルフガング・ドイプラーも，その後インタビューで，DGBはこの最初の時点で労働協約の締結を拒否すべきであった，と述べている (junge Welt 2010.12.16)。
5) 均等待遇規制の厳格な実施による派遣会社の破綻を労働協約によって回避しようとDGBが配慮した，ともいわれている (Aust 2007：247)。
6) 2006年の連邦労働裁判所の判例は，派遣会社が派遣労働者を解雇するためには，派遣注文の減少と新規派遣先の欠如をたんに示すだけでは不十分であり，注文減少が長期にわたるものであることを証明しなければならないとしている。しかし，この判例が活用されることは少ないという (Schröder 2009：70)。
7) 弁護士のダニエル・ヴァイドマンは次のように述べている。「DGB系労働組合は一枚岩ではありません。派遣法に均等待遇が明記されているので，一部の人は当初からあらゆる労働協約に反対でした。しかし，派遣労働者が同一賃金ではないことを今日においても良いことと考えている若干の従業員代表委員の親玉たちもいます。二大労組のIGメタルとver.diが公然と派遣労働に反対し，それに対応した協約政策を展開していることもあって，その人たち〔若干の従業員代表委員の親玉〕の声はもちろん大きくはありません」(neues deutschland 2010.12.29)。

引用・参考文献・記事・インタビュー

【文献一覧】

"ebd." は「同前」、"et al." は「その他著者複数」、"f." は「以下（1ページ）」、"ff." は「以下（複数ページ）」、"o.j." は「刊行年なし」の意味である。
インターネット上の文献の最終アクセス時はいずれも2014年9月7日。

Adamy, Wilhelm（2010）：Arbeitsmarktrisiken in der Leiharbeit, Wirtschaftsdienst 90（9）, S.598-605.
Ahlers, Elke/Dorsch-Schweizer, Marlies（2001）：ver.di und Gender, in：WSI Mitteilungen 12/2001, S.759-766.
Aust, Andreas/Pernicka, Susanne/Feigl-Heihs, Monika（2007）：„Moderner Sklavenhandel"? Gewerkschaftliche Strategien im Umgang mit Leiharbeit in：S. Pernicka/A. Aust（Hrsg.）：Die Unorganisierten gewinnen. Gewerkschaftliche Rekrutierung und Interessenvertretung atypisch Beschäftigter. ein deutsch-österreichischer Vergleich, Berlin, S.231-337.
Bahnmüller, Reinhard（2009）：Dezentralisierung der Tarifpolitik, in：R. Bispinck/Th. Schulten（Hrsg.）：Zukunft der Tarifautonomie, Hamburg, S.81-113.
Berg, Peter/Kocher, Eva/Platow, Helmut/Schoof, Christian/Schumann, Dirk（2013）：Tarifvertragsgesetz und Arbeitskampfrecht. Kompaktkommentar, 4.Aufl., Frankfurt a.M.
Bispinck, Reinhard（2011）：Pay in the 2000s, WSI Report 6, Düsseldorf.
Bispinck, Reinhard（2012）：Sozial- und arbeitsmarktpolitische Regulierung durch Tarifvertrag, in：R. Bispinck/G. Bosch/K. Hofemann/G. Naegele（Hrsg.）：Sozialpolitik und Sozialstaat, Wiesbaden, S.201-218.
Bispinck, Reinhard/Schulten, Thorsten（2008）：Aktuelle Mindestlohndebatte. Branchenlösungen oder gesetzlicher Mindestlohn？, in：WSI-Mitteilungen 3/2008, S.151-158.
Bispinck, Reinhard/Schulten, Thorsten（2013）：Der（wissenschaftliche）Vater der deutschen Mindestlohndebatte, in：Sozialismus 7-8/2013, S.68-69.
Bispinck, Reinhard/WSI-Tarifarchiv（2004）：Kontrollierte Dezentralisierung, Elemente qualitativer Tarifpolitik Nr. 55.
Bispinck, Reinhard/WSI-Tarifarchiv（2005）：Tarifpolitischer Jahresbericht 2004, Düsseldorf.
Bispinck, Reinhard/WSI-Tarifarchiv（2008）：Unterste Tarifvergutungen 2008, Elemente qualitativer Tarifpolitik Nr. 64.
Bispinck, Reinhard/WSI-Tarifarchiv（2011）：Tarifliche Löhne, Gehälter und Entgelte

2011. Eine Untersuchung in 41 Wirtschaftszweigen unter besonderer Berücksichtigung des Niedriglohnbereichs, Elemente qualitativer Tarifpolitik Nr. 73.

Bispinck, Reinhard/WSI-Tarifarchiv (2013) : Tarifliche Vergütungsgruppen im Niedriglohnbereich 2011, Elemente qualitativer Tarifpolitik Nr. 75.

Brautzsch, Hans-Ulrich/Schultz, Birgit (2008) : Ein Mindestlohn von 7,50 Euro je Stunde betrifft vor allem Arbeitsplätze im Dienstleistungssektor, in : Wirtschaft im Wandel 3/2008, S. 102-105.

Bsirske, Frank (2008) : Vielfalt verbinden, miteinander geht es besser. Gute Beteiligungsmöglichkeiten stärken die Einheitsgewerkschaft, in : Industrielle Beziehungen 15 (4), S.414-417.

Buchholz, Goetz (2006) : „Christliche" Gewerkschaften und wie sie Arbeitnehmerinteressen verkaufen, Frankfurt a. M.

Burkhard, Oliver / Iwer, Frank / Wagner, Hilde. (2006) : Thesen zur Tarifpolitik, Fläche und Betreib, in : B. Huber/ O. Burkhard/H. Wagner (Hrsg.) : Perspektiven der Tarifpolitik, Hamburg, S.33-50.

Busch, Hans Werner (2005):Flächentarifvertrag unter Modernisierungsdruck, in:H.W. Busch/H. P Frey/M. Hüther/B. Rehder/W. Streeck , Tarifpolitik im Umbruch, Köln, S.135-175.

Clasen, Lothar (1989) : Weitere Arbeitszeitverkürzungen, in : Bundesarbeitsblatt 3/1989, S.17-22.

Czommer, Lars/Worthmann, Georg (2005) : Von der Baustelle auf den Schlachthof. Zur Übertragbarkeit des Arbeitnehmer-Entsendegesetzes auf die deutsche Fleischbranche, IAT-Report 2005-03, Gelsenkirchen.

Dribbusch, Heiner (2002) : Gewerkschaftliche Mitgliedergewinnung im Dienstleistungssektor, Berlin.

Dribbusch, Heiner (2009a) : Rückgang des Streikvolumens, aber deutlich mehr Streikende, in : WSI in der Hans-Böckler-Stifung Pressemitteilung, 21. April.

Dribbusch, Heiner (2009b) : Streik-Bewegungen. Neue Entwicklungen im Arbeitskampf, in : Forschungsjournal Neue Soziale Bewegungen 4/2009, S.56-66.

Dribbusch, Hainer/Vandaele, Kurt (2007) : Comprehending divergence in strike activity, in : S. van der Velden/H. Dribbusch/D. Layddon/K. Vandaele (eds.) : Strikes Around the World. 1968-2005, Amsterdam, p.267-297.

EIRO (2004) : Employers demand end to early retirement and a 40-hour week (http://www.eurofound.europa.eu/eiro/2004/08/inbrief/be0408301n.htm).

Ehl, Armin (2008) : Antworten des Marburger Bundes, in : Industrielle Beziehungen 15 (4), S.406-410.

Ellguth, Peter/Kohaut, Susanne (2010) : Auf der Flucht? Tarifaustritte und die Rolle von Öffnungsklauseln, in : Industrielle Beziehungen 17 (4), S.345-371.

Gesamtmetall（2004）：Busch im WDR zu den Tarifverhandlungen
  （http://www.gesamtMetall.de/gesamtMetall/meonline.nsf/id/E8DCEC9D9883C4E
  7C1256E1600453494）.
Gesamtmetall（2005）：Geschäftsbericht 2003-2005.
Glaubitz, Jürgen（2008）：Von Konzernen, Kunden und „Kostenfaktoren", Berlin.
Haipeter, Thomas（2009）：Tarifabweichungen und Flächentarifverträge, Wiesbaden.
Haipeter, Thomas/Brettschneider, Antonio/Bromberg, Tabea/Lehndorff, Steffen
  （2011）：Rückenwind für die Betriebsräte, Berlin.
Haipeter, Thomas/Schilling, Gabi（2006）：Arbeitgeberverbände in der Metall- und
  Elektroindustrie. Tarifbindung, Organisationsentwicklung und Strategiebildung,
  Hamburg.
Henkel, Hans-Olaf（1999）：Wettbewerb und Mitbestimmung, in：Gewerkschaftliche
  Monatshefte 3/1999, S.146-149.
Hilf, Ellen/Jacobsen, Heike（2000）：Deregulierung der Öffnungszeiten und
  Flexibilisierung der Beschäftigung im Einzelhandel, in：Arbeit 3（9）, S.204-216.
Hinz, Lieselotte（2012）：Minijobs in Einzelhandel, in：WSI-Mitteilungen 1/2012, S.58-
  60.
Holst, Hajo/Nachtwey, Oliver/Dörre, Klaus（2009）：Funktionswandel von Leiharbeit.
  Neue Nutzungsstrategien und ihre arbeits- und mitbestimmungspolitischen Folgen,
  Frankfurt a.M.
Holst, Hajo/Matuschek, Ingo（2013）：Sicheres Geleit in Krisenzeiten? Leiharbeit, Krise
  und Interessenvertretung im Industriebetrieb West, in：K. Dörre/A. Happ/I.
  Matuschek（Hrsg.）：Das Gesellschaftsbild der Lohnarbeiterinnen Soziologische
  Untersuchungen in ost- und westdeutschen Industriebetrieben, Hamburg, S.85-108.
Huber, Berthold（2005）：Betriebliche Abweichungen im Flächentarifvertrag. Zur
  Tarifpraxis der IG Metall
  （http://www.boeckler.de/pdf/v_2005_09_01_folien_huber.pdf）.
Huber, Berthold/Burkhard, Oliver/Klebe, Thomas（2005）：Tarifpolitik ist
  Betriebspolitik, Betriebspolitik ist Tarifpolitik, in：WSI Mitteilungen 11/2005, S.656-
  662.
IG Metall（2010）：Handbuch zur Vereinbarung von Firmen-, Anerkennungs- und
  abweichenden Tarifverträgen（Stand 7. April 2010）.
IG Metall Bezirk Baden-Württemberg（2011）：Pforzheimer Tarifregelung.
  Zwischenbilanz und Ausblick.
IG Metall Verwaltungsstelle Bocholt/Cholewa, Heinz/IG Metall Verwaltungsstelle
  Dinslaken/Marschner, Ulrich（Hrsg.）（o.j.）：Jeder Arbeitsplatz hat ein Gesicht.
Initiative Mindestlohn（2007）：Die wichtigsten Argumente der Mindestlohn-Gegner.
  Und warum sie nicht zutreffen.

Initiative Mindestlohn (o.j) : Hotel- & Gaststättengewerbe
  (2014.3.21のアクセス時には発行者のサイトに掲載されていたがその後削除されている).
Kempe, Martin (2011) : 10 Jahre ver.di, Münster.
Keune, Maarten (2010) : Derogation clauses on wages in sectoral collective agreements in seven European countries, Dublin.
Kitagawa, Kota/Uemura, Arata (2014) : General Statutory Minimum Wage Debate in Germany. Degrees of Political Intervention in Collective Bargaining Autonomy, European Association for Evolutionary Political Economy, 26th Annual EAEPE Conference Paper.
Kittner, Michael (2005) : Arbeitskampf. Geschichte Recht Gegenwart, München.
Kocsis, Andrea/Sterkel, Gabriele/Wiedemuth, Jörg (Hrsg.) (2013) : Organisieren am Konflikt. Tarifauseinandersetzungen und Mitgliederentwicklung im Dienstleistungssektor. Hamburg.
LabourNet Germany (o.j.) : Brief von Werner Neugebauer an die Betriebsratsvorsitzende von Schaeffler Elfershausen
  (2012.1.23のアクセス時には発行者のサイトに掲載されていたがその後削除されている).
Lehndorff, Steffen (2010) : Before the crisis, in the crisis, and beyond. Collective bargaining on employment in Germany
  (http://www.fafo.no/irec/workshop2.html).
Lehndorff, Steffen/Wagner, Alexandra/Franz, Christine (2010) : Arbeitszeitentwicklung in Europa, Fürth.
Lesch, Hagen (2005) : Der Flächentarifvertrag aus ökonomischer Sicht, in : W. Hromadka/H. Wolff (Hrsg.) : Flächentarifvertrag. Zukunfts- oder Auslaufmodell? Festschrift für Rolf-Achim Eich, Heidelberg, S. 59-76.
Luchtmeier, Hendrik/Ziemendorff, Johannes (2007) : Aufstocker. Kein Indiz für ein Niedriglohnproblem, in : Wirtschaftsdienst 12/2007, S.794-799.
Maak, Klaus/Haves, Jakob/Homann, Birte/Schmid, Katrin (2013) : Die Zukunft des Gastgewerbes, Düsseldorf.
Meinecke, Ulrich (2008) : Ein Jahr Tarifkampf im Einzelhandel , in : Sozialismus 7-8/2008, S.34-37.
Müller, Hans-Peter/Wilke, Manfred (2004) : Quo vadis, IG Metall?, Köln.
Möllenberg, Franz-Josef (2010) : Haustarifverträge und Tarifpolitik in Dienstleistungsbranchen Herausforderungen für die Gewerkschaft Nahrung-Genuss-Gaststätten, in : R. Bispinck/Th. Schulten (Hrsg.) : Zukunft der Tarifautonomie. 60 Jahre Tarifvertragsgesetz. Bilanz und Ausblick, Hamburg, S.64-72.
Möschel, Wernhard (1996) : Tarifautonomie. ein überholtes Ordnungsmodell?, in : W.

Zohlnhöfer (Hrsg.): Die Tarifautonomie auf dem Prüfstand, Berlin 1996, S.11-23.
NGG (2004): NGG-Initiative für existenzsichernden Mindestlohn.
NGG (2008a): Geschäftsbericht 2003-2007.
NGG (2008b): Protokoll. 15.Ordentlicher Gewerkschaftstag der Gewerkschaft Nahrung-Genuss-Gaststätten.
NGG (2012): Wenig Rechte Wenig Lohn. Wie Unternehmen Werkverträge (aus) nutzen.
NGG (2013): Geschäftsbericht 2008-2012.
Peter, Gabriele (1995): Gesetzlicher Mindestlohn. Eine Maßnahme gegen Niedriglöhne von Frauen, Baden-Baden.
Peter, Gabriele (1996): Mindestlohn ohne Grenzen?, in: G. Pohl/C. Schäfer (Hrsg.) Niedriglöhne. Die unbekannte Realität. Armut trotz Arbeit, Hamburg, S.241-251.
Peters, Jürgen (2006): Zerstören, stabilisieren oder reformieren? in: B. Huber/ O. Burkhard/H. Wagner (Hrsg.): Perspektiven der Tarifpolitik. Hamburg, S.53-66.
Pohl, Gerd (2007): Tariflose Zustande und Tariferosion Erfahrungen aus dem Gastgewerbe, in: R. Bispinck (Hrsg.) Wohin treibt das Tarifsystem?, Hamburg, S.61-67.
Pohl, Gerd/Schäfer, Claus (1996): Vorwort, in: G. Pohl/C. Schäfer (Hrsg.) Niedriglöhne. Die unbekannte Realität. Armut trotz Arbeit, Hamburg, S.7-15.
Renneberg, Peter (2011): Handbuch Tarifpolitik und Arbeitskampf, Hamburg.
Ries-Heidtke, Katharina/Böhlke, Nils (2009): Vom LBK Hamburg zur Asklepios Kliniken Hamburg GmbH, in: N. Böhlke/Th. Gerlinger/K. Mosebach/R. Schmucker/Th. Schulten (Hrsg.): Privatisierung von Krankenhäusern, Hamburg, S.127-140.
Riexinger, Berd (2008): Kraftakt im Einzelhandel. Teilsieg errungen!, in: Sozialismus 9/2008, S.44-46.
Riexinger, Berd (2013): Demokratisierung von Streiks, Berlin.
Schmalstieg, Catharina (2013): Partizipative Arbeitskämpfe, neue Streikformen, höhere Streikfähigkeit?, Berlin.
Schröder, Gerhard (2009): Fleißig billig schutzlos. Leiharbeiter in Deutschland, Köln.
Schröder, Lothar (2007): Der Tarifkonflikt bei der Deutschen Telekom AG, in: WSI-Mitteilungen 9/2007, S.515-518.
Schroeder, Wolfgang (Hrsg.) (2014): Handbuch Gewerkschaften in Deutschland, 2.Aufl., Wiesbaden.
Schulten, Thorosten (2014): Mindestlohnregime in Europa. und was Deutschland von ihnen lernen kann, Berlin.
Schwarzbach, Marcus (2006): Betriebliche Bündnisse. Ein Leitfaden für die Praxis, Wiesbaden.
Sterkel, Gabriele (2006): Die Mindestlohn-Initiative. in: G. Sterkel/Th. Sculten/J.

Wiedemuth (Hrsg.)：Mindestlöhne gegen Lohndumping. Rahmenbedingungen. Erfahrungen. Strategien, Hamburg, S.20-32.

Sterkel, Gabriele/Wiedemuth, Jörg (2011)：Neue solidarische Tarifpolitik. Dimensionen eines Richtungswechsels in der Verteilungsfrage, in：Sozialismus 9/2011, S.26-32.

ver.di Baden-Württemberg Fachbereich Handel (Hrsg.) (2009)：Neue Streikbewegung im Handel.

Voss-Dahm, Dorathea (2010)：Aktuelle Trends der Beschäftigung und Qualifikationsentwicklung im Handel, Duisburg.

Wallraff, Günter/Bsirske, Frank/Möllenberg, Franz-Josef (Hrsg.) (2011)：Leben ohne Mindestlohn. Arm wegen Arbeit, Hamburg.

Wagner, Hilde/Welzmüller, Rudolf (2006)：Der Flächentarifvertrag, in：B. Huber/O. Burkhard/H. Wagner (Hrsg.)：Perspektiven der Tarifpolitik, Hamburg, S.13-32.

Weinkopf, Claudia (2009)：Niedrig-, Kombi- und Mindestlöhne, in：K. Eicker-Wolf/S. Körzell/T. Niechoj/A. Truger (Hrsg.)：Die Sozial- und Wirtschaftspolitik der Großen Koalition 2005-2009, Marburg, S.117-141.

Weinkopf, Claudia/Vanselow, Achim (2008)：(Fehl-) Entwicklungen in der Zeitarbeit?, Bonn.

Weitbrecht, Hansjörg (1969)：Effektivität und Legitimität der Tarifautonomie. eine soziologische Untersuchung am Beispiel der deutschen Metallindustrie, Berlin.

Weitbrecht, Hansjörg (1974)：Das Machtproblem in Tarifverhandlungen, in：Soziale Welt 25 (2), S.224-234.

Wetzel, Detlef (2005)：Interview 'Ohne Besser-Strategie kriegen wir Probleme', in：Mitbestimmung 2005/11, S.16-19.

Wiedemuth, Jörg/Dombre, Reinhard (2008)：Regulierung der Zeitarbeit durch Tarifpolitik. Eine Zwischenbilanz, in：R. Bispinck (Hrsg.)：Verteilungskämpfe und Modernisierung. Aktuelle Entwicklungen in der Tarifpolitik, Hamburg, S.159-181.

WSI-Tarifarchiv (2012)：Statistisches Taschenbuch Tarifpolitik 2012, Düsseldorf.

WSI-Tarifarchiv (2014)：Statistisches Taschenbuch Tarifpolitik 2014, Düsseldorf.

新谷眞人（2012）：「ドイツ労働協約における開放条項と労働者代表の役割－連邦労働裁判所2010年10月20日判決を素材として」法学新報119巻5/6号，303-324頁

岩佐卓也（2001）：「ワイマール期における労働組合と労働法」法社会学54号，189-203頁

岩佐卓也（2010a）：「ドイツにおける賃金抑制の論理」神戸大学大学院人間発達環境学研究科研究紀要 4（1），89-98頁

岩佐卓也（2010b）：「生産性基準原理をめぐる攻防線」歴史評論724号（2010年8月号），61-72頁

岩佐卓也（2011）：「ドイツ左翼党における綱領論争－ベーシックインカム・政権参加・

所有権」科学的社会主義157号（2011年5月号），44-52頁
大重光太郎（2003）:「ドイツにおける協約システムの分散化と企業別労働協約－食品加工産業における事例研究」大原社会問題研究所雑誌541号（2003年12月号），37-54頁
大重光太郎（2013）:「ドイツにおける産別労働組合と事業所の関係－産別機能の図式的理解を超えて」労働総研クォータリー89号（2013年冬号），3-13頁
大重光太郎（2014）:「最賃制度をめぐる国際的動向－ドイツにおける最低賃金法制定の動向を中心に」月刊全労連208号（2014年6月号），1-8頁
大橋範雄（2007）:『派遣労働と人間の尊厳－使用者責任と均等待遇原則を中心に』法律文化社
緒方桂子（2008）:「派遣労働に対する労働組合の戦略」労働法律旬報1668号，54-57頁
金川佳弘／藤田和恵／山本裕（2010）:『地域医療再生と自治体病院』自治体研究社
神吉知郁子（2011）:『最低賃金と最低生活保障の法規制－日英仏の比較法的研究』信山社
北川亘太／植村新／髙坂博史／德丸夏歌（2014）:「ドイツ金属労組IG Metallの派遣労働問題への対応－規制緩和後の妥協点とアイデンティティーの模索」大原社会問題研究所雑誌671/672号（2014年9・10月号），71-89頁
毛塚勝利（1989）:『西ドイツの労働事情－構造変化と日系企業』日本労働協会
近藤潤三（2011）:『ドイツ・デモクラシーの焦点』木鐸社
齋藤純子（2012）:「ドイツの最低賃金規制」レファレンス733号（2012年2月号），2-51頁
桜井徹（2008）:「郵便事業自由化と社会的規制－ドイツにおける最低賃金導入問題を中心に」立命館経済学46巻6号，69-93頁
田畑洋一（2011）:『ドイツの最低生活保障－制度の仕組みと運用』学文社
ドイツ医療保証制度に関する研究会編（2011）:『ドイツ医療関係データ集2010年版』医療経済研究機構
藤内和公（1995）:「ドイツにおける従業員代表の活動－法的根拠と実際」④，労働法律旬報1373号，42-55頁
藤内和公（2009）:『ドイツの従業員代表制と法』法律文化社
中山和久（1977）:『ストライキ権』岩波書店
名古道功（2000）:「大量失業・グローバリゼーションとドイツ横断的労働協約の『危機』」金沢法学43（2），55-132頁
名古道功（2011）:「ドイツ閉店法の動向と違憲判決」労働法律旬報1744号，38-41頁
西谷敏（1987）:『ドイツ労働法思想史論－集団的労働法における個人・団体・国家』日本評論社
根本到（2009）:「ドイツにおける最低賃金規制の内容と議論状況」日本労働研究雑誌593号（2009年12月号），84-93頁
兵頭淳史（2012）:「労働市場規制と労働組合」経済科学通信129号，24-29頁
丸山亜子（2008）:「雇用保障と有利原則」日独労働法協会会報9号，69-80頁

宮前忠夫（1992）:『週労働35時間への挑戦－戦後ドイツ労働時間短縮のたたかい』学習の友社

宮前忠夫（2004）:「新賃金体系への移行準備と労働時間大幅弾力化」労働法律旬報1578号，40-46頁

山本陽太（2012）:『現代先進諸国の労働協約システム』第1巻ドイツ編，労働政策研究・研修機構

横井正信（2009）:「メルケル大連立政権の改革政策と連立与党の停滞」（Ⅱ），福井大学教育地域科学部紀要Ⅲ（社会科学）65号，13-78頁

和田肇（1995）:「ドイツにおける労働協約交渉と警告ストの法理－1995年小売業賃金協約交渉を素材として」上／下，労働法律旬報1373/1374号，4-14/23-32頁

A・ロス／P・ハートマン（小林秀夫訳）（1966）:『労使関係とストライキ』法律文化社，原著は1960年

【新聞等記事一覧】

ドイツでは記事の日付を「日・月・年」または「号／年」の順序で記載するが，本書では日本式に直している。また，略称を用いている場合には〔　〕に正式名称を記した。

* 記事検索サイトGENIOS（https://www.genios.de/）から記事の入手が可能。

** 発行者のサイトから記事の入手が可能。

Aktiv（IW（ケルン・ドイツ経済研究所）発行の経済情報誌）
2004.7.17: 40 Stunden. Aus dem Werkzeugkasten des Tarifvertrages

arbeitsmarkt aktuell **（DGB本部機関誌）
2011/2: Niedriglohn und Lohndumping im Verleihgewerbe

Böckler impuls **
2013/7: Mit Tarifvertrag besser bezahlt und zufriedener im Job

Berliner Zeitung *
2003.3.8: Arbeitgeber stellen Kompromiss zur Zeitarbeit in Frage
2007.4.20: Müntefering legt bei Mindestlöhnen nach
2007.12.8: Codename Mia

Berliner Morgenpost *
1999.10.27: Immer mehr Einkommen unter Sozialhilfesatz

Der Spiegel *

2001/11：Konstruktion der Angst
2004/23：Vom Tiger zum Bettvorleger
2004/27：Die Ausnahme als Regel
2004/28：„Wir sind Eisbrecher"
2004/36：Die Anti-Hartz-Reform
2005/7：Der Osten kommt
2006/34：Mann von morgen
2006/48：Stille Rebellion
2007/20：Wankende Titanen
2008/51：Längere Öffnungszeiten rentieren sich nicht
2009/7：Flexibilisierung kaum gefragt
2013/47：Mittendrin und nicht dabei

Der Tagesspiegel *
2008.3.20：Einzelhandel verhandelt wieder
2011.5.1：Zum 1. Mai rufen Arbeitnehmerorganisationen zur Demo auf
2013.7.1：Mehr als jeder Dritte verzichtet auf Hartz IV
2013.11.11：Möllenberg geht, der Mindestlohn kommt

Deutschlandfunk **（ラジオの放送内容を起こしたもの）
2003.9.24：Angeblich ein ganz normales Arbeitsverhältnis
2004.2.12："Kein Dammbruch bei Verlängerung der Arbeitszeiten"
2004.8.22：SPD erwägt Einführung von gesetzlichen Mindestlöhnen
2007.5.29：Obermann. Telekom muss Streik aushalten
2007.6.20：SPD in der Klemme
2007.12.27：Koch verteidigt CDU-Position zum Mindestlohn
2011.10.31："Mindestlöhne sind weder eine Katastrophe noch ein Allheilmittel"
2013.10.18："Wir können uns nicht erpressen lassen"

die tageszeitung *
2007.11.3：C Kinsey

Die Welt *
2004.2.13：Ein Sieg der IG Metall
2004.6.18：„Mir fehlt noch der Glaube"
2004.8.24：Die Beruhigungspille
2004.12.29：Seit diesem Jahr weht ein neuer Geist durch Deutschlands Tariflandschaft
2005.2.9：Das Versagen der Arbeitgeber

2005.2.14：Der Mythos vom Tarifkartell
2005.2.22：Das Billiglohnland
2006.11.22：Betriebliches Bündnis gegen die IG Metall
2007.6.19：Für Schwarz-Gelb reicht es auch nicht
2007.7.30：„Es gibt einen großen Nachholbedarf"
2008.8.11：„Wir sind einfach nicht streikfähig"
2009.10.22：Was Schwarz-Gelb plant
2011.9.17：Der schrumpfende Gewerkschaftsriese
2013.2.19：Annäherung im Koalitionsstreit über den Mindestlohn
2013.5.7：Mindestlohn wird zum Wahlkampfschlager
2014.4.7：Ver.di sieht jahrelangen Kampf mit Amazon

Die Zeit *
2006/6：Du bist die Gewerkschaft

direkt（IGメタル本部機関誌）
2004/3：Wie bewertest du das Tarifergebnis?
2004/4：Mindestlohn
2004/18：IG Metall schlägt Alternativen vor

einigkeit（NGG本部機関紙）
1998/3：Urlaub in Deutschland und Japan
2004/2：Gegen das Unterlaufen von Tarifverträgen!
2005/3：Schlachter sollen auf Lohn verzichten
2006/5：„Viele wollen den schnellen Euro"
2007/3：Mindestlohn statt Hungerlohn
2008/6：Abstimmungsmarathon

FAZ〔Frankfurter Allgemeine Zeitung〕*
2004.1.28：Metallarbeitgeber wollen Tarifangebot aufstocken
2004.2.11：Einigungsversuch in der Metallindustrie
2004.2.13：Ein tarifpolitisches Waterloo
2004.2.18：„Wir müssen mehr arbeiten"
2004.6.29：„Nur wenige Anträge auf 40-Stunden-Woche"
2004.8.26：Keine Einheitslösung
2005.5.17：Für Hungerlohn filetieren Polen das „Russenfleisch"
2006.10.25：Handel will Zuschläge am Abend abschaffen
2007.1.26：Gefangen im Tarifkorsett

2007.1.30：Der Mindestlohn-Magier
2007.3.6：Ganz Unten
2007.6.20：Die Koalition streitet über ihre Kompromisse
2008.11.14：Belegschaft der Vacuumschmelze übt großen Verzicht
2009.1.23：Die Krise und ihre offene Flanke
2011.12.14：Unerwartet wenig Zuwanderungen aus Osteuropa
2014.2.13：Tarifpolitik ohne Tarifparteien

Frankfurter Rundschau *
1999.10.25：Gegen die „Arbeit in Armut". NGG-Spitze fordert den gesetzlichen Mindestlohn
2004.1.28：„Der Verstoß der Arbeitgeber ist ein Jobkiller-Programm"
2004.6.30：Flexibler Vertrag
2004.7.7：Absage an längeres Arbeiten
2008.5.7：Rewe nervt Arbeitgeber

FTD〔Financial Times Deutschland〕*
2004.1.28：Kannegisser warnt IG Metall vor Eigentor
2004.2.13：35-Stunden-Woche bröckelt
2004.4.5：Später Aufschrei
2007.7.27：Verdi plant Streik im Schlussverkauf

junge Welt **
2003.2.7：Tarifgespräche für Leiharbeiter. Billiglohnsektor mit Segen der Gewerkschaft?
2004.10.12：Die Gewerkschaften und der Zeitplan
2004.12.1：Gemeinsam für Armut
2005.11.11：»Jetzt will man an die Kernsubstanz«
2007.10.20：Verkäuferinnen selbstbewußt
2010.12.16：»DGB-Verträge sind rechtlich angreifbar«

Hamburger Abendblatt *
2007.8.17：Streiks in Karstadt-Warenhäusern
2007.8.22：Handel droht umfassender Streik

Hamburger Morgenpost *
2007.7.19：City-Kaufhäuser 1 Stunde dicht
2007.11.14：Eine Kassiererin. Darum gehe ich auf die Straße!

Handelsblatt *
1999.7.14：Bayerische Arbeitgeber planen OT-Verband
2003.2.24：Gezerre um Zeitarbeit wird härter
2007.4.23：Harte Fronten im Konflikt um Mindestlohn
2007.11.20：Verdi droht mit Streiks im Weihnachtsgeschäft
2008.6.18：Wirtschaftsflügel attackiert Merkel

metall（IGメタル本部機関誌）
2002/6：Verband wirbt für Tarifflucht

Metall IT-Magazin（IGメタル本部機関誌）
2004/2：Pure Profitlogik

Neue Westfälische *
2007.5.4：Fleischbranche bleibt Sorgenkind

neues deutschland **
2011.7.5：»Arbeiten Sie am besten in einer anderen Branche«
2010.12.29：Die Diskriminierung wird weitergehen

personalmagazin *
2007/5：Der stille Arbeitskampf

Rheinische Post *
2007.8.10：Heute Streiks im Krefelder Einzelhandel

Saarbrücker Zeitung *
2005.5.7：„Pforzheim schafft keine neuen Jobs"
2007.12.27：Rürup Mindestlohn von 4,50 Euro vertretbar

Spiegel Online **
2007.4.18：Telekom will Streik juristisch unterbinden
2010.3.18：Wie Deutschland schleichend den Mindestlohn bekommt
2011.9.11：Koalitionspolitiker unterstützen Mindestlöhne

Stuttgarter Zeitung *
2007.7.5：Im Einzelhandel droht tarifloser Zustand

2007.12.8：Streiks im Advent treffen den Nerv des Handels
2008.7.11：Tarifabschluss im Einzelhandel. Noch hält der Damm

Süddeutsche Zeitung *
2002.7.6：Der Häuserkampf der IG Metall
2004.2.13：Die gefesselten Betriebe
2007.5.18：Ausbeutung im Fleischtopf
2008.2.26：Verdi plant Streik im Schlussverkauf
2008.7.12：Großer Kampf mit kleiner Wirkung
2009.7.23：Letzte Reise über die Grenze
2013.4.25：Mindestlohn nur auf dem Papier
2013.5.10：Wut im Bauch

Thüringer Allgemeine *
2013.3.14：Nur wenig Chancen auf Lohn-Nachschlag für Zeitarbeiter

ver.di Druck + Papier **（ver.di本部機関誌）
2013/3：Pro und Contra Leiharbeitstarifverträge

ver.di Handel（ver.di本部機関誌）
2007/Extra01：Ganz neue Streikerfahrung
2007/4：Gnadenlos und billig

VDI nachrichten *
2005.10.28：„Der Tarifvertrag ist oft nicht das Problem"

Welt am Sonntag *
2013.11.24：Im Reich der Regeln

Wir（ver.di BW地方本部臨時機関誌）
2007/2：Unsere Forderungen
2008/1：Es geht um unsere Löhne, unsere Zuschläge, unseren Tarifvertrag und unsere Zukunft!

【インタビュー一覧】
(a) 2011.6.27および2012.1.11：Manfred Menningen氏（IGメタルNRW地方本部役員）
(b) 2011.12.12：Philipp Becker氏（IGメタル本部役員）

(c) 2011.12.20：Heinz Cholewa氏（元IGメタル・ボヒョルト地区事務所長）（大重光太郎氏と共同）
(d) 2012.1.12：Hans Michael Weiss氏（メタルNRW（使用者団体）役員）
(e) 2012.1.18：Frank Iwer氏（IGメタルBW地区本部役員）
(f) 2012.2.9：Stefan Schaumburg氏（IGメタル・フランクフルト地区本部役員）
(g) 2012.2.17：R.G.氏（IGメタルK地区事務所長）
(h) 2012.2.29：J.S.氏（IGメタルR地区事務所長）（電話）
(i) 2012.3.15：Jörg Wiedemuth氏（ver.di本部役員，協約基本原則部長）
(j) 2012.12.6：Bernhard Franke氏（ver.diBW地方本部役員，小売業部門担当）
(k) 2012.12.7：Thomas Böhm氏（ver.diシュトゥットガルト地区事務所役員，シュトゥットガルト病院勤務医），Volker Mörbe氏（シュトゥットガルト病院従業員代表委員）
(l) 2012.12.10：Folkert Küpers氏（ver.di NRW地方本部役員，小売部門担当）
(m) 2012.12.11：Bernd Tenbensel氏（ver.di NRW地方本部役員，病院部門担当）
(n) 2012.12.12：Hilke Stein氏（ver.diハンブルク地方本部役員，病院部門担当），Katharina Ries-Heidtke氏（ハンブルク・アスクレピオス病院従業員代表委員）
(o) 2012.12.13：Arno Peukes氏（ver.diハンブルク地方本部役員，小売業部門担当），Jürgen Gehrung氏（カールシュタット社ハンブルク・ヴァンズベク支店従業員代表委員）
(p) 2014.1.8：Yvonne Sachtje氏（NGGルール地区事務所長）
(q) 2014.1.8：Isabell Mura氏（NGG・NRW地区本部役員，旅館・飲食業担当）
(r) 2014.1.10：Gabriele Sterkel氏（ver.di本部役員，協約政策基本原則部，最低賃金問題担当）
(s) 2014.1.13：Mattias Brümmer氏（NGGオルデンブルクおよびオストフリースラント地区事務所長）
(t) 2014.1.15：Gerd Pohl氏（元NGG本部協約政策部長），Franz-Josef Möllenberg氏（元NGG委員長）

あ と が き

　1970年生まれの筆者は,「労働組合の力」や「労働運動の力」が日本にも存在していた時代を辛うじて知る, おそらく最後の世代に属しているように思う (もちろん「最後」というのは,「さしあたり最後」の意味である)。国鉄の分割民営化は筆者が高校2年になるときであった。当時はよく理解できなかったが,「修善寺大会」のことは印象に残っている。大学に入学した年に総評が最終的に解散し, 東欧では社会主義体制が崩壊した。大学を卒業した年には細川政権が誕生し, 日本社会党がついに「現実政党」になった。
　そうしたいくつかの転機を経て, 周知のように, 新自由主義の時代になった。職業生活を尊厳のもてるものにしたいという願いが贅沢な願いになってしまう社会とは, いったい何なのか。そのことに対して多くの当事者が対抗する力をもてず, 力をもつことを想像することさえ困難になっている社会とは, いったい何なのか。否応なくそういうことを考えざるをえない時代になった。
　だから, そういう今日の時流にはまったくそぐわないが, しかしそうであればこそ, 労働組合による労働条件規制について正面から検討した本を書きたいとずっと思っていた。抽象的にではなく具体的に, 労働組合の成果をたんに褒めたたえるのではなく, むしろその困難を凝視することで労働組合の意義を実感できるような, そういう本である。「はじめに」にも書いたように, ドイツがそのための魅力的な素材を提供しているように思われた。
　とはいえ, 本書に至るまではずいぶんと紆余曲折を経た。ドイツの労働協約は大学院時代から筆者の「専門」のひとつにしていたはずであったが, 恥ずかしながら怠慢を重ねてきた。しかし, 2011年4月から2012年3月までの1年間のドイツでの在外研究を経て, ようやく先行研究のたぐいを気にせずに自力でドイツを分析できるようになったと, 客観的にはともあれ, 自分としては思えるようになった。
　IGメタル, ver.di, NGGの3組合をそれぞれ取り上げることになったのは, もともと構想があったわけではなく, 重要そうなことをとりあえず調べてみて,

そこで様々な資料や人と出会った結果，そのようになった。最初はIGメタルのことを没頭して調べていたが，ある集会に参加したとき，自分がIGメタルについて研究していると話すと，ver.diの組合員から「でもIGメタルの協約政策は単純で古典的ですよね」といわれた。IGメタルの協約政策が今日もはや「単純」でも「古典的」でもないことは第2章で詳述したとおりであるが，しかしそんなこともあって，ver.diのことを調べたいと思った。法定最低賃金については，ドイツで議論が盛んであった在外研究時には筆者はほとんどそれについて調べようとしなかった。確かに重要ではあるけど，何かダイナミックさに欠けて研究対象としては面白くないという思い込みがあった。しかし帰国してしばらくしてから，いくつかの史実，とくに2008年NGG大会の議論を発見したことで，大きく認識を改めた。

そうやって何とかここまでたどり着いた次第である。調べた結果，予想どおりだったということはほとんどなく，図式的な思い込みが事実によって次々と裏切られてゆく経験をすることができた。これは研究者としてじつに幸運なことである。

本書の元になる研究内容については，WSI Tarifarchiv（経済社会科学研究所協約資料室），社会政策学会，労働法理論研究会，神戸大学社会環境論セミナー，神戸の組合活動家有志の方の検討会，関東社会労働問題研究会，研究会「職場の人権」にて報告の機会をいただいた。それらの場でいただいた指摘や助言に十分に応えられていないところが少なくないが，今後さらに研究を進めてゆくことで責めを果たしたい。なお，本書の第2章は「神戸大学大学院人間発達環境学研究科研究紀要6巻1号，第3章は同誌7巻1号，第4章は社会政策学会2014年春季大会自由論題報告ペーパー，補論は「科学的社会主義」2011年1月号にそれぞれ発表した拙稿を改訂したものである。

ここで本来であれば，これまでの筆者の研究を支えていただいた方々のお名前を挙げてお礼を申し上げなければならない。しかしそれをしようとすると，ほとんど際限がなくなってしまうことに気づいた。そこで，この場では，筆者にとって特別に大きな存在である3人の方についてのみお名前を挙げさせていただきたい。

まず，恩師である渡辺治先生に感謝を申し上げたい。天皇制も憲法改正も新

自由主義も，渡辺先生の研究対象は，どれも「多くの人によってさんざん調べ尽くされ論じ尽くされてきたもの」である。しかし渡辺先生は，誰も及ばない水準をもって，膨大な事実のなかに分け入り，そこから本質的な論理を鮮やかに取り出してみせるのであった。それに筆者は本当に魅了され，圧倒され続けてきた。渡辺先生に筆者の視野の狭さや思考の浅さを厳しく指導していただいたことは数知れない。またこちらは数少ないが，先生に研究を評価してもらったときの喜びも忘れることはできない。今回，本書の執筆に行き詰まるたびに，筆者は，先生の名著『日本国憲法「改正」史』を読み返し，そこにみなぎる集中力と情熱を自分のなかにも呼び起こそうと試みた。それらのものが本書にわずかにでも継承されていることを願っている。

下山房雄先生にも感謝を申し上げたい。下山先生とお近づきになれたのは2000年代に入ってからであるが，それ以来，およそ労働問題をめぐる運動の評価や研究の評価を考えるときに，下山先生の意見は，筆者にとって最も信頼できる道標である。以前に友人たちと出した『新自由主義批判の再構築』のなかで筆者は年功賃金論という論争的なテーマを扱ったが，そこでの筆者の議論もつまるところ下山理論を敷衍したものにすぎない。運動の達成と限界を具体的に見定め，そして労使関係レベルと政治レベルの双方を視野において階級関係を捉えるという下山先生の視座を筆者は本書で常に意識した。本書の第2章の元となる原稿を読んでいただいたとき，下山先生から，「こういう闘争の力学を学ばずして，制度の機構だけを学んでも益少ないと改めて思いました」というコメントをいただいた。筆者はそれに大いに励まされるとともに，自分が書きたいもの，書かねばならないものはそういうものなのだと気づかされた。

最後に，尊敬する先輩であり，2010年10月に亡くなった武居秀樹さんのことを書きたい。都職労の専従を辞めて大学院に進んだ経歴をもつ武居さんが筆者によく語っていたのは，「研究者は，困難におかれた人々や実践に関わる人々のことを常に意識しながらも，しかし研究者にしかできない仕事をしなければならない」ということであった。筆者はその言葉に強い影響を受けて研究を続けてきた。だから，この本を，武居さんに読んでもらうことができないのは本当に残念でならない。思い返すと，武居さんは，自分に妥協することを許さず，いつも時間と疲労と戦いながら研究を続けていた。それはとても真似できない。

しかしせめて天国の武居さんに，岩佐は何をやっているんだといわれないよう，努力しなければと思う．

 2014 年 11 月

岩佐 卓也

■著者紹介

岩佐 卓也（いわさ たくや）

神戸大学大学院人間発達環境学研究科准教授
1970年広島市生まれ。京都大学文学部卒業。東京都立大学大学院人文科学研究科
修士課程修了。
一橋大学大学院社会学研究科博士課程単位取得退学。
2002年より神戸大学勤務。

【主要著作】

『現代労働問題分析』（共著，法律文化社，2010年）
『新自由主義批判の再構築』（共著，法律文化社，2010年）

Horitsu Bunka Sha

現代ドイツの労働協約

2015年2月10日　初版第1刷発行

著　者　　岩　佐　卓　也
発行者　　田　靡　純　子
発行所　　株式会社　法律文化社
　　　　　〒603-8053
　　　　　京都市北区上賀茂岩ヶ垣内町71
　　　　　電話 075(791)7131　FAX 075(721)8400
　　　　　http://www.hou-bun.com/

＊乱丁など不良本がありましたら，ご連絡ください。
　お取り替えいたします。

印刷：西濃印刷㈱／製本：㈱藤沢製本
装幀：白沢　正
ISBN 978-4-589-03651-3

Ⓒ 2015 Takuya Iwasa Printed in Japan

JCOPY　〈(社)出版者著作権管理機構　委託出版物〉

本書の無断複写は著作権法上での例外を除き禁じられています。複写される
場合は，そのつど事前に，(社)出版者著作権管理機構（電話03-3513-6969，
FAX03-3513-6979, e-mail: info@jcopy.or.jp）の許諾を得てください。

伊藤大一著 **非正規雇用と労働運動** ──若年労働者の主体と抵抗── A5判・210頁・3900円	不安定な条件に不平不満をもつ若者がなぜ労働組合に加盟し，運動という「抵抗」をしたのか。徳島県の請負労働者組合の7年にわたる丁寧な調査をもとに，その実態に迫り，分析・考察。「新しい社会像」を作りだす主体を探る。

| 大森真紀著
世紀転換期の女性労働
1990年代～2000年代
A5判・256頁・3900円 | 性別と正規・非正規雇用の二重の格差が凝縮する女性雇用は改善されたか。バブル経済の最中からリーマン・ショック後までの20年間の，規制緩和政策や均等法の動き等を丁寧に検証・考察。労働政策と労働市場における女性の位置づけを確認する。 |

| 乗杉澄夫・岡橋充明著
ホワイトカラーの仕事とキャリア
──スーパーマーケット店長の管理──
A5判・150頁・2800円 | 管理を軸に，仕事と求められる能力，能力形成のプロセスを明らかにする。店長，人事・総務・営業部門の本社スタッフへの聞き取り，アンケート，人事関係資料から，仕事を管理される／することの両面を描きだす。 |

| 赤堀正成・岩佐卓也編著
新自由主義批判の再構築
──企業社会・開発主義・福祉国家──
四六判・302頁・3000円 | 木下武男・八代尚宏・後藤道夫らの論文を日本的特殊性に焦点をあてて実証的・理論的に解明，今日の新自由主義批判の混乱を解きほぐし，その本質を見極める。新自由主義に対抗するための課題と主体・運動を考える場を提供。 |

| 藤内和公著
ドイツの雇用調整
A5判・304頁・6400円 | ドイツの雇用調整は不安定労働者への負担が小さく，比較的社会全体で負担を分かち合うことができている。その背景とその全体像，諸策の特徴を明らかにし，日本との比較研究を行う。日本の制度改革への示唆に富む。 |

| 藤内和公著
ドイツの従業員代表制と法
A5判・506頁・10000円 | ドイツの従業員代表の法制，運用の実際と意義を総合的に解明した論文集。近時，議論されている労働者代表法制など，日本の集団的労働条件法理への示唆を与える著者の研究の集大成。実務家・研究者必携の書。 |

─── 法律文化社 ───

表示価格は本体（税別）価格です